会计工程:信息共享的全球共用会计系统研究

XBRL
在监管领域风险控制的应用

胡仁昱／著

图书在版编目(CIP)数据

XBRL 在监管领域风险控制的应用/胡仁昱著. —上海：立信会计出版社，2022.12
 ISBN 978-7-5429-5152-6

Ⅰ.①X… Ⅱ.①胡… Ⅲ.①可扩充语言－应用－会计报表－研究 Ⅳ.①F231.5-39

中国国家版本馆 CIP 数据核字(2023)第 047509 号

策划编辑　　张巧玲
责任编辑　　张巧玲
特约编辑　　胡　越

XBRL 在监管领域风险控制的应用

XBRL ZAI JIANGUAN LINGYU FENGXIAN KONGZHI DE YINGYONG

出版发行	立信会计出版社		
地　　址	上海市中山西路 2230 号	邮政编码	200235
电　　话	(021)64411389	传　真	(021)64411325
网　　址	www.lixinaph.com	电子邮箱	lixinaph2019@126.com
网上书店	http://lixin.jd.com		http://lxkjcbs.tmall.com
经　　销	各地新华书店		
印　　刷	上海盛通时代印刷有限公司		
开　　本	710 毫米×1000 毫米	1/16	
印　　张	13.25	插　页	4
字　　数	245 千字		
版　　次	2022 年 12 月第 1 版		
印　　次	2022 年 12 月第 1 次		
书　　号	ISBN 978-7-5429-5152-6/F		
定　　价	45.00 元		

如有印订差错，请与本社联系调换

序

一个有追求、有抱负、有职业发展规划的财务人员，显然不会满足于低附加值的记账、算账、报账工作，而会追求更高的职业发展；同样地，一个有追求、有理想的财务部门，也不会仅仅满足于后勤支持服务部门的定位，而会谋求转型和发展，成为记账型支持服务部门、控制型管理部门、价值型推进部门三者俱备的财务部门，希望在公司的未来规划、经营决策、执行控制、绩效评价等智能化工作方面发挥应有的作用。

如果不转型，则意味着会计人员有可能会失业。只有智能化的规划、决策、控制、评价等工作，才不会被机器所取代。很多人认为上述说法是"狼来了"似的哗众取宠，但这次"狼真的来了"。大公司的基础标准化会计工作将越来越多地通过财务共享服务中心来完成。不说英特尔、IBM等国际公司，我国的中兴通讯、华为、中国石化、中国电信等公司都已经有财务共享服务中心，并且越来越多的公司在建设或者打算建设财务共享服务中心。财务共享服务中心极大地提升了基础会计工作的效率，原来需要10 000名会计人员处理的基础会计工作也许只要2 000名甚至更少的会计人员来完成，而剩下的8 000名会计人员要么转型成为智能化管理会计人员，要么就是失业。

公司的财务部门架构已经或将会发生巨大的变化，从原来的职能式结构转为与公司发展相适应的战略财务（价值创造）、业务财务（管理与控制）、共享服务中心（基础标准化工作）和职能财务（资金、税收等）。因此，我国的会计人员也需要进行供给侧结构性改革。目前，我国有将近2 000万名会计人员，但是懂数据标准、懂信息技术、懂监督管理、懂内部控制的财务人员太少了。财会人员的基本职能就是反映与监督，而要体现他的价值就是要掌握现代信息技术。

信息技术的发展和企业的大数据背景，推动了企业会计处理方式的变更，改变了会计数据原有的收集、加工、处理、披露和分析方式，提高了财务报告的及时性、可靠性、安全性。数据和信息是监管部门进行监管和风险控制的基础，在信息化时代下，如何保证这些信息和数据的准确性和真实性是会计监管工作面临的一大难题。

本书在分析信息技术条件下我国会计监管领域遇到的问题和挑战的基础上，对国际会计在各个监管领域的最新理论进行分析和研究；同时，进一步分析XBRL技术在企业和政府监管领域的具体应用实例，以及XBRL技术具有的监管驱动属性，以更好地提高会计监管效率。此外，本书通过实际案例分析和实证分析，让读者了解今后的财会人员要运用的工具是什么，懂得怎么使用好这个标准来评价企业的经营成果和反映企业的运营状态。

目　录

第一章　XBRL 在会计监管领域的研究 … 1
第一节　XBRL 的有关概述 … 1
一、XBRL 简介 … 1
二、XBRL 核心技术简介 … 2
第二节　XBRL 的研究现状 … 6
一、国外研究现状 … 6
二、国内研究现状 … 7
第三节　XBRL 的社会运用价值 … 8
第四节　XBRL 技术的主要运用领域 … 10

第二章　XBRL 的理论概述 … 13
第一节　XBRL 的相关理论 … 13
一、与会计准则相关的理论 … 13
二、与 XBRL 及 XBRL 分类标准相关的理论 … 16
第二节　税收监管理论 … 18
一、税收执法监督的理论基础 … 18
二、税收执法监督制度相关范畴的界定 … 20
第三节　内部控制理论 … 21
一、市场失灵、内部性与外部性 … 21
二、管制失灵：企业内部控制监管的理论困境 … 23

三、COSO 内部控制理论 ·· 27

第三章　XBRL 环境下的中小企业会计监督管理 ················ 28
 第一节　XBRL 应用现状及其在中小企业中应用的意义 ········· 28
 第二节　XBRL 环境下中小企业会计问题的现状和分析 ········· 30
 第三节　XBRL 环境下中小企业会计的监督和管理 ··············· 36

第四章　XBRL 环境下的大企业内部监督管理 ···················· 49
 第一节　大企业内部监督管理现状 ································· 49
  一、大企业内部监督模式的类型及特点 ························ 49
  二、大企业内部监督模式选择的基本依据 ····················· 50
 第二节　大企业内部财务监督管理存在的问题 ··················· 52
 第三节　大企业会计的内部监管体系所涉及的内容 ·············· 56
 第四节　大企业内部监督机制的现状 ······························ 57

第五章　XBRL 环境下的政府税收监督管理 ······················· 60
 第一节　我国税收执法监督制度现状及信息化程度 ·············· 60
  一、我国税收执法监督制度的现状 ······························ 60
  二、我国税务监督管理信息化进程 ······························ 63
  三、我国税收征收信息化中所存在的问题 ····················· 63
  四、国外税收管理信息化可借鉴的优势 ························ 66
 第二节　XBRL 在税收监督管理制度中主要内容及其必要性 ··· 69
  一、XBRL 纳税报表分类标准的制定依据 ····················· 70
  二、XBRL 对税务部门监督管理的优势 ························ 72
  三、税务部门进行税收监督管理对 XBRL 应用的需求 ······ 73
  四、XBRL 在我国税务行业应用的推动方式 ·················· 77

第六章　XBRL 环境下的银行信贷内部监督管理 ················ 78
 第一节　银行会计信息体系 ··· 78
 第二节　银行对 XBRL 应用的需求 ································· 82

第三节　银行应用XBRL的主要内容 ················· 84
　　一、银行应用XBRL的基本内容 ················· 84
　　二、帮助银行进行风险管理 ····················· 85
　　三、通过价值链管理改善银行财务管理 ············· 87
　　四、构建集成化金融监管信息系统 ················ 89
　　五、加强银行内部控制 ······················ 91
　　六、衍生金融工具的信息披露 ··················· 94
　　七、银行间债券市场的应用 ····················· 95
第四节　银行应用XBRL的试点——18家试点银行实施报告 ········ 97
　　一、通用分类标准介绍及实施概况 ················ 97
　　二、实施过程 ··························· 98
　　三、实施中的重点工作 ······················ 100
　　四、实施成果 ··························· 102
第五节　银行应用XBRL的问题及对策 ················· 107
　　一、银行应用XBRL的问题 ····················· 107
　　二、银行应用XBRL的对策 ····················· 108

第七章　XBRL在监管领域运用的实证检验 ··············· 112
第一节　我国小企业会计准则XBRL分类标准的实证研究 ········· 112
　　一、中小企业对XBRL应用的需求 ················· 112
　　二、《小企业会计准则（征求意见稿）》与《企业会计准则》的对比研究
　　　　································ 127
　　三、《小企业会计准则XBRL分类标准（测试版）》的编制和测试······· 152
　　四、主要研究结论 ························ 161
　　五、对用友畅捷通公司进行后续软件开发的建议 ········· 161
第二节　XBRL分类标准政策实施市场反应的实证研究 ·········· 162
　　一、理论分析与研究假说 ····················· 162
　　二、研究设计与实证分析 ····················· 164
　　三、结论与建议 ·························· 187

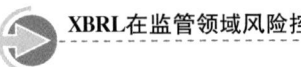

第八章　XBRL 风险控制的实践与应用 ·················· 191
第一节　东航信息化建设的发展进程 ·················· 191
第二节　XBRL GL 在华歌尔公司的应用 ················ 196

主要参考文献 ··································· 202

第一章

XBRL 在会计监管领域的研究

第一节 XBRL 的有关概述

一、XBRL 简介

信息技术的发展和企业的大数据背景，推动了企业会计处理方式的变更，改变了会计数据原有的收集、加工、处理、披露和分析方式，提高了财务报告的及时性、可靠性、安全性。数据和信息是监管部门进行监管和风险控制的基础，在信息化时代下，如何保证这些信息和数据的准确性和真实性是会计监管工作面临的一大难题。

XBRL（eXtensible Business Reporting Language）直译为"可扩展商业报告语言"，是一种基于互联网技术的新型企业财务报告语言。XBRL 是 XML（eXtensible Markup Language，可扩展的标记语言）在财务报告信息交换方面的一种应用，也是目前应用于非结构化信息处理，尤其是财务信息处理的新技术。

XBRL 是基于 XML 技术标准建立起来的用于财务报告的电子语言，是财务机构编制与公布各种格式的财务报表、可靠地抽取和自动地交换上市公司财务信息的一种标准化方法。如同货运业的"集装箱"标准，XBRL 标准允许企业信息流在企业供给流程中以较低的成本和较高的安全性在源头处"打包"并迅速"运送"。

XBRL 用实际的商业观点来定义，是一个开放的、平台独立的国际标准，是进行实时、准确、有效与高性价比的金融与商业报告数据的电子存储、操作、复用与交换的标准，也是目前应用于非结构化信息处理，尤其是财务信息处理的最新标准和技术。它对财务数据进行特定的识别和分类，并为财务信息提供更加强大的解释和分析平台。除了不断提高商业报告的透明度，XBRL 在财务报告的使用过程中通过加强计算机系统之间数据流的控制进一步提高了数据的安全性。XBRL 不是一项专利技术,公众可以免费注册并且使用;XBRL 不是一种交易协议,它是为了表述与制作以及使用有关的商业报告信息而设计的,以会计分类为开始。XBRL 是关于商业报告层面,而非交易层面的数据获得的内容。于技术方面而言,XBRL 旨在解决信息在不同的平台、不同软件之间的交流问题;于会计方面而言,XBRL 旨在提高会计报告信息的质量。

XBRL 的原理是其用标记构造信息,如当一个数据被标记为利润时,XBRL 程序明白它有一个利润的严格定义,信息的一致性是通过公认的标准来确保的。具体而言,XBRL 有六大特点:①其可以降低信息的交换成本,提高财务信息的可获得性。②通过互联网提供具有时效性的信息,提高信息的相关性。③可以自动交换并摘录财务信息而不受个别公司软件和信息系统的限制。④可以减少为了不同格式需求的资料而重复输入的问题。⑤解决由互联网上获取的 HTML 格式的财务信息不能直接用作分析、比较的困难。⑥为投资者或分析者使用财务信息提供方便。

二、XBRL 核心技术简介

(一) XBRL 的技术框架

从总体上看,XBRL 包括可发现分类标准集(Discoverable Taxonomy Set,DTS)和实例文档(Instance Document)。DTS 中包含一种或多种分类标准(Taxonomy),它是随着分类标准变得更复杂、不同分类标准之间联系更紧密的时候发展起来的,同时这些分类标准是可扩展的,也就是说分类标准中的元素是可以增减的、元素之间的关系也是可以更改的,这种分类标准的扩展(Taxonomy Extension)也是 DTS 的一部分。一般来说,分类标准(Taxonomy)和实例文档(Instance Document)是 XBRL 中的重要部分。

(二) XBRL 的整体框架

1. 分类标准

分类标准就是一种分类的知识,最初它仅指生物分类,后来应用范围越来越广,泛指各种分类。分类标准可以描述各种层次结构,也可以建立某种形式的网络结构,包括各种元素及元素之间的关系。

分类标准是 XBRL 中的核心部分,它首先要定义财务报告中要使用的各个财务报告元素及其属性,同时还要定义这些元素之间及其与外部资源之间的关系(图 1-1)。所以,XBRL 分类标准中最核心的部分是模式文件(Schema)和链接库文件(Linkbase)。简言之,模式文件中包括了各种元素的定义,链接库文件

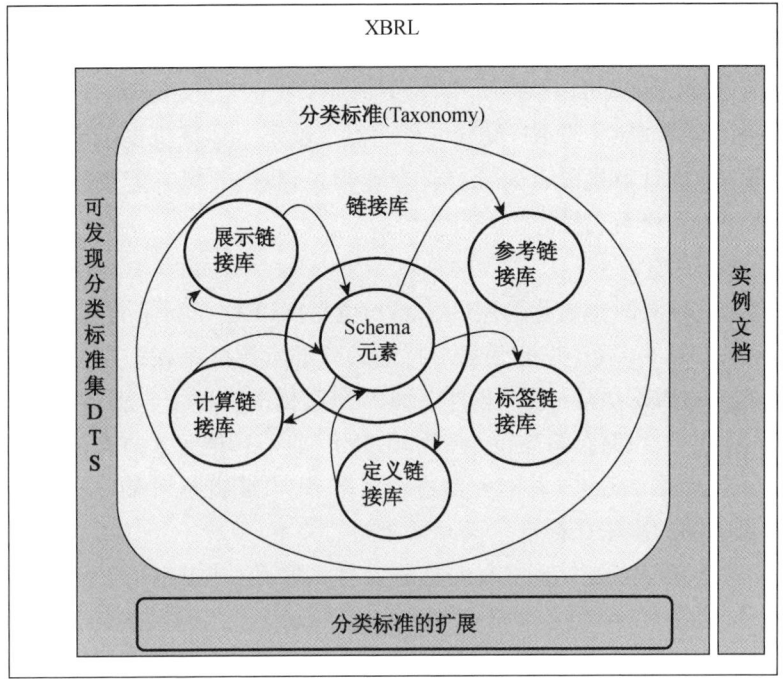

图 1-1　XBRL 分类标准

提供了这些元素之间及其与外部资源的联系。一个模式文件可以没有链接库而存在,但是分类标准如果要发挥最大功能,模式文件和链接库文件都是必需的。

1) 模式文件

模式文件中储存了关于分类标准中元素的属性信息,如标识符(ID)、名称、类型等。我们可以把它看作一个容器,未系统化的元素及与元素相对应的链接库文件都放在这里面。从技术角度来看,XBRL 模式(XBRL Schema)是针对特定的商业和财务报告的需要而定制的一种 XML 模式(XML Schema),它是一系列无关联元素的集合。XBRL 模式是利用 XML Schema 技术创建的,并存储在一个扩展名为.xsd 的文件里,它与链接库文件一起创建了 XBRL 分类标准。

任何模式的根元素都是＜schema＞,每个模式文件都是以＜schema＞开始,以＜/schema＞结束,中间包括一些对元素属性的描述。因为在很多模式文件中同一个元素会被赋予不同的意义,如资产,在不同的会计准则中对其定义是不一样的。为了区分这些元素,人们使用了命名空间(Namespaces),它们看起来就像互联网中的网址,万维网中使用通用资源标识符(Universal Resource Identifier,URI)是因为它是唯一的,在模式文件中使用命名空间的目的就是准确定位所需的每个元素。模式文件并没有使用长长的整个地址,仅仅截取了一个前缀。举例来说,我们定义 ifrs="http://xbrl.iasb.org/int/fr/ifrs/",在一个元素的名称前,我们并不使用整个地址,我们仅仅使用 ifrs,如＜ifrs:Assets/＞。总的来说,XBRL 模式文件的意义就是给计算机提供展示和处理会计项目的信息。计算机没有内置会计专业知识,我们要以它能读懂的语言告诉它特定概念的含义及属性。

2) 链接库文件

链接库文件有时也被称为层(layers),也是 XBRL 分类标准的一个构件,它表明了元素之间的关系,并把元素与特定的外部资源联系在一起。不论目的怎样,如同定义 XBRL 元素一样,创建 XBRL 分类标准有以下步骤:为了可以让人读懂分类标准,要以某种特定的语言给元素定义标签;把元素与外部的资源联系起来,以证明元素的存在,并对元素进行解释、定义或者是对某一概念进行举例说明;根据不同的准则或标准定义元素之间的关系。

图 1-1 中展示了链接库文件与模式文件的联系,并指出了五种不同的链接库文件,分别是展示链接库(Presentation Linkbases)、计算链接库(Caculation Linkbases)、定义链接库(Definition Linkbases)、标签链接库(Lables Linkbases)和参考链接库(Reference Linkbases)。链接库文件中使用了 XML 中的两种技术:一种是 XLink(XML Linking Languages),这种技术可以在 XML 文档中建立超链接;另一种是 XPointer(XML Pointing Languages),这种技术可以在 XML 和 XBRL 文档中进行定位,如在模式文件中准确找出某一元素的定义。大体来说,要创建一种关系,我们首先要指向我们需要的元素,并定义它们之间的关系。

3) 元素

元素(Elements)是指向计算机展示的各种商业财务概念,如资产、负债、收入等,为了让计算机能理解其各种特征,在模式文档中包含的元素必须依据某种特定的规则进行定义。从会计角度看,元素的定义中一般要包括名称、类型、余额方向、期间类型等。

4) 模式文件和链接库文件之间的联系

在模式文件中定义了元素及其特征后,分类标准的创建者要向计算机提供元素之间的关系及元素与外界资源之间链接的信息,这就形成了链接库的任务。图 1-2 举例对 XBRL 分类标准的构成进行说明。

2. 实例文档

实例文档(Instance Document)就是根据 XBRL 规则创建的电子形式的商

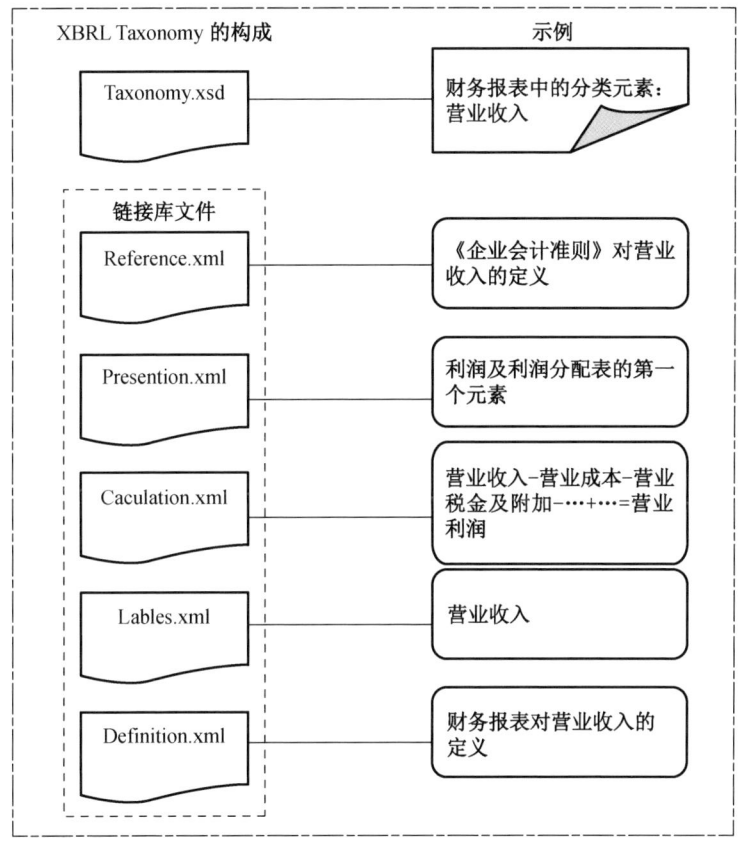

图 1-2　XBRL 分类标准的构成示例

业报告,它既包括分类标准中定义的元素和相应元素的值,还包括与其相关的信息。脚注出现在实例文档中,对一些元素提供一些附加信息。比如,在一个财务报告中,几个概念中都提到"如需获得更多信息请参看资产的披露",那么就有可能为这些概念与包含在文本中的脚注元素创建一个超链接。

一个 XBRL 实例文档就对应着一个企业财务报告的实例文件,实例文档中所包含的值就是企业的业务值。

3. 分类标准和实例文档之间的联系

XBRL 模式文件的制定,必须要遵守 XBRL 技术规范;分类标准链接库文件中出现的各个元素必须是在 XBRL 模式文件中定义了的;要生成实例文档必须首先具备已经制定好的分类标准,这样通过人工输入或系统导入的数据才能依据分类标准生成实例文档。

4. XBRL 相关工具

XBRL 技术应用所涉及的工具主要有分类标准创建工具(Taxonomy Creator)、实例文档编辑工具(Instance Editor)和验证工具(Validator)。分类标准创建工具主要用于创建 XBRL 分类标准,实例文档编辑工具主要用于生成、编辑实例文档,这两者主要由会计人员使用;验证工具主要用于验证分类标准、实例文档是否符合 XBRL 技术规范。

5. XBRL 运行的架构

XBRL 格式的文本存储在 XML 文件中,XML Schema 定义 XML 文件的元素架构、元素标记和属性,由于 XML 仅对语义进行标记,人们通过对其阅读,可以知道哪些数据属于哪个字段,但是并不知道数据应以怎样的方式显示,必须通过样式表(CSS 或 XSL 等)对文本进行格式化后才能在浏览器上显示。

XBRL 技术为财会信息的自动化、及时性、一致性提供了一种处理技术,我国财政部在 2013 年发布了《企业会计准则通用分类标准编报规则》,XBRL 技术作为信息化时代处理会计数据的新手段,研究其在各个监管领域的应用意义重大。

本书在分析信息技术条件下我国会计监管领域遇到的问题和挑战的基础上,对国际会计在各个监管领域的最新理论进行分析和研究,进一步完善我国现有的监管领域;同时,进一步分析 XBRL 技术在企业和政府监管领域的具体应用实例,分析 XBRL 技术具有的监管驱动属性,以更好地提高会计监管效率。

第二节 XBRL 的研究现状

一、国外研究现状

从 1998 年美国注册会计师查尔斯·霍夫曼(Charles Hoffman)等人提出利用 XML 标准制作电子财务报表,到 2006 年 4 月 19 日的第一届拉丁美洲 XBRL 会议召开,2007 年 11 月 3 日的第十六届 XBRL 国际会议在加拿大温哥华召开,再到 XBRL 的蓬勃发展,XBRL 技术的迅猛发展是我们有目共睹的。如今,XBRL 技术已经引起了全世界绝大多数国家的重视,XBRL 的不断扩大采用,说明世界各国日益认识到 XBRL 的强大优势和巨大潜力。XBRL International 实行会员制,经过多年的发展,已经拥有 450 多个会员。在这些会员中,不乏 Microsoft、IBM 这样的软件巨头,也不乏 Reuters 这样的信息发布机构,更有 Pricewaterhouse Coopers(PwC)、Ernst & Young 等会计师事务所,我们可以看出国际上财务各个相关行业都对XBRL技术产生了极大的热情，XBRL日益成为未来企业财务报告的主流形式。

澳大利亚、加拿大、法国、德国、日本、英国和美国等多个国家已经在有关财务报告或者其他报告项目中自愿或强制地使用了XBRL，很多知名公司如Microsoft等纷纷采用XBRL在互联网上发布网络财务报告。截至2008年6月，有13个国家和地区的财务报告分类标准获得了XBRL国际组织的认证，成为正式运用XBRL财务报告标准的国家。

XBRL技术的关键是建立符合各国会计准则的分类标准，XBRL国际组织目前已经制定了符合国际会计准则(IAS)的相关分类标准。2000年7月31日，XBRL国际组织首次发布了XBRL规格书(Specification)及XBRL分类标准(Taxonomy)1.0版；2001年发布了XBRL规格书2.0版；2003年发布了XBRL规格书2.1版；2005年发布了该版本的修正版——基于XBRL规格书2.1版的总账分类标准XBRL GL(XBRL for General Ledger)。不同国家则根据各自XBRL进展情况，按照XBRL2.0版制定符合自己国家会计准则的分类标准。

二、国内研究现状

在国外XBRL技术发展的同时，我国的XBRL应用也逐渐为国人所关注，其中作出比较突出贡献的是上海证券交易所(以下简称上交所)、深圳证券交易所(以下简称深交所)、上海会计学会会计信息化专业委员会等。

1999年12月，XBRL格式设计者来到上海，与上海大华会计师事务所和华东理工大学、上海理工大学、上海会计学会电算化专业委员会(现上海会计学会会计信息化专业委员会)等专家进行关于数据转换形式的学术交流。2005年5月，上交所正式获准成为XBRL国际组织的会员。2006年7月，中国XBRL研讨会在北京的财政部财政科学研究所召开。2007年12月3日，在加拿大举办的国际会议上，XBRL国际组织宣布XBRL China——中国地区组织正式成立。2008年10月，我国以中国会计准则委员会的名义加入XBRL国际组织，成为其临时国家地区成员。2008年11月12日，财政部会同工业和信息化部、中国人民银行、审计署、国务院国有资产监督管理委员会(以下简称国资委)、国家税务总局、原中国银行业监督管理委员会(以下简称原银监会)、中国证券监督管理委员会(以下简称证监会)、原中国保险监督管理委员会(以下简称原保监会)等共同成立了会计信息化委员会暨XBRL中国地区组织，其宗旨是推动有关XBRL的研究、发展、应用和产业链的建设以及国际交流等。2009年9月，首届XBRL GL研究介绍暨会计财务信息标准化、内部控制和风险管理研讨会召开,可以说 XBRL 中国的发展速度不亚于国外。2010 年 3 月,XBRL 中国地区组织向 XBRL 国际组织申请成为 XBRL 国际组织的正式国家地区成员。上交所和深交所均已为 XBRL 国际组织直接会员。

  推广应用 XBRL 的前提是建立符合 XBRL 基础技术规范和财务报告或监管报告要求的分类标准体系,尤其是通用目的分类标准的建立,这是 XBRL 推广的第一步,也是十分关键的一步。建立一套科学合理的分类标准体系是十分困难的,我国这一工作由财政部和 XBRL 中国地区组织负责,具体包括:开发制定国家级通用 XBRL 分类标准,为监管机构和企业服务,确保国内标准一致性;以国际财务报告准则(IFRS)分类标准为基础扩展生成我国通用 XBRL 分类标准,确保与国际保持一致性;组织协助开发制定行业监管规定的分类标准,推动 XBRL 的应用以确保我国通用分类标准、未来各监管分类标准和 XBRL 数据的国内一致性。由于大部分监管报告规则是对会计准则规定进行扩展和调整的结果,财政部和 XBRL 中国地区组织是基于我国企业会计准则来制定通用的 XBRL 分类标准。财政部已于 2009 年 11 月就《中国 XBRL 分类标准架构规范》《中国 XBRL 分类标准基础技术规范》《财会信息资源核心元数据标准》三个规范标准征求意见,于 2010 年 1 月就"XBRL 年度财务报告披露模板(征求意见稿)"征求意见。

  在首届 XBRL 研究介绍研讨会上,财政部、原银监会、证监会的领导以及会计师事务所、银行、软件公司、高校等相关代表踊跃发言,积极参与讨论,共同为 XBRL 在中国的推进献计献策,说明 XBRL 已经引起了政府、高校等各方面的广泛重视,并且研究、实施过程在稳步推进,我们有理由相信,XBRL 将进一步迎来它的高峰发展时期。

  从企业角度来看,标准化的会计数据、会计信息进入标准化的企业信息系统,经过处理,输出或保存为标准化的会计信息,供信息使用者使用。从企业与外部交流的角度来看,企业的信息系统既需要企业外部的数据,外部信息使用者也需要企业内部的信息,双方要实现通畅的对话,必然要有一个共同的平台,标准化的网络财务报告对于银行系统、审计系统、财政税务系统等来说都是必需的。

第三节 XBRL 的社会运用价值

  2015 年 5 月 8 日,时任美国财政部部长助理大卫·来布瑞克(David Lebryk)与白宫管理和预算办公室(OMB)联邦财政管理局主任大卫·马德尔(David Mader)联合在白宫官方网站发表题为《更好数据,更优决策,更佳政府》

(Better data, Better decisions, Better government)的报告,介绍美国《数字责任和透明度法》(Digital Accountability and Transparency Act, DATA Act,简称《数据法》)实施的最新进展,宣布将 XBRL(可扩展商业报告语言)作为美国联邦政府支出信息公开披露的数据标准,XBRL 由此正式应用于美国联邦政府信息披露①。

从国内外的 XBRL 实施情况来看,政府主导都是最初推动 XBRL 应用的必然选择。但要充分发挥 XBRL 的优势,让 XBRL 为社会创造价值,还需要满足社会对 XBRL 信息服务的需求,用市场力量吸引各方面的参与,形成服务于 XBRL 数据生产、汇集、搜索、分析的完整产业链。当前发展 XBRL 面临的一些问题,包括 XBRL 技术人才和应用软件的缺乏,都可以通过推进 XBRL 的市场化应用迎刃而解。

培育市场和产业链,一是要解决 XBRL 数据来源问题,在不断扩大应用的同时,要在法律框架内,在不妨害国家秘密、商业秘密和个人隐私的前提下,开放公众对分类标准和实例文档的访问;二是要引导 XBRL 应用软件的自主研发,建立包括软件功能测试标准在内的 XBRL 应用软件评测体系,确保应用软件质量,规范市场竞争;三是要发掘 XBRL 对企业经营的价值,启发企业内部需求,鼓励企业以实施 XBRL 为契机,推动信息标准化,使 XBRL 应用从外部报告不断向信息流的上游延伸,改进战略规划和经营决策的信息支持,实现其多方位的应用价值。

在社会监督管理领域推广 XBRL 具有其必然性。XBRL 是会计信息化的一个重要标志,实施 XBRL 是当今时代的潮流,是信息技术环境下的必然趋势,也是企业的内在需求。

1. 推广 XBRL 是发展全球化经济的要求

经济全球化的一个基本特征是"游戏规则的全球化、趋同化"。XBRL 的构思自被 Hoffman 提出以来,就凭借其高扩展性、高灵活性、高效率、清晰易读等技术优势在短短十多年间,得到全球的关注和推崇。而西方发达国家在这场会计信息化技术变革中抢占了先机。早在 1999 年,美国注册会计师协会(AICPA)联合美国五大会计师事务所和其他知名企业成立了 XBRL 组织,开始展开对 XBRL 的研究。加拿大、日本、英国等发达国家纷纷成立 XBRL 组织,参与标准与规则的制定。如今,XBRL 已经成为国际性的标准。我国在大力推进经济全球化的进程中应顺应趋势,加强和成员国、组织之间的交流,力争与世界

---

① http://zfkj.zuel.edu.cn/kjyis-syxw/show-9996.html.

发展同步,充分发挥中国在会计信息技术方面的影响力。在现有社会对大数据和快速信息获取的需求下,推广和使用XBRL技术有利于提高企业和政府在财务数据获取和处理方面的优势,进而在信息经济中处于优势地位。

2. 推广XBRL是防范和应对经济危机的要求

2007年,由次贷危机引发的经济危机蔓延全球,产生的后果至今让人心有余悸。经过这场浩劫,人们意识到,以核心企业为中心的、由客户、供应商及其合作伙伴组成的整个企业价值链正在形成,一个企业的失败可能引发"多米诺"效应,所以,应该突破空间限制。只有根据相关企业的营运环境、竞争状况和发展动向等非财务信息,加大风险管理和金融监管力度,才能确保经济的快速恢复和健康发展,而信息化建设尤其是提高会计信息的标准化和透明度,才是应对经济危机的良策。通过采用XBRL技术对企业自身和外部的监管报告进行规范,企业和政府可以有效地处理数据,对数据透露出的竞技状态不正常的信号和信息进行及时的处理。

3. 推广XBRL是完善会计信息系统的需要

鲍勃·埃利奥特(Bob Elliott)指出:"IT正在改变一切"。高速发展的网络技术,在为企业决策提供源源不断的信息时,也显现了现存会计信息系统信息采集、处理、报告时效性不强,基础数据库再处理性能弱等缺陷。所以,他强调"内部会计和对外报告会计都必须改革"。XBRL在社会监督管理领域的应用,推动了会计信息系统的完善。

第四节 XBRL技术的主要运用领域

会计监管的产生与发展同会计信息处理存在着密切的关系,张俊民(2009)提出,会计监管是指通过会计检查、督促和控制对经济活动的过程和结果进行监督、管理,主要包括企业内部会计人员对经济活动过程和结果的监督、管理;国家及地方各级管理机构、投资者、债权人等各方利益相关者对会计工作过程和结果的监督、管理。事实上,最原始的会计监管源于企业对聘请专家的财务报告进行审核评价的需求,随着企业逐渐扩张,除了专家,企业的财务报告还需要具有独立性的中介机构、政府的审查。本书所指的监管是指四重监管,即企业的财务报告需要必须经过所有者代表——董事会、内部审计人员和外部注册会计师的审查,同时也需要政府税务部门对会计信息真实性、正确性、公允性进行监管。

XBRL在经济活动中有广泛的应用空间,归纳起来主要体现为以下六大领域。

1. 企业管理领域

企业管理层可以通过 XBRL 迅速地收集分析各部门以及相关公司的财务状况。同时可以将这些信息迅速地发布,以获得市场的支持。另外,作为信息提供者,企业也可以应用 XBRL 技术,将原本需要进行书面财务报表报备、网络财务信息发布或上传至相关主管单位的工作都由专门的格式转换为应用程序,一次完成 XBRL 的格式转换,不需要分多次进行数据处理作业。

2. 审计领域

XBRL 可以改进财务报表的制作和检查过程。对于审计机构而言,企业财务报告采用 XBRL 统一披露企业财务信息的最主要的好处为不再需要以人工方式判读不同格式的资料,而可直接通过标准应用程序取得客户公开的财务资料的内容,如果能够进一步与企业统一以 XBRL 格式储存的经济业务数据库相连,各事务所只要在确定该系统各方面控制良好且逻辑无误后,便可直接通过网络进行连续性的实时审计和非现场审计,如此可减少大量人工操作,提高审计效率和质量。

3. 企业信用等级评估领域

企业、银行和信用评价机构可以比从前更快地获得相关进货商、销售商以及融资机构的信用等级状况。

4. 证券市场领域

首先,一般投资者可以更快、更准、更方便地获得企业的财务信息。而对于专业的投资分析师来讲,网络上所获取的资料可直接用以分析,同时也可以选择其所需的输出格式,提高资料汇总和分析的效率,可使分析师省去大量重复的数据处理的时间和成本。对于证券管理机构而言,若各上市公司的电子档案统一采用 XBRL 格式替代目前证监会规定的 PDF 格式,则书面资料与资料上传都只需同样步骤即可完成,且各公司所上传的档案具有相同的格式,更可直接对其进行检查、比较与分析,可以最小成本达到信息公开透明化与公平化。

5. 贸易与纳税领域

通过 XBRL 的应用,各企业的报税资料可直接由公司编制财务报表的同一资料库直接产生,不必另外进行数据的整理准备,并可以从网上直接传给各税务部门,实现纳税申报的无纸化、信息化。这样除可以有效避免人为的数据输入错误,提高税务部门工作效率外,也可减除申报期间报税人必须亲自到税务单位报税的麻烦,实现更多信息与文件的无纸化。

6. 金融行政领域

金融管理部门在研究金融机构的财务动向和进行风险分析时也可以有效地

利用 XBRL。对各个政府机关与非营利组织来讲，政府可以规划标准 XBRL 的窗体及文件的格式，放置于政府公开网站上，供企业填写或缴交资料。政府机关与非营利组织内部许多财务性文件及窗体，统一规划为 XBRL 的标准文件，可以更加简化政府或非营利组织公文流程处理作业。XBRL 将简化现有的电子保税手续，实现企业财务数据与税务部门数据接口统一。此外，以 XBRL 文档格式保存的会计文件和相关法规等资料只要利用一般的 Web 浏览器即可解读，同时其具有较高的易维护性和自动检索效率。

本书将从监管领域入手，综合考虑从监管角度而言，XBRL 对加强政府对企业的监管和企业完善自身监管的价值和作用。XBRL 在监管领域的运用现状，具体来说可以分成 XBRL 技术在社会监督管理方面的以下四个领域的运用来分析，即 XBRL 环境下的中小企业会计监督管理、XBRL 环境下的大企业内部监督管理、XBRL 环境下的政府税收监督管理、XBRL 环境下的银行信贷内部监督管理。

第二章

XBRL 的理论概述

第一节　XBRL 的相关理论

一、与会计准则相关的理论

（一）交易费用理论

1. 科斯定理

企业制定会计准则的意义和选择会计准则的依据与科斯定理紧密相连。国内学者卢春婕（2009）通过对科斯的著作和演讲等概括归纳，把科斯定理划分为三个层次：第一层次，假设不存在交易费用，则不管怎样分配原始权利，结果都是使财富最大化的配置取得谈判成功；第二层次，如果交易有成本，那么交易成本在不同的产权制度下是不同的，这将影响资源配置的效率；第三层次，由不同的法律、经济环境等问题导致的不同制度，会有不同的最佳选择方法。

第一层次是假设没有交易费用，在这种情况下，通过交易活动就能使资源配置最优化，这时用于规范经济业务的会计准则就没有必要存在了。但事实上通过经济业务活动产生的交易费用总是大于零的，而会计准则可以使交易费用变得更为合理，这也证明了会计准则的制定和实施意义是非常重大的。第二层次表明不同的交易费用导致不同的资源配置。第三层次说明企业可以找到最适合自己的资源配置方式。企业根据不同的交易费用，再考虑其他方面的因素可以找到最适合自己的会计准则。这可以与会计准则取舍的"成本—效益"原则结合起来，企业将选择按照准则提供信息所产生的效益超过提供会计信息的成本的会计准则。

2. 威廉姆森的交易费用理论

虽然交易费用的概念最早是由科斯提出来的,但是交易费用理论却与威廉姆森紧密相连。完整的交易费用理论体系最终也是由威廉姆森建立的。

交易费用被威廉姆森形象地比喻为"经济世界中的摩擦力",被认为是经济系统中的运行费用。威廉姆森认为,交易费用应分为事前交易费用和事后交易费用两个部分,产生的根本原因在于产权制度规定得不严格。他进一步认为,交易费用的存在取决于三个因素,即有限理性、机会主义和资产专用性。有限理性指的是人的行为既有理性也有局限性,这是由人吸收、评价信息的能力有限和环境因素不确定共同决定的。机会主义是指各种形式的欺瞒倾向使得信息透露得不完整或被歪曲,导致了信息的不对称,特别是故意的行为。资产专用性是指不允许资产转作其他用途的生产性资产的存在状态,它体现了企业对相关市场的依赖。按照威廉姆森的见解,只有在有限理性、机会主义、不确定性等的综合作用下才会导致市场失灵,这时企业组织就应运而生了。

科斯和威廉姆森的交易费用理论不但证明了制定和实施会计准则的重要意义,而且为企业的会计准则选择提供了依据,说明了企业在多种会计准则之间进行选择时,首先要比较交易费用,选择较低者,同时还要使得所选择的会计准则的收益大于成本。

(二) 博弈论

博弈论是指有不同利益要求的利益集团为了实现自身利益的最大化,重新配置原本存在的资源格局的理论。博弈论对确定会计准则的意义和选择会计准则的依据具有重要的借鉴意义。

由于会计准则具有经济后果,会计准则的博弈更多地指对抗双方或几方的经济利益冲突。Zeff(1978)认为:"经济后果是指会计报告对企业、政府等利益相关者经济决策行为的影响,它可能影响其他团体的利益,所以会计准则的制定者在作出选择时应该考虑随后产生的不利后果,财务报告也必须充分考虑利益相关者的利益。"会计准则的产生和选择其实是各方经济利益均衡的结果。

企业管理层和外部投资者之间存在博弈关系,如果没有会计准则来规范企业的经济业务,企业可以选择披露不真实的会计信息或是不披露会计信息,投资者只能根据模糊不准的信息来判断,很可能造成重大损失。显然,企业在博弈过程中具有优势,投资者处于劣势。在这种情况下,会计准则的存在就成了必然,可以通过会计准则强制规定企业的会计业务使之考虑信息使用者的需求。博弈论说明会计准则的制定和实施具有重要意义。

对于中小企业来说,企业与信息使用者,即会计信息的提供和需求者之间在准则选择的问题上也存在博弈关系。政府部门和相关商业机构是中小企业的主要会计信息使用者,它们希望中小企业的会计信息能充分披露,越详细越好。但出于成本负担的加重和保护核心竞争力的考虑,中小企业往往不会充分披露财务信息。通过博弈,中小企业最终会选择一套实现中小企业与政府部门之间经济利益的相对均衡状态的准则。这一选择过程是非常复杂的,由于各方经济利益的争夺,各种因素使准则由低境界的均衡点向高境界的均衡点不断演进。

(三)权变理论

权变理论是指最合适的管理理论是随环境变化而变化的,并不存在一种适应于任何企业经营管理情形的最好方法。它告诉企业的经营管理者,应该针对具体的环境去思考如何实现有效的经营管理。

《权变管理理论:走出丛林的道路》和《管理导论:一种权变学说》这两本著作奠定了卢桑斯在权变理论方面的权威地位。他把权变关系看成是两个或两个以上的变量之间的函数关系,可以用"如果……那么……"来直观表述,前者是自变量,后者是因变量。权变管理是考虑在具体环境中如何使管理技术和思想有效地达到目标的一种管理理念。在权变管理中,我们可以大致把环境看成自变量,而把管理的技术和思想看成因变量。如果给定一种环境,那么某种管理技术和思想将能更有效地实现目标。

受大量因素影响,企业在两种会计准则之间作出选择的答案不是唯一的。企业选择会计准则可以用权变理论来解决。在充分考虑各种内外部环境影响因素的前提下,权衡其重要性,思考哪一种准则能更有效地实现企业的目标,从而在两种会计准则之间进行权变选择。

(四)制度变迁理论

在对制度变迁理论创始人诺斯的著作进行深入研究的基础上,国内一些学者对该理论进行了归纳。罗必良(2005)把制度变迁看作是制度的替代、转换与交易过程。它是一种效益更高的制度对另一种低效益制度的替代或更新过程,也是改善人与人之间交易活动的制度结构的过程。尹珍丽(2007)认为,"制度变迁决定了国家经济增长和社会发展"。黄维、胡瑞丽(2009)指出,"制度环境会随着社会不断发展和人类更加文明而逐步进化成一种新的制度或者组合,这时会因为会计准则与制度环境的关系由适应变为不适应而使得会计准则发生变革以实现一致。"会计准则变革与否也可以与"成本—收益"原则联系起来,如果变迁的收益超过了成本,变迁就会发生。

企业是否接受《企业会计准则》就可以用制度变迁理论来解释。大部分企业在《企业会计准则》产生前都是采用企业会计制度。在新准则颁布后,国家要求上市公司必须使用新准则,而对其他企业来说,使用与否是可以选择的。企业从放弃"原制度"到使用"新准则",这一过程不可避免地将产生变迁的成本和收益。如果企业得到的收益超过转换的成本,企业自然就会选择"新准则"。

二、与 XBRL 及 XBRL 分类标准相关的理论

(一) 利益相关者理论

从1963年开始,关于利益相关者(stakeholder)的研究陆续展开,"利益相关者"一词最初是由"股东"(shareholder)一词演变而来。而对利益相关者的定义最具代表性的要数弗里曼于1984年编写的一部叫作《战略管理:利益相关者方法》的著作,他认为"利益相关者是那些影响企业目标实现或受企业目标实现过程影响的任何个人和团体",这大大拓宽了利益相关者的内涵。

XBRL在迅速发展的过程中存在推广或压制的需求,这可以用利益相关者理论来解释,XBRL遭遇的阻力根本上是由于各利益相关方的利益之争而产生的。因此,弄清楚XBRL财务信息供应链上的利益相关者对于研究XBRL技术的推广应用至关重要。弗里曼把影响企业采用XBRL技术披露财务信息的或受企业采用XBRL技术披露财务信息影响的任何个人和团体都划分到XBRL利益相关者的范畴。

(二) 成本收益理论

成本收益理论应用的范围非常广泛,在前面谈到的与会计准则相关的理论中也多次提及,它是一种量入为出的经济理念,是人们作出一项决策的重要依据。任何一个企业在进行经济活动时都要考虑得失,估计投入与产出的关系。它是一种普遍的方法,可以用在经济学上探究如何以最小的成本取得最大的收益,也可用在其他社会科学中分析人(理性的经济人假设)的行为。

企业是否采用XBRL技术进行财务呈报可以视为一个决策问题,而成本收益理论本就是一种可以解决决策问题的方法,如处理企业是否采纳XBRL技术的问题时,当预期收益(包括有形和无形收益)大于预期成本(包括有形和无形成本)时,该项决策便是可行的。

(三) 市场有效性理论

有效市场假说(Efficient Markets Hypothesis,EMH)于20世纪70年代被提出。金融学中"有效市场假说"的有效性包括证券价格的信息有效(是否能自由地根据有关信息而变动,以及是否完全反映了可利用的信息)和证券市场资源配置有效(通过价格对信息的有效反应,实现企业的优胜劣汰、社会财富的最优

增长和社会福利最大化)两层含义。1967年,哈里·罗伯茨(Harry Roberts)首次把市场划分为三个层次:弱势有效市场(现行价格反映了历史交易信息)、次强势有效市场(现行价格反映了历史价格信息以及所有公开信息)和强势有效市场(现行价格反映了所有相关信息,历史价格信息和所有公开及未公开的信息均包含在内)。Eugene Fama(1970)在哈里·罗伯茨的基础上概括和发展了EMH,他认为有用的信息以不带任何偏见的方式在证券价格中全部得到反映的情况下,市场是有效的。Jesen(1978)指出,在资本市场有效的情况下,根据一组信息从事交易无法赚取到经济利润。

市场有效性理论是网络财务报告披露制度获得有用信息的质量保证,可以提高其传递速度和公平性。Beaver在《FASB的目标应是什么》一文中归纳了有效市场假说对财务报告信息披露的意义:"如果会计政策选择不会引起未来现金流量变化,充分披露能使投资者看穿由于会计政策选择所导致的差别,则无论公司如何选择会计政策都不会影响该公司的股价;有效市场与充分披露密不可分,只要有足够多的投资者能理解披露的信息,则披露时不必过分考虑无知的投资者,只要披露的收益大于成本则有必要披露,披露越多越有利于公众正确决策,也越有利于市场有效配置资源,使市场越有效;会计信息正在与其他渠道信息展开竞争,包括财务分析师的综合分析、有关媒体的相关信息报道等。"市场有效性理论为网络财务报告披露奠定了理论基础,而XBRL技术是实现网络财务报告披露的重要手段,因此市场有效性理论可以为其提供指导。

(四)契约论与信息不对称理论

资源配置的两种手段是市场和企业。在市场中,资源配置由价格来调节,而在企业内,权威关系便是实现资源配置的主要手段,它主要通过契约来确定和维系。契约成本相当重要,当把企业看成是"一系列契约的联结"时,便形成了契约论。根据契约论,各种要素(资本、管理知识等)的所有者,通过契约将各种要素投入企业中,并期望从中获得相应回报。在这个过程中,"信息不对称"在契约的参与各方中广泛存在。

信息不对称理论论述了信息在交易双方不对称分布或在某方的不完全性对于市场交易行为和市场运行效率产生的重要影响。它会产生逆向选择和道德风险问题,增加了信息成本。雷弗是信息技术条件下财务报告模式的研究者,他指出:"信息不对称是不均衡产生的根源,要消除它必须构建一种全面有序的信息传递机制,并加以有效监督,打破信息在优劣双方的不对称分布,推动各种有用信息的均衡分布,改善资源配置,增进市场效率,引导市场由失衡走向均衡。"

财务报告为缓解委托人和代理人之间的信息不对称起到重要作用,而提供会计信息的成本及减少信息不对称带来的收益之间对比关系的变化,也将带来财务报告模式的不断演进。当前,企业经营活动的不确定性加大,委托人与代理人之间的信息不对称加剧,因此企业必须通过披露更为全面、及时、准确的信息来减少信息不对称的负面影响,而信息技术的不断发展也降低了信息的成本。财务报告模式不断向联机化、网络化、实时化演变,必然使得财务报告披露更加具体化、透明化,这将大大减少信息不对称。

(五)价值法理论与事项法会计理论

传统会计理论下会计被认为是一种人造信息系统,传统会计理论也被称为价值法理论。随着会计环境的不断发展变化,价值法理论下传统财务报告所提供的会计信息越来越不符合信息使用者的需求。

20世纪60年代,乔治·H.索特(George H. Sorter)提出了事项法会计理论,并于1969年在《构建基本会计理论的"事项法"》一文中全面阐述了以事项法为基础所形成的基本会计理论。事项法会计理论也称为使用者需要法理论,它否定了价值法理论,核心思想是提供全面基本的事项信息,由使用者自己进行分析、加工和预测。因为信息使用者需求不同,他的决策模型也不可能事先知道。

事项法是会计理论的一次有益探索,它没有采用价值法的传统思路,而是提供"原汁原味的事项数据",由信息使用者自己来判断、评估、分配、预测和决策,并增加了很多对预测未来事项有帮助的信息数据和许多非货币、非财务的内容,能最大限度地满足用户的需求。

由于技术环境和信息使用者处理信息的能力问题,事项法会计理论在过去的几十年中没有被广泛地接受。进入信息技术时代,事项法有了崭新的发展势头,随着理论体系的日益完善和技术发展的日趋成熟,事项法将成为网络财务报告模式的未来发展取向。

第二节　税收监管理论

一、税收执法监督的理论基础

1. 契约理论

市场经济发达国家在税收学上从理论到实践都在肯定征纳双方的平等地位,比较注重从"个人本位"视角看待税收活动。公共财政着眼于满足社会公共需要,弥补市场失效。政府作为社会管理者需要提供公共产品或服务,同时支出

一定的费用,这些费用则由公共产品的享受者或消费者来补偿。而政府取得这些费用的最基本方法就是与公众签订税收契约,即通过税法对纳税人进行征税。"税收是文明的对价",人们纳税,就是在为自己享受并消费公共产品或服务所支付的"价格"。但是,税收契约的有效性是基于人们认为政府能够正确地运用权力,倘若政府作出的福利支出、社会政策没有实现人们的目标,人们必然会选择违背国家意志(社会契约),从而出现偷、逃、避税和不能依法纳税的现象。这时税法(税收契约)就起到一定的强制性作用。政府只有依靠法律(税法)强制征税,才能确保税收取得,从而实现公共产品的及时供给。而政府作为一个独立主体,有自己的意志能力和相对的利益,如果没有一定的约束和限制,势必导致其滥用权力,出现违法或腐败行为。税收机关作为政府的职能部门,如何规范其权力行使、保证公正执法,法律的规制就显得尤为重要。税法的确立,是对政府征税权的授予和对社会公众纳税义务的确认,政府征税必须依法,人们纳税也必须依法。

因此,契约论的启示为:税收执法监督制度的构建首先要依法进行。税收执法监督具有法定性和公开性,税收执法人员在征税过程中必须廉洁自律,秉公执法,否则就会受到法律的惩处。税收执法监督制度的完善首先是要建立健全税收执法监督法律体系,为税收依法进行提供法律和制度上的保障。

2. 绩效理论

绩效(performance)在《牛津现代高级英汉词典》中的定义为:执行、履行、表现和成绩。绩效含有成绩和效益之意,美国国家绩效评估中的绩效衡量小组认为,公共绩效管理是对公共服务或计划目标进行设定与实现,并对实现结果进行系统评估的过程。综合来看,政府绩效管理是指对政府部门的目标进行设定与实施,并对实现结果进行系统考察与追踪,推动绩效不断改进的系统活动和过程。税务监督和管理的根本目的,就是通过科学的决策、高效率的税收执法活动的履行,有效实现税收职能。"劳动效率"是劳动效果与劳动量的比率,即指人们从事某一项活动所获得的劳动效果与所付出的劳动量的比率。税收执法监督管理需要资源的消耗,即税收执法监督活动所使用的有形或无形的资源,包括制度、时间、人力、物力、信息等。税收执法监督效率目标是管理资源的有效使用,即通过与征收、管理等部门相互协作,最大限度地发挥监督效能,提高税收征管水平,减少征纳双方的违法行为,优化税收环境,实现依法治税。

绩效理论的启示是:要提高税收执法监督的效益,一是要切实降低税收执法监督的成本,科学统筹监督工作中人力、物力和财力的安排,体现在税收执法监督制度的构建上要遵循有效监督原则。二是税收执法监督制度的构建必须具有可操作性,程序公正,制度公开,机制简便,使税收执法监督有的放矢。为了体现监督的有效性,在其机制实施上,政府必须建立并启用高效的税收执法监督管理制度和科学合理的税收执法权力运作机制。

3. 治理腐败理论

权力滥用在法律上,即广义的权力的不合法问题,权力滥用的典型或极端的表现就是所谓的腐败。腐败的主要表现为:不正当占有公共资源,如贪污行为;利用经济上的占有改变人们对于地位、职位、财产方面的判决和安排,如贿赂行为;避开公共角色滥用职权,如以权谋私行为;公共权力的"人治化"行使,体现为严重的特权主义,在执行法律和执行公务过程中擅离职守,任意决策。腐败是一种超法律、反法律的行为,它动摇着国家权威的基石——法律权威。法律的基本作用是约束和限制权力,而不论这种权力是私人的权利还是政府的权力。

权力腐败在决策中尤其是执法中带来的不良后果十分明显。因而,对权力给予限制的方法必须运用法律手段,目的是让权力的行使在各个环节上都受到法律制约,一旦权力越轨,就会得到法律的制裁。

二、税收执法监督制度相关范畴的界定

我们将税收执法监督制度的有机组成部分划分为正式制度、非正式制度及实施机制。其中正式制度指税收执法监督法制体系,主要包括监督法的贯彻实施、税收基本法的建立、税收征收管理法的完善及相关税收配套法的健全;非正式制度指税收执法监督人文环境,主要包括税收执法监督理念的重塑和税收人文环境的改善等;实施机制则包括税收执法内部监督和外部监督两个方面。因此,税收执法监督制度是正式制度、非正式制度及其实施机制三个方面的有机统一。

制度是规则也是限制,制定规则的目的就是限制人们活动的范围,在制度规定的范围内,人的活动具有选择自由,超出这个范围就要受到惩罚。税收执法监督制度中正式制度的构建就是为了限制人们在涉税活动中出现的机会主义和违法行为,是为了更好地规范税收执法,防止税权腐败,实现税收法治的目标;税收执法监督在制度一定的情况下,要规范税收执法行为、提高纳税遵从度,使涉税违法行为降到最少,就必须重视税收人文环境和意识形态等非正式制度约束的作用;至于实施机制,则是税收执法监督制度得以施行和实现的重要保障。只有税收执法监督制度的三个有机组成部分达成共融与互促,才能从整体上推进依法治税目标的实现。

第三节 内部控制理论

一、市场失灵、内部性与外部性

亚当·斯密(Adam Smith)在其《国富论》中提出市场在"看不见的手"的有效组织下实现资源的最优配置。然而,该论断唯有在具备严格前提条件的完备市场假设之下方才成立。当考虑了市场经济内含的个人自由选择和激励相容原则,以及信息的不对称性、市场的不完全竞争性、主体行为的外部性、交易成本、跨期选择与不确定性等前提条件后,完备市场假设便不再适用,市场失灵(Market Failure)也随之出现。这使得仅凭市场机制难以发挥对社会资源的基础性配置作用,从而导致资源配置效率低下,于是政府监管应运而生。在管制经济学中,经济主体行为的外部性和内部性是分析市场失灵的两个重要概念(程启智,2002)。英国经济学家阿尔弗雷德·马歇尔(Alfred Marshall,1890)首次在其经典著作《经济学原理》一书中提出了"外部性"的概念。外部性是指某一经济主体对其他经济主体施加的利益或成本,这种外部影响并非在以价格为基础的交换中发生的。外部性通常分为正外部性和负外部性两种,前者使外部主体受益,而后者则使外部主体利益受损。理论上,外部性的存在导致社会边际收益与私人边际收益不一致,社会边际成本与个人边际成本也不一致,从而使得市场经济主体的经济活动偏离最优的均衡状态。最常见的负外部性问题包括污染、噪音等。内部性概念则由美国经济学家丹尼尔·F.史普博(Daniel F. Spulber,1989)在其著作《管制与市场》一书中提出,他将内部性定义为"由交易者所承受的但未在交易契约的条款中反映的成本或收益"。内部性主要是由于契约不完备和信息不对称导致的交易另一方所获得的收益或承担的损失,同样存在正内部性与负内部性。比如,产品质量、工作安全问题都是典型的负内部性表现。无论是负外部性抑或负内部性,都将削弱市场机制的资源配置效率,在市场自身无法解决这类问题时,就为政府监管提供了可能。

(一)市场失灵与企业内部控制监管

伴随着企业规模的快速扩张,市场失灵产生的负内部性、负外部性日益严重。20世纪全球经历了五次大的并购浪潮,尤其是80年代的融资并购浪潮和90年代的跨国并购浪潮,使企业规模急速扩张,出现了众多"巨无霸型"的跨国公司。这些巨型跨国公司的经济规模堪比国家,1999年最大的200家跨国公司的销售额占全球GDP的27.5%;世界最大的50个"经济体"中跨国公司占据

14席;而且跨国公司规模的增长率超过了许多国家,全球500强企业的销售额在1990—2001年几乎增长了3倍,而同一时期全球的GDP仅仅增长了1.5倍(卜伟等,2005)。企业规模的快速扩张使得这些大企业逐渐主宰了全球的经济发展,它们不但推动了当地的经济发展,还解决了民众就业和财政支持问题,其社会化程度不言而喻,加之资本市场的发展、经济全球化和信息技术的升级,公司的社会化程度进一步加强。这些公司尤其是对一国经济具有重大影响的大型公司,一旦出现重大问题,其产生的风险损失不仅限于企业主体及利益相关者,即产生负内部性,还可能波及整个资本市场乃至一国经济的健康发展,即形成负外部性。内部控制问题尤为典型和普遍,由于内部控制不健全导致的风险具有联动与扩散效应,因而产生的负内部性和负外部性直接催生了政府部门对企业内部控制的监管。回顾美国企业内部控制失败的后果,20世纪70年代美国公司在国际贸易中对贿赂行为的默许,推动了1977年《反海外腐败法》(FCPA)的颁布;20世纪80年代美国金融机构对信贷风险的漠视,催生了1991年《联邦存款保险公司改进法案》(FDICIA)的实施;21世纪初相继曝光的安然、世通等美国大公司的财务丑闻,导致了2002年《萨班斯-奥克斯利法案》(Sarbanes-Oxley Act of 2002,SOX法案)的出台。历史表明,公司社会化程度的提高给社会带来了正内部性和正外部性,同时也带来了诸多的负内部性和负外部性。企业内部控制的问题不仅给企业自身和利益相关者带来了直接的经济损失和声誉损害,而且严重地打乱了市场经济的正常秩序,挫伤了美国经济成长的元气,重创了投资者和社会公众对政府及市场的信心与信任。企业社会化程度的提高,扩大了内部控制问题产生的负内部性、负外部性和市场失灵,因此,企业内部控制监管的实施在所难免。

1. 企业内部控制问题与负内部性

根据史普博(1989)的观点,内部性的产生源于三类原因:契约的不完备性、信息的不对称性、信息资源的经济性。企业内部控制问题的产生与上述三类原因息息相关,因而负内部性的出现在所难免。首先,内部控制系统是对企业内部风险的防范与化解,而企业风险具有很高的不确定性,这是导致契约不完备的根源所在。在人类有限理性和信息不完全的情况下,无法事先在委托代理契约中对风险控制的水平和内部控制构建与维持的有效性加以明确,此时作为企业内部人的管理层拥有关于风险和控制有效性的信息优势,并可借助这种信息优势获取契约中的潜在利益,从而损害外部委托人的利益,产生负内部性。其次,企业管理层与外部利益相关者之间存在严重的信息不对称,事前的信息不对称使得外部利益相关者并不了解企业的内部控制状况,企业管理层拥有的信息优势在机会主义动机驱使下,使市场交易偏离信息劣势方的利益最优化,从而导致外部利益相关者的"逆向选择";事后的信息不对称产生的"道德风险",使得信息优势方的行动不可观测(即隐藏行动)且具有对方无法获取的信息(即隐藏信息),致使委托人无法观测代理人是否构建并维持有效的内部控制,也无法知晓代理人是否利用内部控制缺陷为自身牟利。因此,"逆向选择"和"道德风险"将导致损害委托人利益的负内部性出现。最后,信息资源的经济属性决定了企业外部利益相关者在观测企业内部控制状况、获取和甄别企业内部控制信息过程中,均需花费高额的信息成本。在信息不对称的情况下,拥有信息优势的企业管理层可能采取隐藏或歪曲内部控制信息的方式,阻碍内控信息的有效传递,增加信息成本。总之,企业内部控制问题将导致负内部性的市场失灵。

2. 企业内部控制问题与负外部性

尽管理论界从不同角度来理解外部性,但所表达的含义完全一致,即外部性的存在意味着资源配置无法达到帕累托最优。Coase(1960)认为外部性产生的原因有两条:一是缺乏明确的产权界定;二是存在交易成本。当产权界定明确且无成本时,市场配置才能达到帕累托最优。但产权界定是有成本的,在界定产权时会因收集处理信息、协商、谈判和实施契约而发生交易成本,有时这种交易成本会阻碍契约的签订,产权自然就无法明确界定,市场失灵也就不可避免。资本市场中的外部性主要体现为企业风险的扩散与传染效应。罗伯特·J. 希勒(Robert J. Shiller,2000)教授所著的《非理性繁荣》对这一现象进行了描述,该现象的内在逻辑是"搭便车理论"。企业内部控制问题所产生的风险存在很强的负外部性,正如美国的安然、世通等大公司的财务报告和内部控制问题一经曝光,投资者利益受到极大损害,整个市场的信心与信任也随之丧失,个体的理性行为导致了集体的非理性,从而引发强烈的市场波动,其所蕴含的风险迅速传导至市场中的其他人、企业、金融部门乃至整个宏观经济,这构成负外部性。在资本市场发展与信息技术更新换代的今天,内部控制问题会随着企业规模和社会化程度的提高而放大其负外部性,从而破坏证券市场的稳定性,扭曲证券市场正常的资源配置功能乃至损害宏观经济健康运行,其中原因离不开产权和交易成本。在产权不清晰的情况下,难以明确谁是责任人,且界定产权的交易成本又很高。若完全依靠市场力量,则无法使企业内部控制风险的外部成本内在化,因此需要政府监管的介入。

二、管制失灵:企业内部控制监管的理论困境

尽管市场失灵为政府监管企业内部控制提供了理由,但这并不表明管制一定有效,对管制无效的讨论引出了"管制失灵"的概念。无数的管制立法所能证

明的只是人们希望管制,而并不能为事实上的管制提供确切的证明(周耀东,2004)。正如 Cunningham(2004)所言,监管者和立法者对企业内部控制问题的关注源于对危机发生的政策反应。Hart(2009)甚至认为 SOX 法案的通过明显是为回应关键事件、满足政治需要的结果。那么管制失灵的根源是什么?政府监管企业内部控制又将面临何种困境?

(一) 管制失灵的经济学解释

规制经济学对政府管制失灵的分析通常是从管制效率损失角度出发,即在何种条件下政府管制才是有效的。传统规制经济理论认为政府实施有效管制有两项前提假设:一是管制者是"仁慈"的,会以追求社会福利最大化为目标;二是信息是完全的,管制者拥有被管制对象的任何信息。但在现实世界中,有效管制的两项前提假设几乎无法成立。首先,政府是由具有个体经济利益的"理性经济人"所组成,其管制目标从整体层面而言表现为追求政治支持最大化,从个体层面而言则往往表现为借助管制当局的自由裁量权获取寻租收益的最大化,这与社会福利最大化的目标相悖;其次,作为管制者的政府与被管制对象之间的信息不对称问题无法完全消除,在具有高度不确定性的外部环境和差异化的效用偏好状况下,企业可通过一些管制机构无法观察到的行为影响最终的管制结果(张维迎,1996)。

此后,拉丰和梯若尔(2004)等学者对传统规制经济理论提出了批评,他们认为过去的规制理论几乎未涉及被管制对象的激励问题,于是他们将激励约束引入政府管制问题的分析之中,这标志着新规制经济理论的兴起。这一学派是运用委托代理理论对管制者与被管制对象的目标约束、信息结构和可选工具进行研究,在此基础上分析双方的行为和最优权衡。这里,规制问题实质上表现为在不完全信息条件下的最优控制问题。但达成这一状态(即管制有效)须满足两项约束条件:一是激励相容约束;二是个体理性约束。一方面,政府管制是否有效受到激励相容的约束,即在任何给定的激励契约之下,企业总是选择使自己期望效用最大化的行为。激励相容约束要求契约应使企业作出的选择符合管制机构的期望。另一方面,政府管制的有效性还应满足个体理性的约束,即从被管制者角度出发,有效的管制应使得企业主动遵循契约所获得的期望效用不小于拒绝遵循管制契约时获得的最大期望效用,从而使得被管制者目标与管制者目标相匹配。

(二) 企业内部控制监管失灵的理论分析

规制经济理论将政府管制失灵的原因归结为三个方面:信息不对称、目标不匹配、激励不相容。这些原因无疑也存在于企业内部控制监管之中,最终将威胁内控监管的有效性。

1. 监管者与被监管者间的信息不对称问题

信息不对称使监管者无法完全观察到被监管者的真实行为,从而产生监管成本。史普博(1989)就曾指出"监管机构的主要工作之一即收集充分的信息"。因此,管制的有效性取决于监管者是否拥有充分的关于管制客体的信息,监管者拥有的信息越多,管制效率越高;反之亦然。在企业内控监管的委托代理关系中,被管制者即企业管理层拥有内部控制有效性的信息优势,而监管者则处于信息劣势,他们无法观测被管制客体的内部控制有效性状况,以及对内部控制质量改善的努力程度;被监管者也难以了解监管者将借助哪些信息对被监管者的内部控制实施监督决策。因隐藏行动和隐藏信息所导致的信息不对称将造成管制不到位、管制过度与管制缺位并存,直至管制效率低下(Loeb 和 Magat,1979)。

根据美国证监会(2009a)的一项调查,自 SOX 法案第 404 条款正式实施后的连续 5 年内,披露内控缺陷的公司比例从 16%下降到了 4%,而内控缺陷被修正的比率从 55%提高到了 75%。美国证券交易委员会(SEC)有职业会计师认为,"这一下降可能是由于注册公司已经针对之前报告的重大缺陷采取了行动,……或者也可能是由于重大缺陷未被识别或报告"(SEC,2009b)。这表明,据此得出内部控制监管是有效的结论为时尚早,由于监管双方的信息不对称,监管者无从知悉被监管者是否完全识别并报告了内控缺陷,以及适当地评估了内控缺陷的严重性程度。Rice 和 Weber(2012)的经验研究对此也提供了证据支持,他们以存在控制缺陷而导致财务报表错报重述的公司为样本,经研究发现,大多数存在重大缺陷的公司未能及时报告缺陷,仅 32.4%的样本公司在错报期内报告了重大缺陷的存在;Rice 和 Weber 指出尽管受到外部审计的监督,也只有少数公司的内部控制报告能提供可能存在会计问题的预警。这些研究成果表明内部控制监管效果很大程度上受到信息不对称问题的制约。

2. 企业内部控制监管的目标偏离

政府管制的目标是通过监管提高资源配置效率、增进社会经济福利,而企业目标是追求效率、利润和自治,两者之间的不一致无疑将引起监管效率的损失,甚至监管政策失效。美国的 SOX 法案将企业内部控制监管的目标设定为:提高内部控制的有效性、改善财务信息的质量和透明度……,从而服务于资本市场监管的首要目标——保护投资者利益。但内部控制本质上是企业全面风险管理的主要手段;对内部控制的需求内生于企业的战略目标和风险承受能力。从经济学角度看,内部控制的有效性水平是管理层根据自身的风险偏好,结合企业的风险特征和风险水平高低所作出的最优选择。但在企业内部控制监管规则的强制要求下,被监管者不得不忽略内部控制的本质目标,转而以遵循内控监管规则、防范欺诈与舞弊为目标。正如威尔士国家银行高级副董事长、内部审计师 Randall Ouchi 和美国高通公司执行副董事、首席财务官 William E. Keitel 在给美国上市公司会计监督委员会(PCAOB)的反馈意见中所指出的那样,"SOX 法案的最初目标是为了减少财务欺诈和舞弊,然而错误的发现却主要依赖交易层面上的测试结果""实施第 404 条款造成了大量的重复且毫无意义的工作,更多的资源被用于发现错误而非预防重大的财务舞弊、公司治理的缺陷和对会计准则的蓄意操纵"。

3. 企业内部控制监管的激励问题

政府管制应遵循激励相容原则,否则被管制者将在权衡执行管制规则的成本和收益后选择抵制规则的实施,最终导致管制失灵。假定不存在外部监管情况时,企业内部控制水平处于企业内部利益相关各方多期动态博弈后的均衡状态,外部监管规则实施后将打破这种均衡,给企业带来的收益是因内部控制有效性的提升而减少的财务欺诈行为和增加的财务信息可靠性。遵循成本包括执行内控监管要求而消耗的资源,即直接成本,以及内控相关工作增加所损失的效率,即间接成本或机会成本。在权衡收益与成本后,企业内部控制水平重新达到均衡状态,这一状态将反映企业外部监管的实施效果。事实上,此时的均衡状态常常低于监管者的预期,Meyer 和 Rowan(1977)观察发现,多数组织制定了诸多为满足监管要求的规章制度,而这些制度却与其内部运作毫不相干,只是"为获得社会公众的认可,保护组织行为免受质疑"。Oliver(1991)则将这种现象称作"去耦"(Decoupling)现象,即"组织为阻止其某些部分受到必须遵循的制度要求的影响,而采取的象征性或符号性的行为策略"。

由此可见,监管并不等于必然实现预期的目标,监管的效果受到被监管者权衡执行成本与收益结果的影响。在企业内部控制监管中,规则给执行者带来的成本不可忽略,美国商会副主席大卫·C.查韦恩(David C. Chavern)曾表示,"执行 SOX 法案第 404 条款给期望在美国发行股票的公司带来不必要的负担,而且这些负担与能够合理确认的利益相比是不成比例的"。若事实果真如此,企业内部控制监管给执行者带来的成本超过收益,那么内部控制监管将必然产生 Meyer 和 Rowan(1977)所观察到的"去耦"现象。不难发现,为解决市场失灵而产生的企业内部控制监管规则,如果实施不当将导致监管失灵。若监管过度,可能产生过多的行政约束,使企业在内部控制上浪费资源,损害社会福利;若监管不足,则可能再次面对"新安然""新世通"的出现。管制虽能解决市场失灵现象,但管制失灵也比比皆是。因此,在当前实施企业内部控制监管过程中必须处理好上述问题,可以预期在未来的一段时期内,监管机构将不得不面对内控监管失灵的尴尬境地。

三、COSO 内部控制理论

内部控制是一个组织的财务和经营政策及程序不可分割的一部分,其最早于 1949 年由美国注册会计师协会(AICPA)下属的审计委员会(CAP)提出。内部控制包含了一个组织为某些目标所进行的一切活动,这些目标有:①保护其资源,避免浪费、欺诈和无效;②确保会计和运营数据准确可靠;③遵守组织的政策规范;④评估组织中所有单位的绩效表现。

美国 COSO 委员会(美国反虚假财务报告委员会下属的发起人委员会)发布的《内部控制——整合框架》,将内部控制定义为:"公司的董事会、管理层及其他人士为实现以下目标提供合理保证而实施的程序:运营的效益和效率,财务报告的可靠性和遵守适用的法律法规。"COSO 内部控制框架认为,内部控制系统是由控制环境、风险评估、内控活动、信息与沟通、监督五个要素组成,它们取决于管理层经营企业的方式,并融入管理过程本身。实现内部控制目标需要关注相互关联的五个要素,内部控制各要素不仅与企业的整体相关,还与企业内部各部门和各种业务相关。同时,各要素彼此密切相关,如企业外部和内部产生的财务和非财务信息,是信息沟通要素中的一部分,同时,这些信息也是有效管理企业的运行、编报可靠财务报告及决定企业遵守相关法律法规等控制活动和控制环境所需要的。而 XBRL 的应用对内控活动、信息与沟通、监督这三方面和各要素之间的衔接有着极为重要的推动作用。

美国在安然公司以及世界通信公司倒闭后推出了《萨班斯-奥克斯利法案》,该方案要求,在美国的上市公司都要按照这一框架进行内部控制体系建设。这使得 COSO 内部控制框架影响力迅速得以提升。我国于 2002 年颁布的《商业银行内部控制指引》(于 2007 年修订)以及 2008 年发布的《企业内部控制基本规范》也是遵循了 COSO 内部控制框架。

近年来,企业经营理念、组织架构、经营模式和管理模式都相应发生了很大的变化,企业在发展过程中面临的各种风险事件和舞弊案件层出不穷,特别是经济金融危机暴露出企业内部管理和内部控制的脆弱性,对企业内部管理和内部控制提出了新要求。为了顺应形势,COSO 委员会开始着手修订内部控制管理框架,聘请政府管理部门、业界、学者以及非营利社会组织代表担任顾问,形成了《企业内部控制综合框架(征求意见稿)》。新框架融合了新的管理理念,拓宽了控制内容边界,明确和细化了控制职能,给企业的内部管理和内部控制带来新的积极变化。COSO 新框架以内控制五要素为基础总结归纳出 17 项基本原则以及 82 个细化属性,共同形成了内部控制标准。在内部控制领域采用原则导向方法使内部控制目标更加清晰,使控制方式方法更富有弹性,也增加了把控难度。

第三章
XBRL 环境下的中小企业会计监督管理

第一节　XBRL 应用现状及其在中小企业中应用的意义

（一）XBRL 的应用现状

在世界范围内，XBRL 得到了越来越广泛的应用。美国证券交易委员会(SEC)于 2008 年 12 月 18 日投票通过了上市公司从 2009 年开始并在未来 3 年逐步提交 XBRL 格式的财务报告的要求，在 2009 年 1 月 30 日公布了最终的披露规则。欧洲实行了几轮的 XBRL 计划，并已经制订了跨越政府和国界的共享 XBRL 结构数据计划。XBRL 欧洲组织成立目的是在 XBRL 的实施过程中使各成员国间保持更好的一致性、知识共享和跨边界的互操作。在其他的一些地区，例如，南美洲的智利、巴西、阿根廷，以及亚洲的日本、新加坡、韩国、印度等，2008 年前后都启动了自愿或强制的上市公司 XBRL 财务报告报送计划。

中国在 2004 年就成了第一个正式在资本市场使用 XBRL 标准的国家，经过几年的发展，中国的资本市场完成了 XBRL 年报的全面披露。但是两大交易所执行的是各自开发的分类标准。在财政部、证监会及其他机构的共同推动下，中国成立了 XBRL 临时地区组织，由财政部主持开发基于中国的分类标准，统一了沪深两大交易所的分类标准。中国国家标准化管理委员会（以下简称国标委）和财政部也已经正式发布了 XBRL 技术规范系统国家标准和企业会计准则通用分类标准。

（二）中小企业推进应用 XBRL 的意义

（1）XBRL 可以提高中小企业报表编制效率，降低数据采集的成本和风险，提高会计信息的可靠性。XBRL 所提供的是一种规范式的报表格式,能够大大提高报表编制的效率和准确性。基于 XBRL 架构的财务信息有标准的模板,数据输入一次就可以在企业信息供应链中方便地提取和转换,从而降低了数据采集的成本,减少了人为输入产生的错误,提高了信息的可靠性和准确度。中小企业的会计信息主要是提供给政府部门,所以其真实可靠性会显得尤为重要,XBRL 在中小企业的推进可以有效地解决这一问题,使报表外部使用者作出正确的决策。

(2) XBRL 有助于提高中小企业会计信息的相关性。XRRL 赋予各项财务数据特定的识别标记,每一项数据都可以被唯一地识别出来。计算机程序可以通过这些标记识别各项单独的元素,财务报表的各项内容可以拆分成每个小元素,拆分之后的元素通过相应的转化等智能化的处理便于使用者将具有相同标记的项目联系起来进行综合评价,降低了对财务报告信息的认知成本,同时也提高了信息的透明度,大大地增强了信息的供给效率。

(3) 使用 XBRL 标记的财务报表,为财务数据的可比性提供了广阔的空间。这些财务数据不仅可以进行纵向的跨年的分析,还可以在多行业、多企业之间进行横向的比较。我国中小企业大多由家族企业传承发展而来,很多中小企业会计制度不健全,对会计信息化不够重视,这需要管理者重视这些财务数据,通过比较分析报表数据找出差距,提高自身的竞争能力。使用 XBRL 可以使管理者方便地对数据进行对比分析,增加中小企业管理者对财务数据的重视程度。

(4) XBRL 可以帮助管理者改善经营管理,完善中小企业内部控制制度,提高企业核心竞争力。目前很多中小企业没有制定适合本企业发展的内部控制制度,管理者对会计不重视甚至不熟悉,这更加制约了中小企业会计信息化的进程。有的企业想建立健全内部控制制度,但由于理论和技术的匮乏,陷入了花费大效果差的困境。XBRL 可以对基层业务原始数据进行标记和追踪,为管理者提供客观的证据,保证明确责任到人。可扩展性是 XBRL 这一技术的灵魂,XBRL 允许管理者通过对既定分类标准进行扩展来自行增加适合本企业发展的元素,这为完善企业内部控制制度提供了便捷。

(5) XBRL 减少了信息供应环节。企业财务报告供应链涉及搜集信息、对信息进行加工、验证信息提供者所提交的信息以及最终交付给使用者这四个环节。供应链的最终产品主要是公开披露经过审计的会计信息,其表现形式为财务报告。信息技术的发展使得该供应链上的各方都能享受到方便快捷。这条供应链没有想象中的那么流畅,系统的互不兼容性使得大多数的企业处于信息孤立的状态,造成数据的反复录入。另外,在信息输出端,企业还要考虑到各个利益相关者对报告格式的不同要求,这为企业增加了额外的负担。然而利用 XBRL 后,数据仅需一次输入便可以从信息供应链中自由方便地提取、转换和应用,减少了重新输入会计信息的次数,避免了因人工输入引起的主观错误,提高了信息的可靠性。

(6) XBRL 增强了信息的透明度和及时性。XBRL 作为一种标准化的商业报告语言,对数据格式标准进行了统一,从源头上整合和规范了企业内部的信息,使得在报告生成过程中编造数据、隐藏信息变得更加困难,从而增强了报告的透明度。另外,在最后的报告输出环节,统一的 XBRL 数据文件满足了各方的需求,无需企业再进行复杂的转化编制工作。这不仅有利于企业快速披露报告,而且其格式的统一也为信息接收者带来了很多便利,减少了大量的人工操作,提升了信息披露的及时性。再者,XBRL 系统还可自动抽取用于交换和分析企业相关财务及非财务信息,在不同平台之间互相交流,实现了信息系统的无缝转换,从而提升了企业的竞争力。

(7) XBRL 提高了管理者参与企业内控的有效性。内部控制是现代企业内部管理非常重要的环节。但是在以往的企业内控机制链上,由于理论的不完善和必要技术的缺乏,管理者往往陷入花费很大、效果却并不明显的困境。XBRL 的优势在于它可深入企业业务的最底层,保留原始业务数据留下的痕迹,从而形成了客观的证据基础。有了这些基础的支持,管理者可对关键环节进行有效的追踪以便明确责任。另外,基于 XBRL 的可扩展优势,管理者还可以对关键部分进行再定义,赋予其特定标签,丰富评价体系,提高评价质量,帮助企业改善内部控制质量。

第二节 XBRL 环境下中小企业会计问题的现状和分析

(一) 中小企业应用 XBRL 所面临的问题

由于中小企业是在旧体制下成长起来的,旧体制存在的弊端,特别是信息化发展的严重不足,使得 XBRL 在中小企业中的应用面临许多阻碍。

(1) 认识不足。由于 XBRL 应用的时间还比较短,在我国还处于发展和变革阶段,加上我国高校相关教育、推广和宣传都比较滞后,大多数企业对其认识不足,即使有认识,也只是停留在表面上。甚至有些中小企业管理者认为应用 XBRL 提高了企业财务信息的透明度,曝光了许多企业内部管理、控制的弱点以及一些重要的但不愿披露的信息,从而触及了一些相关利益者的利益分配。这就造成了对 XBRL 认识上的误区。

(2) 资金不足。中小企业的规模、资金、政府支持都不如大企业。这给XBRL在中小企业中的实施带来了阻碍和挑战。投资一项成功的XBRL报告系统需要准确预估公司的未来需求并且正确评估该报告系统的功能曲线。管理层的投资目标是无需花费太多就能满足企业财务报告和信息交流的要求。因此管理层最佳的投资方案是使该产品的功能远远超出预定的需要,并希望不冒风险就可使自己选择的产品能够满足将来发展的需要。然而对于应用XBRL的企业来说,应用新系统不仅需要大量的投资(包括初始投资和人员培训),而且还要负担日常运行中的维护和管理费用,这给缺乏资金支持的中小企业造成了严重的负担。虽然从长远来看企业应用XBRL系统产生的经济效益远远大于初始的投资,但资金的缺乏使得中小企业在投资XBRL方面停滞不前。

(3) 技术落后。实施XBRL的前提条件是企业会计电算化的实现,虽就目前来看,中小企业基本上达到了电算化水平,但由于种种原因,各企业所使用的电算化软件在功能和技术含量上存在很大的差异,财务软件普遍不能兼容XBRL技术,这给中小企业实施XBRL带来了困难。另外,XBRL的实际应用需要大量成熟的软件与之配合。目前市场上支持XBRL格式的软件虽多,但是由于XBRL的应用还不够广泛,一些应用软件还处于试验阶段,技术门槛比较高。

(4) 人才匮乏。实施XBRL项目需要一支高素质、复合型的人才队伍作保障。中小企业相对于大企业在吸引一流专业人才方面具有诸多弱势,社会观念和认识的偏差以及必要的保障机制的缺乏,使得中小企业难以吸收到既懂信息和业务技术又懂企业管理的复合型人才。比如说,许多就业者不把私营企业看作真正的就业目标,担心到私营企业就业易受到社会歧视。这就造成了中小企业人才的流失。因此,人才的匮乏也是中小企业实施XBRL面临的重要问题。

(二) 中小企业内部控制的现状与问题

目前我国在XBRL应用领域尚处于发展完善阶段。传统的会计信息系统内部控制管理模式在XBRL环境下变得没有效果。为适应企业未来管理的发展,有效利用XBRL提高企业信息处理效率和能力,高度关注内部控制问题显得愈发重要。基于XBRL环境下我国企业内部控制带来的变化,本书从企业外部因素到内部因素分层次分析内部控制问题。

1. XBRL环境下影响内部控制的外部问题

1) 我国XBRL分类标准体系不健全

根据各国实际情况的不同,不同国家对于报告规范的分类标准要求不同。这些分类标准的特点是相互间有关联,都必须遵循地区的会计准则建立起来。国标委已正式发布XBRL技术规范系列和企业会计准则通用分类标准,并在部分企业和会计师事务所的首批成功实施，为促进财务报告信息深度利用和实现会计信息"数出一门、资源共享"奠定了坚实的基础。但是，我国会计信息化领域的标准体系尚未形成，税收、审计、统计等领域仍未出台专业的分类标准，在信息化环境下开展会计、审计工作的诸多接口和标准还有待完善和补充。

2）法律体系不完善

《中华人民共和国电子签名法》经历数年实践，但实施效果并不尽如人意，它对企业行政管理领域的电子签名以及电子商务认证尚未发挥约束性的法律效力，对其进行修订已是大势所趋。XBRL应用实现后企业必将更多依靠系统进行电子签名、电子认证。企业实现电子化没有受到健全法律条文体系的保护，也增加了实施内部控制的难度。

3）国内XBRL软件适用性不强

XBRL的应用对计算机技术的要求相当高，会计信息处理更多依赖于计算机系统和会计程序。应用软件的选择直接影响财务报表生成的质量。目前，我国用友及金蝶两大财务软件厂商开发的从高端企业软件到面向小企业的便捷软件都支持XBRL。这些软件通用性较高，但在实际应用中，选择合适的应用软件只是第一步，企业要完全利用XBRL带来的财务信息管理优势必须进行一定的二次开发，研发出适合企业内部使用的应用软件。然而软件生产商往往忽视根据企业自身适用性的二次开发，二次开发付出的成本高昂也是重要的影响因素之一。

4）软件报送数据精确度不高

国外的XBRL产品拥有逆向工程工具，它能使XBRL报表转换成使用者可以读懂、理解和修改的文档。但是XBRL美国地区组织的数据显示，在迄今为止的41 000多个错误和不一致情况中，24 000多处的错误和不一致情况出现在类似理应报送正值的时候报送的是负值，以及理应报送负值的时候报送的是正值的情形中，许多错误的产生可能是由于不了解负标签的正确使用。国内一些XBRL产品也拥有逆向工程工具。由于目前国内外普遍存在报送错误数据的问题，内部控制不能够依靠准确的数据得到更好的执行。

5）网络环境潜在风险

由于XBRL网络财务报告能让使用者更方便地获得企业财务信息，企业财务信息存在潜在的信息安全问题。一般来说，XBRL网络财务报告是先把企业财务信息转换成书面文字，再通过HTML页面或其他相应的文本格式，为信息使用者披露企业财务信息。由于网络的高度开放性，在程序运行过程中，企业竞争对手或网络黑客可以利用计算机病毒、IP潜入等手段对报告信息进行肆意修改、替代，或将企业仅供内部使用的信息泄露、盗取，不但不能完整准确地对信息使用者披露会计信息，更会严重影响企业经营运作，对企业信息系统带来威胁。

2. XBRL环境下影响内部控制的内部问题

1) 内部控制体制不完善

近年来，财政部在会计信息质量检查中发现，部分企业的信贷报表和纳税报表不一致，个别企业存在编制虚假会计报表的情况。XBRL应用在我国尚处于发展完善阶段，针对性的内部控制管理制度规范指导仍有缺位，给企业管理者带来隐患。XBRL环境下，内部控制的环境变得更加复杂，会计信息系统相关管理人员可以通过网络直接从办公室个人电脑上随时取得管理决策所需要的信息，从而使内部控制的组织结构稳定性被削弱。

2) 内部控制活动存在安全风险

在内部控制活动过程中，为了维护财务信息的开放性、保密性，企业对系统管理人员等相关人员的权限都设置了专用的口令，该类人员必须直接利用权限对系统进行管理操作，人员的职业道德水平及工作能力水平直接影响系统运行稳定性。一旦出现人为作弊，会给系统带来安全威胁。另外，对于系统授权方式，除了沿用会计信息化下会计信息系统的企业对人员授权，还新增加了程序化系统授权。整个授权过程可以由计算机自动完成，无须人员参与，但缺乏监控，且对于系统出错导致的操作失败难以控制，存在一定风险。

3) XBRL网络财务报告缺乏通用性

XBRL环境下的会计信息系统生成的实例文档即网络财务报告，是展示给企业信息使用者的最终表现形式。由于不同企业对相关交易或者事项采用的会计政策不同，通过XBRL下会计信息系统生成的财务报表有所差异。

(三) 中小企业会计监督的现状

1. 会计监督制度

会计监督是会计工作中的一项比较重要的职能，目的就是针对企业各个单位进行强有力的监督和指导，包括检查核算会计工作中的账目记录、年终报表等各个环节，以检验账目与实施是否合一。加强监督管理的权力，能够有效地对企业进行的各项活动起到制约作用，进一步改善中小企业在生产销售中所处的环境，发展其经济效益。一般来说，会计监督由财务会计监督以及成本管理监督两方面组成。各中小企业、事业单位要在其内部实行会计监督，有效管理中小企业生产经营中的录入、查验、监测，不仅是为了从经济方面监控中小企业，同时也是为了有效地指引中小企业。因此，有效地开展会计的监督工作，具有非常重要的现实意义,必须引起高度的重视。

2. 会计监督制度相关法律法规

我国2000年实施的第一部《会计法》中明确规定:对于各企业、事业单位的会计机构,会计监督工作必须得以贯彻执行。《会计法》的颁布明确了中小企业会计监督的职责,以及各个企事业单位都应有完善的内部会计的监督。这些制度在一定范围上规范了企业的行为。但是中小企业中也存在很多财务问题,企业负责人为追求企业的不正当目的,违反企业会计财务的各种行为,致使会计造假的情况屡见不鲜,现实中虚报票据的案例比比皆是,偷税漏税的情况时有发生,这些行为的存在严重阻碍了会计工作秩序的正常进行。

《会计法》颁布后,我国又相继颁布了《企业会计准则》《企业会计制度》等法律法规。《企业会计准则》规定:企业的会计进行计算和报告,应该把事实中的交易或事项作为凭据,对会计要素及相关信息做实事求是地反映,以确保会计信息完整准确真实。《企业会计制度》要求:会计核算应当把事实中的交易或事项作为凭据,对企业的财务情况、经营效益及现金收支做实事求是地反映。直至现在,各项会计制度逐渐进入我们的企业,有效地规范了中小企业生产经营各项活动;而且,很多中小企业也不断地聘用高端的会计人才,进一步改善了生产销售经营的环境,以加强各项会计的监督管理工作促进企业的繁荣富强。但是在实际的生产销售过程中,会计工作中依然存在着很多问题,例如,造假发票、隐瞒信息、财务的意识弱化等。所以,必须采取种种措施,解决会计监督制度中的种种问题,从而进一步加强我国的会计监督制度,科学规划会计监督工作,使得企业的经济利润增加,促进企业长足的发展。

(四) 中小企业会计监督工作中存在的问题

1. 法律滞后

法律的滞后性使得会计监督制度存在一定漏洞。我国第一部《会计法》的颁布时间比较晚,虽然在以后的逐年中不断地健全和完善,但是依然存在很多问题没有能及时地解决。例如,会计监督的使用范围受到限制,法律的制定不能有效地规范和约束出现的新问题等。所以,中小企业在进行会计监督的过程中不能非常有效地执行,中小企业出现了内外控制的脱节,严重阻碍了企业进行生产经营活动。目前,我国已颁布新的《会计法》,但在执行方面却并不彻底:很多企业依然采用传统的财务观念和财务手段,没有随新制度建立健全会计管理制度,这就形成了"律法条条却百无一用"的局面;有的企业虽然按照新制度建立相应的管理体制,但新制度却形同虚设,这些企业实际上依然采用旧的管理体制,如此,造成了人力和财力的过度浪费;有的企业个别管理者采用新的制度,个别管理者沿用传统制度,造成会计管理、财务管理一团乱麻,工作人员无所适从。而且,新颁布的《会计法》也不是面面俱到的。比如曾经闹得不可开交的"银广夏"一案,银广夏公司虚构财务报表,造成对证券市场的严重冲击,对股东利益的巨大伤害的后果,然而,却没有相应的法律法规来制裁直接责任人。可见,法律的滞后使得会计监督制度的全面贯彻困难重重。

2. 企业内部控制制度不完善

我国企业内部控制制度不完善,主要表现为:一些企业没有设立内部控制制度;有的企业虽然设立了内部控制制度,会计的监督权却并不能有效地执行,因为内审的这些会计是由部门负责人直接委派的,部门负责人与内审会计是隶属关系,那么,这些下属能够依照原则对企业进行有效监督吗?怕是很难。这种监督模式使得会计监督权的行使难于上青天,徇私舞弊常有发生:在国有企业,一些部门领导未经过国有资产部门许可,擅自借调处理企业资产;一些企业数据不实,账目不清,偷税漏税,有的企业甚至做两本账;个别企业还要求会计人员违法办理账务事宜,提供本企业所需数据。会计监督制度的缺失或弱势造成了国家利益的严重受损。

1) 企业负责人的道德素质尚待提高

目前的一些企业中,相关负责人为了追求自身利益的最大化,指示会计人员伪造凭证,做假账,从事违法的会计工作。这使得会计工作无法正常进行,会计监督权力受损,严重伤害了国家利益。企业会计从业人员是企业进行会计监督工作的主要成员,所以相关的会计从业人员综合素质,以及相应的职业道德等,将来在会计监督工作中都会有着非常重要的作用。我国企业会计从业人员学历水平整体不高,这就造成从业人员的综合素质不高,相关工作能力不强,眼界不太开阔,而且那些经过了专业培训的人数就更少了,这样一来使得他们的法律意识都较为淡薄,也缺乏在工作中对于风险进行控制管理的意识与能力,这使得他们不能够很好地适应企业的会计工作,也不能够很好地发挥企业会计的监督作用。

2) 会计人员的职业道德培训必须加强

在会计监督中,会计人员的职业道德发挥着举足轻重的作用,然而,我国会计人员的整体素质并不理想:业务水平偏低、经验不足,很多会计人员都没有受过专业培训,有的甚至没有会计从业资格证;法治意识淡薄、自我约束能力差,领导让干什么就干什么,唯领导之命是从,做领导的忠实牛马,造假频繁,使会计信息失真。

第三节　XBRL 环境下中小企业会计的监督和管理

我国的国情决定了 XBRL 在中小企业的推行是一个渐进的过程,而且对于我国企业实现全面会计信息化来说也是一个挑战。针对上述中小企业实施 XBRL 过程中出现的诸多障碍,本书主要从政府方面,辅之从企业方面提出解决方案,以探寻我国中小企业实施 XBRL 的途径。

(一) 对政府 XBRL 实施的建议

(1) 政府应对实行 XBRL 的中小企业进行补贴。中小企业通常实力较弱,资信程度不高,加之融资的法律渠道的不完善,金融机构管理方面的不健全,中小企业普遍面临着资金短缺的问题。

要想在中小企业中推广应用 XBRL,政府部门需要加大对中小企业补贴的力度。例如,政府可设立中小企业科目,安排扶持中小企业发展专项资金,对实施 XBRL 的中小企业进行补贴,扩大 XBRL 的实施范围。另外,政府还应积极为中小企业创造条件,通过法律、行政法规允许的各种方式,拓宽中小企业的直接融资渠道。再者,中小企业也应规范和健全财务制度,树立良好的诚信形象,通过与社团、企业互相担保的方式争取银行贷款,解决实施 XBRL 过程中自身资金短缺的问题,早日走向 XBRL 之路。

(2) 政府尽快成立研发和监管部门。XBRL 财务报告监管多会在大企业或上市公司执行,对于其在中小企业中的实行来说还需要一段时间,但是 XBRL 的应用是一个不可避免的趋势。因此,政府要尽快成立研发和监管部门,抓住这一有利时机,提高中小企业的管理水平,加强对中小企业的宣传培训,对 XBRL 的知识进行普及,创造机会让各个中小企业接触并学习 XBRL,了解其功能和作用,使中小企业充分认识到 XBRL 将给自己带来的长期效益。

(3) 政府要完善我国 XBRL 分类标准。XBRL 在我国的应用进程还很短,很多地方仍不完善。比如,XBRL 分类标准的不统一。我国已发布了基于《企业会计准则》的可扩展商业报告语言(XBRL)通用分类标准和 XBRL 技术规范系列国家标准。各个行业根据该标准正紧锣密鼓地制定本行业的分类标准。2011 年 10 月,首个行业扩展分类标准在石油行业启动,而其他仍有许多行业尚未开展,因此我国需加快各行业分类标准的制定,早日完善我国 XBRL 分类标准。

(4) 规范中小企业管理,增强中小企业管理者对会计信息化和 XBRL 的重视程度。我国中小企业首先要改善企业管理结构,健全公司架构,完善内部控制制度,政府也要出台法规完善和规范中小企业的会计制度。管理者要增强会计信息化的意识,全面认识 XBRL 对企业带来的益处,早日使企业迈入 XBRL 之路。

(5) 加强 XBRL 的相关宣传工作,政府采取相应的补贴政策促进 XBRL 在中小企业的应用。政府和相关监管部门要加大对 XBRL 的宣传工作,上市公司和中小企业都可以从 XBRL 中获得巨大的益处。世界各国的私营企业数量远远超过上市公司,XBRL 带来的巨大好处,各国各类型的企业都可以享受到。在欧洲、大洋洲和亚洲一些地区,相关部门规定数中小企业必须使用 XBRL 进行税务的报送。英国还要求慈善和非营利性组织使用 XBRL 进行与税务相关的报送。政府机构在营业许可和政府补助等方面越来越多地应用 XBRL 给小型企业带来了直接的影响。我们可以借鉴国外的经验,结合自身的特点来制定相应的对策,例如,政府及相关部门可以采取激励机制和补贴政策激励我国中小企业实施 XBRL,还可以通过法律法规允许的方式拓宽中小企业融资的渠道,解决资金问题。

(6) 加快推进通用分类标准的分步实施,积极扩展适合中小企业的分类标准。我国已经颁布了金融类、石油天然气等行业的分类标准,充分考虑通用分类标准和企业独特需求的有机协调,但目前还没有中小企业的分类标准,我国要加快扩展适合中小企业的分类标准。

(7) 完善中小企业计算机的硬件和软件设施,保障推进 XBRL 的系统稳定。XBRL 技术需要以企业会计电算化为前提,中小企业会计软件较为落后,不能直接使 XBRL 嵌入原系统发挥其作用。所以,提高中小企业计算机的硬件和软件设施是推进 XBRL 的基础工作。中小企业应该替换原有的落后系统,投入一定资金进行 ERP 的更新,为 XBRL 技术的实施提供有力的系统保障。

(8) 加强会计人才队伍建设,着力培养复合型人才。推进 XBRL,人才是关键。财政部于 2010 年发布的《会计行业中长期人才发展规划(2010—2020 年)》中指出,各企事业单位要着力培养一批精通财会业务,熟悉市场规则,掌握金融、法律、内部控制、信息技术等相关专业知识的人才。中小企业会计人才匮乏,培养信息化专业人员或复合型人才尤为重要。企业应该定期组织培训,聘请专家授课,提高会计人员的专业素质,保障 XBRL 的有效推进。2013 年 1 月,我国企业会计准则通用分类标准获得 XBRL 国际组织认证,这充分肯定了我国会计信息化工作方向的正确性,也标志着我国 XBRL 语言应用已经正式步入正轨。我国中小企业的会计信息化任务还很艰巨,在改善中小企业自身问题的同时我们要积极把 XBRL 运用到中小企业会计信息化进程中去。通过 XBRL 学习国外的先进经验,利用 XBRL 提高企业自身的竞争力,积极推进中小企业 XBRL 进程。2021 年财政部发布《会计行业人才发展规划(2021—2025 年)》,在构建会计人才能力框架中指出"强化对会计信息化能力的要求"。

(二)政府加强企业内部控制的措施与方法

(1)为企业创建良好的内部控制环境。首先,加大宣传力度,提高企业推广应用 XBRL 的积极性。政府应建立强有力的 XBRL 组织,专门负责 XBRL 在国内的推广应用。主要目的就是在系统整合、信息安全、咨询服务等方面为企业提供帮助和支持,同时对企业尤其是中小企业应用 XBRL 提供一定的经济补偿,减轻企业负担,解决企业的后顾之忧。其次,大力培养 XBRL 专门人才。一方面,在高校中加大 XBRL 的科研力度,对经济和管理类学生开设 XBRL 课程,鼓励高校开展 XBRL 研究、开展校企合作,高校与企业之间应加强交流合作;另一方面,在相关资格考试和继续教育培训中增加 XBRL 的相关内容。

(2)加强信息系统安全维护与控制。首先,加强网络安全控制,保证会计信息网络传输的安全可靠。具体可以通过采用安装安全软件,综合利用防火墙、远程访问安全策略手段、数字签名技术、数据加密等技术。其次,企业可以采用数字加密技术和建立授权访问制度,对不同的信息依据其重要性和涉密性进行安全管理,设定严格的信息安全等级,维护信息安全。

(3)加强理论建设。制定基于内部控制规范的通用分类标准及其配套标准。2015 年,我国财政部颁布了新的《企业会计准则通用分类标准》,为我国企业 XBRL 的推广应用提供了良好的基础。但是我们也要意识到我国目前基于内部控制规范的通用分类标准及其配套标准还比较薄弱,尚不能满足企业推广 XBRL 的要求。财政部等相关部门应按照我国国情和国际会计准则委员会基金会(IASCF)的准则导向模式,制定基于内部控制规范的通用分类标准及其配套标准。

(4)打造财务与业务相统一的信息系统。破除"信息孤岛",企业应该立足自身实际,参照《企业内部控制基本规范》《企业内部控制应用指引》《企业内部控制评价指引》以及《企业内部控制审计指引》的要求,梳理内部各项业务流程,打破各部门之间尤其是财务和业务部门之间的隔阂;打造财务与业务相统一的信息系统,实现财务系统与其他各子系统间的集成。比如,将 XBRL 与 ERP 系统进行整合,实现财务信息与业务信息共享,提升企业内部各部门业务信息与财务信息的汇集能力,提高企业的管理及决策水平,增强企业的内部控制能力。

(5)实施持续监督与审计,加强风险管理水平。为了加强监督,提高企业内部控制水平,针对 XBRL 实施之后业务痕迹和审计线索不能很好地进行追踪和查找以及原始数据的真实性、准确性的校验等难题,企业可以建立基于 XBRL 的持续审计模型用于加强风险管理;基于 XBRL 的持续审计模型易于追踪审计线索,使审计信息的传输更加安全,从而达到加强风险管理的目的。

(三)政府对中小企业会计的监督管理的建议

外部会计监督是指由企业外部的机构、部门和组织,运用宏观管理手段,对企业的财务会计工作所实施的监督和检查。外部会计监督是以企业整体为监督的对象,主要通过对企业内部会计监督和内部控制的再监督来实施,具有独立性强、人员专业能力有保障的优点,并且有相当专业化的资源配置,可以弥补内部会计监督、内部控制在强制性和权威性上的不足,及其受管理水平、业务水平所限而发生的监督不力的情况,为内部会计监督创造出更有利的执法环境,促进内部会计监督。

由于会计监督管理不到位、财务信息不真实、会计行为不规范等情况的发生,往往对中小企业造成极大的利益损失,中小企业的会计监督与管理必须依靠有效、恰当的外部监督管理机制。其中,政府必须通过强有力的手段来维持和保证中小企业会计的良好发展。

1. 建立健全有效的法律制度

健全完备的法律制度在监督管理中小企业会计行为方面起着举足轻重的作用。在市场经济逐步发展完善的今天,法律制度的跟进与规范必不可少。近年来,我国在会计法律法规的设立与建设方面都有了较大的发展,如全面实行的《小企业会计准则》,能够进一步发挥和强化会计核算和会计监督的职能。然而,从现实实施法律的情况看来,不少会计活动仍缺乏相应的法规进行明确界限,会计监督和审计监督的权限模糊,导致有关部门缺乏相应的标准进行执行与操作,对相关违法行为的惩处力度不够。

会计监督作用的有效开展绝对不可能离开国家法律的帮助,政府需要从顶层设计的角度及时建立以及完善各种会计相关法律的规定,而且要充分使用法律法规的一些手段来加快相应的会计法律法规方面的建设,以便不断地对目前的法律法规进行一些完善,并制定出可操作性更强的规范与规定,进而可以有效地强化法律法规的具体可操作性,为企业的监督工作做好法律方面的保障。

要想改变中小企业内部会计制度的管理问题,必须从根本上解决,必须从法律的方面加强中小企业的法律意识。首先就是完善中小企业相关法律规范制度的建设,做到让中小企业有法可依。特别是加强中小企业会计制度准则的建设,并且在实务操作中要加强贯彻执行的力度。另外,中小企业会计制度必须实现两个接轨:一是与《企业会计准则》接轨;二是与国际惯例接轨。加强对中小企业的外部监督体系的监督,要把工商、税务、金融、审计部门的执行力度应用到最大化,建立联合监管平台,同时监管部门也应该积极地服务于中小企业,解决中小企业在内部控制中出现的实际困难。

因此,要真正做到有法可依,有法必依,必须加快法律法规建设的脚步,完善立法工作,严格落实和执行《企业会计准则》,使中小企业会计制度能够在一个透明、有效、完善的法律环境保护和监督下有序施行,更好地发挥对中小企业会计监督与管理的作用。

2. 加强政府宏观调控和政府监督

促进中小企业会计信息需求扩大,会计信息化是一种有效的手段。中小企业大多没有相应的信息基础设施,以及人员信息意识淡薄,这些都是其会计信息需求不足的原因。因此,完善中小企业会计基础设施、加强会计信息化建设是促进中小企业会计信息需求扩大的必要手段。政府作为国民经济的调控者,应积极发挥其能动作用,为中小企业信息化建设和管理创造条件,推动会计信息化的变革,以解决中小企业信息需求不足的现状。

政府应牵头督促有关部门配合中国人民银行在现有的信贷咨询登记系统的基础上,建立起完整翔实的法人诚信服务体系和中小企业信用档案机制,对中小企业的信用行为进行监督,从而为经济发展和防范金融风险营造一个良好的信用环境;企业自己应主动聘请社会中介机构定期或不定期地对企业财务报告的真实性和内部会计控制系统设计的合理性及执行的效果进行评估,通过借助外部的力量使企业的内部会计控制更加完善。如注册会计师在执业中一般要对企业内部会计控制进行符合性测试,在必要的情况下还要对管理当局提出管理建议书。企业可以充分利用会计师事务所的工作成果,了解自身内部会计控制中的不足,借此获得改进内部会计控制的经验。

政府监督实际是对企业内部监督和社会监督的再监督,是以国家的身份对会计工作实施监督。要建立政府监管行为的社会评价和责任约束机制,协调政府各部门的监督工作,减少部门之间的重复、交叉监督方面的问题,加强各部门之间的配合,协同开展会计监督工作。政府部门要加强对会计师事务所等社会中介机构的再监督,建立必要的抽查制度,对违反《注册会计师法》规定出具虚假报告的会计师事务所,坚决按法律法规进行处罚,以确保财务报告的真实、准确;政府各部门对企业严格进行财产清查、税务审查等,定期进行检查和审计,严惩企业管理者贪污受贿、侵占公款、滥用职权等行为。

1）发挥财政部门的监督职能

在政府监督中，财政部门的职责包括：一是应履行《会计法》赋予的职能，依照《会计基础工作规范》的要求，指导、督促中小企业依法设置账簿。同时应加强检查监督，对于发现不符合《会计基础工作规范》要求的，应及时纠正。二是应加强对企业会计人员的管理指导。依据有关法规对中小企业会计人员从业资格进行检查，对未取得从业资格的要责令限期整改。对会计人员在工作中没有依法履行会计监督职责的，要进行通报批评，情节严重的要坚决取消其任职资格，以及吊销从业资格证书，责令其不得再从事会计工作。三是财政部门应指导督促中小企业完善会计内部控制制度，并定期和不定期开展执行情况检查，督促中小企业的会计监督工作落到实处。

2）发挥相关职能部门的监督职能

审计、海关、工商、经信、金融、税务、统计、证监、保监等部门应发挥各自的职能对中小企业进行会计监督。税务部门也应改进查核方式，侧重进行实质性查核，确实扫除逃漏税企业，以建立公平的纳税环境，改进税务人员对于中小企业的态度，并建立税务代理人制度；金融部门应加强现金支出管理和贷款管理；工商部门应加强中小企业诚信管理。

3）加强监督部门的合作与信息共享

加强财政、审计、税务、统计、银行、工商、经贸等部门的协作，建立联合年检制度，税务、银行、外汇、海关、工商、统计实行联合年检，信息共享，防止中小企业根据不同目的用途报送不同的会计报告，有效杜绝会计信息不一致的现象。同时通过媒体通报诚信企业，曝光不良行为，形成共识。

3. 重视与加强对会计人员的培养

目前，我国中小企业的发展程度相对较低，发展模式相对保守与落后，因此对新经济时代下会计高素质人才的培养需求不断提高。政府要通过大力发展对会计人才的教育输出，努力打造既懂得网络信息技术，又精通会计知识的复合型人才。政府还要从宏观的角度加大教育投资，培养出更多适应时代发展，促进中小企业进步的专业人才。

随着市场经济的发展和社会的进步，对会计人员提出越来越多的要求。由于会计工作政策性强、专业性强的特征，会计人员自身应不断更新知识，努力学习，才能紧跟时代的变化。这就要求会计人员钻研业务，提高操作技能，进行知识充电和更新的培训，提高对新形势新变化的适应能力。另外，会计主管部门或企业领导应重视对会计人员的培训和继续教育，对会计人员进行严格考核，提高要求,加强会计人员的业务素质。随着科学技术的进步,计算机的应用遍及社会的各个角落,加速了各个行业的发展。会计作为社会活动的基础部分也随着科学技术的进步得到了一系列的改善,以往会计人员手工操作的会计业务,现如今都已经更替为计算机的管理和操作。

加强对会计人员职业道德的监督和检查尤为重要,对违反国家财经法律法规的会计人员,应给予必要的处罚,构成犯罪的,应依法追究刑事责任。

随着科学技术的飞速发展,会计领域也发生了很大的变化,从最简单的单式记账到复式记账,从手工记账到电算化记账,这一切都说明会计人员不能止步于现在的会计知识,要不断更新会计知识,只有这样才不会被时代淘汰。

刚从校园步入社会的大学生拥有当前最先进的理论知识,可以给中小企业带来新的会计管理理念,企业应该充分发挥这一优势,加大岗前培训力度,使这支新生队伍具备合格会计人员的素质和能力,这样才能保证他们能更好地遵守会计法律法规,对企业内部会计监督能提出更好的意见和建议,逐步完善企业内部会计监督。

会计责任主体和单位负责人职责与权利应明确划分。《会计法》明确规定,单位负责人应对本单位的会计工作和会计资料的真实性和完整性负责,确保会计机构和会计人员依法履行职责,不得授意、指使、强令会计人员对违法会计事项进行处理。这样提高单位负责人的责任主体的地位实际是为内部会计监督提供了保障,以保证了会计信息的真实性。

要建立内部牵制制度,防止舞弊现象的发生。根据内部控制制度的要求,涉及货币和金融支付、结算及任何物品登记,必须由两个或两个以上部门进行。比如付款、现金及银行存款应该由会计人员(或代理授权给出纳人员)审核批准付款;银行票据的签发印鉴,必须由两个人分开保管等。中小企业应当尽早建立内部牵制制度,这样才能更好地实现内部会计监督,保证企业健康快速发展。

要建立完善的会计岗位及会计工作体制。恰当的岗位设置:中小企业根据自身的特点,运用集中核算的会计核算方法以达到会计监督的目的,也就是说这些业务必须由会计人员统一处理。严密的凭证制度:一是为了查证,所有的凭证都应当事先编号依次排号,会计人员不得任意丢弃;二是为了确保每笔业务的准确性和真实性,所有的凭证不管是来自企业内部还是外部,都应当严格地审核检查。合理的会计记录程序:只有严格了会计的岗位划分和规范了会计工作才能保证会计信息的真实性和合法性,才能更好地实现企业内部会计监督。建立健全内部审计制度:内部审计作为内部会计监督的重要组成部分,往往是对企业的会计监督实行再监督。在企业,内部审计与会计机构往往都是分庭而立,这样可以更好地对会计监督实行监管,改善企业的管理体制,严格控制会计人员违法乱纪行为的发生。

4.完善社会监督

会计师事务所和注册会计师以其客观性、专业性和公正性而得到法律的认可,对中小企业的会计监督具有很强的客观性、独立性、公正性和权威性。我国目前实行政府指导下的行业自律管理模式。财政部门是负责管理的职能部门,应充分发挥其管理职能,不断完善相关的法律法规,规范会计师事务所和注册会计师的执业行为,加大执法力度,对违规的事务所和注册会计师按有关规定严肃处理,营造公平的竞争环境。注册会计师协会必须严格按照有关要求切实抓好对注册会计师执业质量的监督管理,开展定期和不定期的检查,督促执业规范的落实;开展注册会计师的继续教育和职业道德教育,加强注册会计师队伍建设,充分发挥注册会计师专业优势,完善社会监督,强化中小企业会计监督。

(1)加强社会审计监督。在会计监督中单纯强调内部监督是不够的,还必须强化对会计工作的外部监督,即加强社会审计监督和政府监督。社会审计监督是指注册会计师对依法公开披露的单位会计报告的真实性负法律责任的审计,加强注册会计师审计工作的有效性,是提高会计监督力度的外部基础之一。在建立健全单位内部会计监督制度的基础上,规定单位外部监督层次,将专业监督与群众监督结合起来,使内外监督配合协调一致,为会计人员创造了良好的会计工作环境,为确保会计监督的有效性奠定了科学的基础。政府审计要加强对中小企业内部审计的指导。审计是为经济建设服务的,内部审计在企业的发展过程中起到了积极的作用,政府审计应对内部审计管理体制进行彻底改革,由行政管理模式真正转变为行业协会进行管理,通过行业协会对中小企业内部审计进行指导和管理,这是市场经济条件下内部审计发展的基本方向。随着我国经济发展,现代企业制度的完善,中小企业的现代企业制度也必将加快发展建设。建立健全企业内部会计监督制度,完善法人治理结构,是中小企业得以发展壮大的前提条件。

(2)建立代理内部审计。只要企业有经营管理活动,就有可能存在风险,也就需要内部审计来发现风险和提出预防风险的措施或建议。在欧美国家,一个企业要注册成立,注册部门首先就是看这个企业有没有设立内部审计部门或人员,因为没有内部审计的企业,在经营上风险就会高很多。考虑到中小企业的成本和人员素质,不是每个企业都要设立独立的审计部门,可通过投标方式向有资质的会计师事务所或社会中介机构发包,以监督企业会计业务和内部审计业务,并担当在社会中介机构和管理层之间沟通的媒介。代理内部审计人员必须有足够的权利,保证其独立性和客观性,保证内部审计的公正性,并确立其权威性。中小企业的代理内部审计应重点做好事前审计监督,对企业的重大经营决策,重点投资项目以及占用资金在一定额度以上的往来业务,实行事前审计,监督和评价有关可行性;论证资料、计划、预算和经济合同,确定资料的合理性、合法性和效益性。必须把工作重点放在提高本企业经济效益上来。代理内部审计应针对本企业生产经营中的经营决策和投资决策等方面所取得的经济效益进行评价,以便企业的主要领导及时地掌握和了解投资决策是否正确,决策行为是否完善,人、财、物是否充分利用,从而使企业主要领导能够及时地调整决策,减少损失,降低费用。内部审计所收集到的信息,如生产规模、产品品种、质量、市场销售等,或审计中发现的某些具有倾向性、苗头性、普遍性的问题,都可以为管理层做好经营决策提供重要依据。提示经营管理薄弱环节,促进企业健全自我约束机制,企业要围绕企业经营的安全性,加强风险管理审计。

5. 加强会计诚信建设

信用体系是现代市场体系建设的重要组成部分。实行企业财务会计信息等级评价制度,建立企事业单位会计从业人员和注册会计师诚信档案,对会计行为进行有效监管。国家监督的强制性,加上社会监督的中介性和公正性,两者有效结合,可以保证各单位经济活动依法有序进行,并可弥补单位内部监督存在的种种不足,可以说是对单位内部监督的一种有效的再监督。政府要大力推进会计诚信建设,营造良好的会计诚信氛围。

目前,中小企业在我国企业总数中的占比达到99%,中小企业的信用及发展情况,不仅影响整个社会的信用状况,而且关系到国民经济能否健康发展。为了提高中小企业的整体素质和综合竞争能力,改善中小企业信用状况,创造良好的信用环境,原国家经贸委、原国家工商总局等十部门已经联合下发了《关于加强中小企业信用管理工作的若干意见》。该文件强调,中小企业要遵循诚实守信、公平竞争等原则,依法开展生产经营活动,自觉接受工商行政管理等有关部门的监督管理。此外,中小企业要依法进行会计管理,确保会计资料的真实完整,严格遵守国家规定的会计制度。对于严格执行会计制度的中小企业,银行应给予积极扶持,以促进中小企业会计核算进一步规范化。

(四) XBRL 应用于我国政府会计体系的推广政策建议

XBRL 旨在建立一个全球财务信息披露和交换标准,将 XBRL 技术运用于政府与非营利组织的财务系统中,有利于预算会计改革,促进政府会计的信息化,也能较好地提高政府财务信息质量、降低政府管理成本,虽然这项工作的潜在价值大,不过在应用 XBRL 技术的过程中,由于复杂程度高、动态性强,所以需要更多的专业技术人才,同时也要加强 XBRL 学习培训。

(1) 从政府层面来说 XBRL 在政府会计中的应用和推广,受益者主要是政府会计信息的使用者,包括政府监管部门、公众、投资者以及政府部门本身等,这与 XBRL 的技术优势相关。XBRL 在政府会计领域的推广必须有来自政府的推动力,如政策支持、组织保障、经济投入等。财政部是我国开展财政工作的领导机构,因此,XBRL 在政府会计中进行推广应用可以由财政部为主导。

政府提供政策、资金支持 XBRL 在我国的推广应用正在快速发展中,也取得了比较好的成绩,为 XBRL 在我国政府会计中的运用提供了一定的经验,创造了比较好的环境。不过毕竟这一切还处于探索发展中,各方面的条件虽然已经具备,但是它的运用涉及的方面比较多,情况也较复杂,如果要顺利推广,还是需要一定的政府政策支持的,如将 XBRL 纳入政府财务工作计划,支持从事 XBRL 在政府会计中推广等方面的研究,同时给予资金补助,这也是推行的前提和基础。

相关的组织协调 XBRL 应用需要一个有效的协调机制配合。因为它的应用与推广需要财政部、证监会、交易所、公司、银行等众多部门的推动,这样就能避免因机构之间协调能力不强、标准不统一造成的不兼容以及重复建设等问题,保证 XBRL 应用的通用性和有效性。

制定相关的分类标准和技术规范在政府会计体系中推广 XBRL,可以在政府机构之间共享通用的基础分类标准上,根据各自监管机构的要求制定出扩展分类标准。具体可以以《企业会计准则通用分类标准》为通用标准,探索在《中国 XBRL 分类标准架构规范》和《中国 XBRL 分类标准基础技术规范》的基础上,建立政府相关行业的分类标准和技术规范。尽快成立以财政部牵头,工业和信息化部、人民银行、国税总局、证监会、审计署等部门参与的 XBRL 推广机构,在各省市和大中型事业单位、国有企业中都建立相应的组织,领导并组织实施该项工作。

(2) 从技术层面来说,XBRL 会计是具有基于互联网的数据结构的处理能力的,包括基础会计信息的重构,如零级核算和总账核算。所以软件开发商对于 XBRL 的应用研究影响在政府会计中推广应用,促进软件开发商加强自主创新和技术攻坚,加大研发,不仅要追踪 XBRL 技术的发展,还要使开发出的软件能够符合现行会计准则要求,保证财务数据信息的安全性,还要跟进分类标准的制定。

软件开发商的参与,解决了 XBRL 和其他应用软件兼容等出现的问题,顺利地通过 XBRL 技术将财务信息转换成书面文字、PDF 文件、HTML 页面的文件,或其他相应格式的文件。软件开发商也要加强兼容 XBRL 的应用软件的研发,使得 XBRL 能够应用的平台逐渐加大,直至扩展到整个网络平台。

建立妥善的辅导机制。如成立技术服务团队,帮助解决 XBRL 引入过程中出现的技术障碍,减少 XBRL 与原有系统无法整合、新旧系统兼容不好等问题,使能够采用 XBRL 革新财务信息采集流程,整合财务信息供应链。

制定相关法律规章保障实施。由于 XBRL 本身比较好的技术优势,XBRL 在我国政府会计中进行推广应用,透明度和资金来源及使用过程将会被跟踪,透明度会比之前有大的提高,实行后会损害一部分利益集团的利益,因此,在实行过程中会遇到一定的抵触。这个时候需要一定的强制力量来保证 XBRL 能够在政府会计中进行顺利推广,如需要上级组织或者财政部牵头强制推行,以及相关法律的支持和配合。比如,在荷兰分类标准项目的开展中,荷兰财政部负责荷兰年度决算相关法律法规的制定,荷兰司法部承担税务法规的制定。这些都保证了荷兰国家分类标准项目的有效实施。我国可以借鉴学习通过制定一定的法律规章来保障 XBRL 的顺利实施,有助于 XBRL 的应用在我国政府机构、企业和其他单位的实施。

(3)从人才培养层面来说,财务报告的内容将会随着 XBRL 的应用得到极大扩展,信息质量得到提高。但是,XBRL 在推广应用过程中会面临缺乏技术人才的问题。如很多基础会计人员,特别是政府会计中的基础会计人员,因为对 XBRL 技术认识比较少,如果急于进行政府会计的 XBRL 技术推广,将会遇到极大的发展问题。所以相关部门需要对会计人员进行 XBRL 的知识培训。例如,对高校会计专业学生开展相应的 XBRL 课程教育,从 XBRL 基础、XBRL 信息分析与标记、XBRL 环境下的财务分析等理论知识和应用技能方面进行培养,设置基于 XBRL 标准的会计信息标记和分析员、基于 XBRL 的会计信息系统维护员、基于 XBRL 的信息软件开发员、基于 XBRL 的审计员等,使这些专业的人才在应对 XBRL 技术时能够运用自如。

培训机构应担当培训责任。各部门、各地区以及基层单位的会计人员及软件技术相关人员等的培训可以由培训机构组织进行,可以从 XBRL 的基础知识、运用、系统维护等方面进行。建立基于互联网的 XBRL 实训系统,帮助会计人员和技术人员根据 XBRL 标准标记财务信息,建立和维护 XBRL 信息报告系统,基于 XBRL 的财务分析和软件开发等方面的学习。

应在会计人员相关考试中增加 XBRL 基础知识内容,在会计初级考试中增加 XBRL 标准、基于 XBRL 标准的会计信息分析和标记内容,在会计中级考试中加入会计信息维护和更新、信息系统内部控制等内容,充分发挥会计资格考试在会计信息化中的导向作用。

(4)从社会环境层面来说,应加强 XBRL 技术应用优势的宣传,可以借助网络、报纸、杂志、电视等宣传应用 XBRL 的案例,建立 XBRL 推广学习的网站,如 XBRL 中国;可以由专门技术人员开办 XBRL 推广学习专业学术刊物;也可以通过举办 XBRL 知识竞赛的形式向政府机构工作人员普及 XBRL 的知识,催生舆论环境,加强 XBRL 知识的宣传、交流工作,营造浓厚的工作氛围,提高政府工作人员和社会公众对 XBRL 的认知水平。

应考虑 XBRL 的应用绩效评价,正确估量 XBRL 的经济价值,有效合理发挥 XBRL 的优势和功能,考虑 XBRL 的应用绩效评价是推动 XBRL 的有效措施,并将 XBRL 绩效评价及时反馈给推广领导机构,以便不断完善 XBRL 的应用。XBRL 技术作为一项新的技术,它的应用绩效有待得到正确的评价;也可以借助于平衡计分卡的评价思想,在共同利益点和全局两方面寻找制衡,从不同方面考虑对 XBRL 的实施进行评价。例如,考虑 XBRL 项目实施是否与长期战略保持一致;短期利益是否能够得到满足;考虑财务信息供应链上的信息使用者是否能获取相应的信息。但实施过程中需要大量的人力、物力、财力的支持,产生的成本比较高,在项目的实施阶段,短期内大量成本的投入是无法做到成本与效益平衡的,XBRL 的应用能省时省力地编制多份面向利益相关者的网络报告,极大地方便了 XBRL 的供应链上各环节的使用者,但不会在短期内实现。从社会的角度来看,可以促进社会信息流通顺畅、高效。

(五)对企业实施 XBRL 的若干建议

(1)中小企业应寻求外部服务,克服自身的劣势,借助国内或国外大企业的力量,实施 XBRL。我国中小企业受限于环境的影响,在信息化方面存在不足。随着经济全球化和信息化的步步加深,中小企业要想在竞争日益激烈的市场经济中立足,必须摒弃陈旧的经营观念和管理手段,将先进的信息化管理手段导入自己的管理机制,进行可持续发展。同时,中小企业可依托大型信息商务平台,提高企业效率,以赢得更多发展机会。

(2)中小企业应注重人才的培养和引进。人才的匮乏,限制了中小企业在信息化方面的发展。信息技术的改进,需要熟悉的人才来适应,因此中小企业要注重优秀人才的培养与引进,强化人才意识,根据人才的知识背景或特殊技能给予一定报酬和奖励,确保双方共享企业利益;同时通过让员工到高等院校进修学习等办法,使他们及时获取与企业信息化有关的最新理念和新型知识结构。另外,中小企业还可与研究机构、高等院校开展技术合作与开发,利用其技术优势开发适合中小企业自身特点和需求的信息产品;聘请有关专家为技术顾问,解决中小企业实施 XBRL 过程中出现的技术问题。

（3）建立中小企业的 XBRL 分类标准。分类标准的制定是一个长期的过程。相关部门需要从认可到批准，从草案到正式成稿，在实践过程中发现问题，然后提出改进的意见，不断完善和整理，从而形成一套完整规范的分类标准。目前，XBRL 在上市公司中的运用还处于不断改善的阶段，中小企业的分类标准可以借鉴上市公司的分类标准进行。

（4）进一步开发相关的应用软件。应积极开发会计信息化应用软件和应用程序。XBRL 在会计信息化的条件下，需要得到新的技术和软件的强力支持，才能最大限度地发挥它的优越性。首先，创建技术平台。XBRL 是一个基于 XML 标准的应用模式，通过 XBRL 可以实现财务信息在互联网上自由发布、传递、交换，且财务数据可以直接导入分析软件进行分析。这对各类软件开发商是挑战，更是机遇。其次，开发 XBRL 应用程序。国内会计信息化软件开发商应联合开发一套符合 XBRL 规格书的应用程序，使应用程序具备分类标准编辑、实例文档编辑、文件格式转换、分类标准应用、财务分析等功能。

第四章
XBRL 环境下的大企业内部监督管理

第一节 大企业内部监督管理现状

一、大企业内部监督模式的类型及特点

内部监督制度作为当前企业会计监督管理体系的一个主要构成要素,在我国经济发展和社会进步的不断影响下,逐渐演变成一项较为全面的监督基础工程,做好企业内部监督管理制度的建设工作能够从根本上减少违法违规现象的发生,对于减少会计信息的失真、避免国有资产的流失、增加财政收入有着较为重要的作用。但是,从我国现阶段社会会计监督和国家会计监督现状来分析,企业内部会计监督管理仍然存在一定的失控现象,诱发很多会计信息失真等问题,因此,只有明确企业内部会计监督管理制度建设过程中存在的问题,并制定针对性的解决措施,才能推动企业顺利发展。

以上市公司为例,综观世界各国公司治理的实践,上市公司内部监督模式主要有独立董事监督模式、监事会监督模式、独立董事和监事会双头监督模式三种,每种监督模式各有其特点和运行规则。

我国公司机关构造采用监事会与董事会分设的监管体制,两者共同对股东大会负责,与日本模式类似,同时吸收了德国模式的合理内核,公司监事会由股东代表和不低于 1/3 的职工代表构成。同时,考虑到我国上市公司特殊的股权结构,为了防止大股东"掏空"上市公司,2005 年第二次修订的《公司法》明确了独立董事的法律地位,并赋予独立董事一些特殊职权,从而形成了我国独特的公司监督机构构造,即独立董事和监事会双头监督模式。从表面上看,我国上市公司内部监督模式汇集了世界上几乎所有国家内部监督模式的先进经验,堪称"完

美"的结合。但是,这种看似无瑕的"双剑合璧"却带来了新的治理问题,即独立董事和监事会的职能重叠和权力冲突,"两只猫逮同一只老鼠",由于"搭便车"和自身的代理问题,结果谁也没有善尽监督职责。我国上市公司的治理乱象就是最好的诠释。

二、大企业内部监督模式选择的基本依据

近年来,随着经济全球化的发展,各国公司治理呈现出趋同的迹象,但是不可能终极统一。大企业特别是上市公司内部监督模式的选择受股权结构、资本市场发育程度和历史文化传统的影响,是一种"路径依赖"式的发展。

(一)股权结构是上市公司内部监督模式选择的客观依据

独立董事监督模式是与分散型股权结构所要求的"经营集中"理念相适应的,而监事会监督模式是与集中型股权结构所要求的"股权制衡"理念相适应的。在美、英等国,公司股权分散是一个非常普遍的现象,单个股东利小势微,难以对公司财务和经营决策产生有效影响,导致经营权集中于公司管理层,形成事实上的董事会中心主义。在这种"强管理者、弱所有者"的形势下,公司内部监督的重点在于防止经营者滥用职权,损害全体股东利益。因此,将公司监督机关设置于董事会内部可以缩短股东和经营者之间的距离,一定程度上可以防止经营者作出有损股东利益的行为。前提是必须增强独立董事的独立性,并通过激励机制设计解决独立董事自身的代理问题。

(二)资本市场的发育程度是上市公司内部监督模式选择的外部条件

资本市场及其联系的资本流动,反映一个国家或地区资本市场的发展程度,而资本流动速度的快慢以及配置效率的高低则与资本市场的有效性密切相关。一国资本市场的发育程度及其有效性不仅决定公司的融资结构,也是企业内部监督模式选择的重要外生变量。

美国和英国实行自由市场经济,堪称现代市场经济发展的典范,政府对企业的直接干预程度低,自然人投资踊跃带动了两国私有经济的快速发展。公司的发展催生了资本市场,美、英两国资本市场发展迄今已逾200年,并已达到次强势有效市场水平。发达的资本市场及成熟的经理人市场和控制权市场,对公司高级管理人员形成有效的外部监督。建立独立董事制度则旨在强化对公司管理层的内部监督,改善董事会决策的效率,提高公司价值和股东财富。相比而言,德、日等国的资本市场发展相对滞后,银行等金融机构在公司融资中发挥着极其重要的作用,形成了"低股权、高负债"的独特融资结构,致使公司外部治理机制弱化,只能通过加强公司内部监督制度予以解决,从而形成了形式上强大、独立

的监事会,并与董事会相互制衡。

(三) 历史文化传统是上市公司内部监督模式选择的现实依据

美国和英国是资本主义发展较早的国家,也是个人主义盛行的国家。由于历史和文化的原因,两国在经济发展过程中注重法律法规的规制作用,建立了非常完备的法律体系,并通过一系列政策和法规反对财富集中,实现政治平等。美国和英国强调政治和经济自由,提倡个人主义和风险意识,对政治集权和财富集中非常反感甚至深感不安,美国建立史上最严苛的反垄断法和反托拉斯法就是最好的注解。美国削弱和拆散金融中介机构的政治意图,使公司管理层拥有更大的权力,政治决策导致了美国公司与众不同的治理结构——分散的股东和拥有实际控制权的管理者。这就是美、英两国分散型股权结构和独立董事监督模式形成的历史文化背景。

德国和日本则倾向于统治权的集中。德国推行中央统制经济的政治体制,塑造大银行作为经济发展的引擎,促进了中央银行的建立和发展。日本自明治维新以来一直主张银行对经济的助推作用,经济控制权集中于少数大财阀和家族手中,财阀与大银行关系密切,而大银行被家族所控制。德国和日本在历史的发展过程中还逐渐形成了独特的文化价值观:强调共同主义,具有强烈的群体意识,重视追求长期利益。日本公司的集体主义更是人尽皆知,通过"终身雇佣制"和"年功序列制",使员工对公司形成了强烈的依恋。以上这些因素大抵就是德、日两国形成集中型股权结构和监事会监督模式的历史文化根源。

(四) 我国上市公司内部监督模式选择的理论模型和改革思路

1. 理论模型

不论是历史文化传统、股权结构特征,还是资本市场发展等,我国与德国和日本都非常相似,似乎上市公司内部监督模式的选择已然明晰,即选择监事会监督模式。然而,我国却通过强制性制度变迁选择了独立董事和监事会双头监督模式。对此,法律专家从法理精神和私法自治的原则出发,论证了独立董事和监事会的职责权限、监督内容和行权方式,认为只要进行适当的职能区隔,两者可以包容并蓄、合作共存。

2. 改革思路

第一,公司内部监督的目标定位问题。

监督目标是公司内部监督模式选择的基本理论问题。内部监督制度的目标指向决定着公司内部监督的机制设计和运行效果,直接影响实证分析的模型设定和变量选取。目前,多数学者将公司内部监督的目标界定为提升公司价值和提高会计信息质量,现有研究文献在实证分析中都自觉或不自觉地把公司绩效和会计信息质量作为被解释变量就是最好的诠释。监控公司建立健全内部控制制度,促进会计信息披露的持续改进,提高会计信息的价值相关性,是公司内部监督的基本目标之一,这一点已基本达成共识。但是,将提升企业价值视为公司内部监督的基本目标显然混淆了公司治理和公司管理的范畴,模糊了决策执行和监督制衡的界限。我们认为,独立董事和监事会作为公司监督机关,只是对公司起着监督代理作用,不应当妨碍甚至干预董事会及其管理层的决策执行,固然也不应当对公司经营绩效负责。公司内部监督的基本目标应当是降低公司营运风险、提高会计信息质量和有效监督公司高级管理人员,切实保护投资者利益。公司内部监督制度还具有"外溢性",那就是促进资本市场的健康发展。

第二,独立董事和监事会治理效应的比较问题。

现有研究将独立董事和监事会人为"割裂"开来,分别研究两者的治理效应。殊不知,我国采用的是独立董事和监事会双头监督模式,两者相互作用、密不可分,共同构成了我国上市公司完整的内部监督体系。一方面,独立董事制度的引入可能会对监事会的治理效应带来或正或负的影响;另一方面,监事会也可能影响独立董事制度的有效性。只有将两者置入一个统一的分析框架,并比较两者治理效应的差异,才能得出更为客观的研究结论,为我国上市公司内部监督模式的科学选择提供可信的经验证据。

第三,独立董事和(外部)监事的供给行为问题。

社会心理学认为,人的行为源自人的动机,而人的动机又由人的需求决定。独立董事的履职效果和治理效应可能受到其需求结构和任职动机的影响。现有研究更多地从公司层面和监管层面研究独立董事和监事会的治理效应,忽视了独立董事和(外部)监事的供给行为问题。事实上,我们不仅应该系统研究独立董事的市场需求,而且应该深入探讨独立董事和(外部)监事的供给行为,倾听他们的"声音",了解他们的"合理诉求",只有达到供需均衡,才能实现制度的高效运行。

第二节 大企业内部财务监督管理存在的问题

(一) 我国上市公司在内部财务监督体系构建上存在的问题

我国大部分上市公司股权结构不合理,治理结构存在较大缺陷,内部财务监督体系不能有效地运行,从而导致了公司财务活动的低效率和会计信息质量的低水平。

(1) 股权结构不合理,股东大会形同虚设。我国大多数上市公司由国有企业改造而来,导致尚未流通的国有股比重高达40%以上,有些上市公司该比重甚至高达80%。这种"一股独大"的现象,使中小股东在股东大会上根本无法"用手投票",作为权力机构的股东大会只是一种摆设。国有股股东实际上操纵了公司的一切,董事、监事全由国有股股东委派,公司机构间无法形成制约关系。大股东侵害中小股东权益的事件频频发生,"内部人控制"现象难以抑制。

(2) 董事会难以对经理层进行有效约束。一方面,由于我国董事会基本上由内部董事组成,且董事的选拔不够规范,有些公司甚至由总经理提名,不少公司总经理还同时兼任董事,董事会的独立性受到严重侵害。另一方面,法律没有对董事会的性质作出明确的规定,不少人将董事会当成公司的决策机构,这样必将淡化董事会对股东的忠诚意识,乃至将自身凌驾于其上。董事会既没有意识去代表股东对经理层实行监督,又缺少有效监督的首要条件——独立性。因而,在实践中董事会对经理层的监督往往被架空,甚至被经理层利用,侵害公司及股东的利益。

(3) 监事会对董事会的财务监督控制机制失效。总体来说,我国公司监事会的存在只是给人一种公司中存在着某种相互制约的假象,事实上,监事会的监督缺乏有效的基础条件。

首先,从提名角度看,来自股东的监事,绝大多数由大股东控制的董事会直接或间接提名,来自职工代表的监事,多数由公司经理层直接或间接提名,从而形成被监督者提名监督者的局面;从选举角度看,由于董事会在很大程度上操纵了股东大会的监事选举,同样形成了被监督人选举监督人的局面。

其次,虽然《上市公司治理准则》规定监事应具有法律、会计等方面的专业知识或工作经验,但实际上监事会成员大多为雇员监事、政工干部等,其教育背景和专业知识明显低于董事会成员,这也决定了其不具备专业胜任能力,不可能履行监控职责。

再次,《上市公司治理准则》没有具体规定监事如何行使知情权,若经营方不给予协助让其知道有什么保障措施等,监事的知情权便成为空泛的规定。

从次,《公司法》和证监会规定,股份公司除董事会自己提出的提案之外,所有其他的股东大会提案都应提交公司董事会进行审查。监事会主要监督的对象就是公司董事会、董事及高级管理人员,监事会的提案大部分可能涉及董事会、董事的问题,若要求董事会审查认可该议案,必然导致监事会的提案权流于形式。

最后,《上市公司治理准则》对监事会履行职权规定的相应的程序不够合理,对监事会成员缺乏必要的激励和约束措施。《公司法》规定,监事会的议事方式和表决程序由公司章程加以规定，但是，董事、经理及其他公司内部人控制下制定的章程，怎么会规定监事会有不利于章程制定者的议事方式和表决程序呢？

由于上述问题的存在，上市公司中非常容易产生以董事会或董事长为核心的内部人控制现象，在这样的公司内部财务监控结构中，监事会的财务监控机制的运行无疑会变成纸上谈兵。

我国的上市公司中，大多数的股东和其委派的董事存在不一致性，这不像美国微软公司的比尔·盖茨，既是董事又是股东。由于这种不一致性，股东的利益与董事个人的利益就会出现差异。股东投资的目的在于追求自身财富的不断增长，而董事个人在考虑股东利益的同时，会更多地考虑自己的切身利益，追求自身利益的最大化。也就是说，股东委派的董事组成的董事会并不一定完全代表股东的利益，股东在委派董事时，逆向选择和道德风险必然存在。

（二）我国国有企业财务监督体制存在的问题

国企改革已进行多年，从改革初期的利改税到承包经营责任制，直至建立现代企业制度，国有资产流失现象和企业财务会计信息基本缺乏可靠性的问题始终困扰和影响着企业改革的进程。目前，国有企业和国有控股企业的亏损、潜亏以及大量不良资产的存在所带来的国有资产流失是触目惊心的，虚假的财务会计信息则欺骗并损害了投资人和债权人的利益，产生通过工资赤字和不良资产挂账而虚报利润等"吃"投资人资产的现象。一些企业经营者在任上被称为"优秀企业家"，一旦离任就经不起审计，审计后大量潜亏暴露，留给后任的就是一个烂摊子。上述现象说明我国国有企业财务监督体系存在的关键问题是财务监督的弱化现象，这种现象在国有企业中是十分普遍和严重的，形成这种弱化现象的基本成因主要有以下两方面。

1）国有企业委托人和代理人经济利益不一致，信息不对称

计划经济体制下的国有企业是政府的一个基层生产单位，政府既是所有者，又是经营者。在这种体制下，效率虽然低，但由于国家的直接经营和管理，一般是能够维护所有者利益的，不过效率低下的体制显然不能适应市场经济发展的要求，将导致国有企业发展不畅，为此只能走国企改革的道路。国企改革从放权让利到承包经营责任制再到建立现代企业制度，改革的过程本身就是一种经济利益调整的过程，这种利益的调整形成了不同的经济利益关系。承包经营责任制体现了国家、企业和职工的分配关系，现代企业制度下的企业是独立经营、自负盈亏的法人组织，其法人治理结构则体现了国有企业的委托人和代理人的利益关系。当国家作为出资人把资本投入企业，委托企业经营者进行经营，就成为委托人，企业经营者就成为代理人；在企业内部，经营者是委托人，企业员工又成

为代理人。国家作为投资者,其利益是要确保投入的资本最大化,希望代理人按照自己的利益进行经营活动;而企业的经营者作为国家委托的代理人,其利益最大化是通过完成委托人(国家)对其经营业绩的考核,以获得较丰厚的个人收益或得到委托人的褒奖、职务上的晋升以及各种荣誉等。因此,利益最大化体现了经营者的利益,工资最大化体现了职工的利益。这种委托人和代理人的经济利益的不一致导致信息不对称。

所谓信息不对称,是由于代理人直接经营企业,其比委托人更直接、更广泛地掌握着大量企业信息,处于信息的优势。委托人只有通过代理人对信息的传递和反馈才能了解企业的财产和经营状况,无法获知代理人的完全信息,处于信息的劣势。而处于信息劣势的委托人,为确保自身利益的最大化,一般通过下达各种考核指标的方式对代理人的经济活动进行考核确认,并根据考核结果给代理人适当的报酬。处于信息优势的代理人,为获得自身利益的最大化,所努力工作的一切目的是要千方百计地确保经济指标的完成。当经济指标不能达到或者满意的报酬不能达到时,代理人就有可能利用信息上的优势通过牺牲委托人利益的方式获取自身利益。当前一般对国有企业的考核指标均以利润指标为主,而根据会计的权责发生制和配比原则产生的"利润"数据的可靠性如何,只有处于信息优势的代理人最清楚。当企业经营状况处于上升状态时,由于"棘轮效应"的作用,代理人不愿将经营业绩放在最优状态上,因为只有在指标留有一定余地、逐年有所上升的情况下,才最有利于委托人对代理人业绩评价和考核;反之,当企业经营情况处于不良状态时,代理人可以利用自身的信息优势,在会计报表上体现出令委托人满意的考核数据,造成大量潜亏,留给下一任的经营者。

2)法人治理结构不健全

现代企业制度的法人治理结构应该是一种出资人、资产委托人和经营者的相互制约机制。出资人作为股东享有收益权,股东(或股东大会)委托董事会行使对经理的监督或管理权,经理对董事会负责,行使法人财产权对企业进行经营,从而形成股东对董事会的托管和董事会对经理的委托代理的相互制约关系,这种相互制约关系在一定程度上可以消除信息不对称的影响。从目前国有企业的机制来看,未改制的企业不存在这种法人治理结构,完全由厂长、经理说了算;而不少改制后的国有企业包括国有控股的股份制企业董事会、监事会也是形同虚设,大多数企业的董事长和总经理由一人担任,或者董事长或总经理同时由政府任命,董事也多为企业的高级经营管理人员,不能起到相互制约的作用,形成了所有者和企业经营者的错位。

在传统体制下,企业财务是国家财政的基层单位,所有财务收支由国家统一支配,财务监督目标单一,就是维护国家利益。在市场经济存在经济利益差异的情况下,国有企业财务监督目标形成多元化趋势,包括既要维护所有者利益,确保国有资产的保值增值,又要对经营者负责,组织企业日常的财务活动,加强企业内部的财务管理,保证企业经营目标的实现,使经营者和员工获取利益。

由于企业财务人员是在总经理领导下开展工作的,他的工作实际上只能对总经理负责。只有在代理人利益与委托人利益一致的情况下,企业财务监督才能发生作用,否则让企业财务人员站在所有者利益立场上监督代理人实在是勉为其难。不排除少数具备良好素质和优良职业道德的财务人员能够正确处理好不同利益的财务关系,发挥财务监督的作用。但是没有一个健全的财务监督的机制和环境,让财务人员凭自身素质和职业道德监督制约经营者,一方面有悖于企业管理的层级原则,不利于树立厂长、经理在经营管理上的权威,财务人员也难以开展工作,另一方面一旦财务人员特别是财务负责人滥用职权,则所有者和经营者的利益同时受到损害。所以,让经营者领导之下的财务人员监督自己的上司,可以说是一句不现实的空话。

第三节　大企业会计的内部监管体系所涉及的内容

(一) 健全企业的内部监督制度

现阶段,许多企业已经意识到内部监督的重要性,大部分企业也都建立了自己的内部监督制度。但是,由于内部监督制度的不完善,对于会计信息的失真仍然监督不到位。企业为加强内部监督,应采取如下措施。第一,合理、有效地设置会计机构。将企业的会计部门和财务管理部门分立,分担不同的职能,分属不同的领导。财务管理部门由总经理领导,负责日常的财务相关工作。会计部门由董事会领导,对董事会负责。主要会计人员由董事会任命,这样可以使会计人员真正成为财务信息供给的主体,为会计人员的独立工作创造条件,使其有能力拒绝管理人员的不合理要求,从而有效地避免管理人员舞弊。第二,加强内部审计。设置内部审计机构,对会计业务进行日常的内部审计监督,由监事会领导,对监事会负责。健全董事会、监事会机构,使其认真履行职责。职位分离,解决好大权掌握在董事长兼总经理一人手中的问题,防止其独断行事,为自己牟私利。第三,明确财务人员信息供给主体的地位,强化披露财务信息的内部监督,建立监督人员在企业中行使其职权,保持高度独立性的保障机制。

（二）健全公司的内部约束机制

公司会计内部监管体系的建设要重视内部约束的力量。企业应以《会计法》等相关法律法规为指导，结合本单位业务特点和管理要求，以会计准则为依据，健全内部约束机制。通过健全的管理制度和有效的约束机制，完善基础管理制度，监督舞弊行为，防范经营风险。第一，改革现行财务会计人员的管理体制，建立对其的管理约束机制。财务会计人员通过上级财务会计部门统一管理，最大限度地保障他们的职权，保持财务会计工作的相对独立性，从源头上阻止财务会计弄虚作假，充分发挥广大财务会计人员依法监督企业经济活动的作用，使企事业内部财务会计监督制度真正落到实处。第二，明确企业单位责任主体在财务会计监督中的责任。现阶段，在很多公司中，大多数的单位负责人权责过大，对其限制不够。有时候，这些单位负责人对财务会计工作认识不够，任意指挥；还有的单位负责人不顾公司的利益，利用财务工作为自己牟私利。这就严重阻碍了企业财务会计监督工作的正常进行。因此，我国企业应进一步落实《会计法》关于"单位负责人对本单位的会计工作和会计资料真实性、完整性负责"的规定，加强对企事业单位负责人财务相关知识的培训，使其懂财会法律、经济法规；同时，还要让其明确违反财务制度和法律的严重后果，使其切实对自己负责、对单位负责，认真履行相应法律赋予的财务会计责任。

（三）完善会计信息质量评价监督体系

一个完整的会计信息质量评价监督体系应包括对企业会计法规遵守情况的监督、对企业财务报告质量的监督、对企业会计基础工作运行各程序的监督。公司各个单位应当根据《会计法》等法规的要求，健全单位负责人负责的，由会计人员自我检查、审计部门全程审核、会计部门内部稽核相结合的，以内部会计监督制度为基础的企业内部会计信息质量监督体系，力争把不合格的虚假会计信息消灭在企业内部，从源头上加以监督，以保证企业提供的会计信息的质量，维护单位的信誉。企业管理者要借鉴国家颁布的评价体系构建内部会计信息质量评价体系，全面提高会计信息质量。

第四节 大企业内部监督机制的现状

（一）"大企业病"的影响

成本优势是大型企业最重要的优势之一。成本优势运用得好，就会转化为效益。一般来说，大型企业的经济效益比小企业要好，但大型企业的管理难度比中小企业困难，大型企业在管理中往往会犯"大企业病"，而且往往会因"大企业病"影响企业的效率。

1983年元旦,立石一真在出席由东京经济学团体联合会主持召开的企业家与新闻界例行联席会议时,首次使用"大企业病"这个词。现在,"大企业病"成为一个泛指的概念,是指企业规模扩大、产业类型和管理层次增多后,可能产生的信息阻隔、信息传递速度衰减或内容失真、决策得不到不折不扣的贯彻、指令执行出现严重偏差、企业成本增加、制度繁琐以及组织机构官僚化等,使企业响应市场的能力降低,生存质量不断弱化,逐步走向衰败的一种慢性综合病症。

"大企业病"是当今世界各国大型企业普遍存在的现象。为什么中小企业不会患上"大企业病",而大企业在不同程度上会或多或少地有"大企业病"呢?我们知道,决定管理行为好坏的要素就是组织要素。从组织的构成要素来看,企业是组织的一种类型,在构成组织的四个要素中,组织环境和组织目的对于某个行业的企业大体是相同的。因为同行业的企业基本处于同一个环境中进行竞争,所追求的共同目标都是获得最大的利润,不同的仅仅是管理主体和管理客体。大型企业和中小企业两者的不同主要是管理主体和管理客体的不同,显然,大型企业存在的管理问题是由于管理主体和管理客体引起的。因此,"大企业病"尽管涉及企业管理的许多重要方面,如组织结构管理、制度建设、成本控制、决策执行等方面,但从根本上说,"大企业病"产生于管理主体和管理客体之间的矛盾,而这种矛盾是因为管理主体的体制、结构和制度无法适应无论是数量还是内容均越来越复杂多变的管理客体而引起的。

(二) 企业内部监督环境失效

监督环境是内部监督的基础,监督环境的好坏直接决定着公司其他监督能否实施或实施效果的好坏。从我国以上市公司为代表的大企业内部监督环境的现状可以看出,上市公司在这方面存在非常严重的失效问题。

1) 公司管理层内部监督意识薄弱,造成内部监督制度不能落实

相当一部分上市公司尚未认识到内部监督的意义,对内部监督制度本身缺乏正确认识,用内部管理制度来取代内部监督制度。有的管理者将内部监督制度狭义地理解为防止职工舞弊、欺诈所采取的内部牵制措施;有的认为内部监督制度就是会计稽核制度;有的认为内部监督制度只与审计有关,而与企业没有直接关系;还有的由于对管理成本和效益关系的片面理解,认为实施内部监督制度会造成工作效率的低下;更有甚者,认为内部监督就是让人放不开手脚的条条框框。

这些错误认识使得制定的内部监督制度残缺不全或缺乏合理性。即使制定

出相应内部监督制度的公司,大多也只是停留在"写在纸上、贴在墙上——给人看"的表面工作上,使得内部监督制度在落实方面存在很多问题,不能有效执行。

2) 公司内部监督制度不健全、不完善,造成管理工作存在很多漏洞

目前,虽然绝大多数上市公司都建立了内部监督制度,但不够健全和完善。首先,组织机构设置不合理。不少公司普遍存在机构臃肿、管理层次多、工作效率低下的问题。其次,公司缺乏相应的激励与约束机制。公司管理人员缴纳的风险金数额只是象征性的,对他们无法构成压力。再次,人事政策和实务不完善。我国上市公司中有很大一部分是原来的国有企业改制上市的,因此,在人员的聘用上或多或少都带有国有企业的色彩。最后,公司制度不全面,没有针对公司经营的各个环节、各个部门制定出相应的规章制度,顾此失彼现象严重。

3) 公司治理机制不完善,使董事会、监事会的监控作用失效

内部监督作为由管理当局为履行管理目标而建立的一系列规则、政策和组织实施程序,与公司治理及公司管理是密不可分的。我国许多上市公司虽然设立了董事会、监事会,但在实际工作中,董事会、监事会的监控作用严重弱化,公司未能从根本上建立符合公司发展需要的公司治理机制,所谓的公司治理结构不过是给中小股民表面上的一个交代而已,各部门之间几乎没有相互制约的力量。另外,公司治理机制在法律上也缺乏对监事会的监督,没有涉及监事会失察的责任问题,在公司内部监督问题暴露之前监事会只是形同虚设。

4) 公司文化未得到重视,使内部监督执行不力

公司文化是公司的经营理念、经营制度依存于公司而存在的共同价值观念的组合。公司内部监督制度的贯彻执行有赖于公司文化建设的支持和维护。大多数公司都提出了自己的经营理念和宗旨,也重视公司文化的环境建设,但对公司文化内容以及在内部监督制度建设中的作用却知之甚少,很多公司负责人只是在"作秀"。

(三) 内部控制制度的缺陷

无论内部控制的设计和运行多么完善,都无法消除其本身所固有的缺陷和局限性。这种缺陷和局限性决定了内部控制不能绝对保证预防或察觉错误和不正常的现象。

第五章
XBRL 环境下的政府税收监督管理

第一节　我国税收执法监督制度现状及信息化程度

一、我国税收执法监督制度的现状

（一）积极方面

近几年来，全国税务系统结合税制改革、征管改革和机构改革，在一定程度上对税收执法监督相关制度进行了积极探索，建立了一系列规章制度，强化了对税收执法权的制约，减少了税收执法的随意性，在一定程度上加大了税收执法监督的力度。

1. 建立了税收执法监督规章制度

目前我国已初步建立了税收法律监督体系，发挥了其作为制度的强制性和规范性的作用。第一，《宪法》中的法律规范及由我国最高权力机关制定的税收法律规范，如《税收征管法》《行政处罚法》《行政监察法》《行政复议法》等。第二，国务院及有关职能部门制定的税收行政法规和部门规章，如《国家税务总局党组关于加强对税收执法权和行政管理权监督制约的决定》等。第三，拥有地方立法权的省、自治区、直辖市的人民代表大会及其常务委员会，省、自治区的人民政府所在市和经国家批准的较大市的人民代表大会及其常务委员会，以及国家权力机关授权的地方各级行政机关，根据宪法、法律和法规的规定，结合本地区的实际情况，制定的适用于本地区的地方性税收法规和规章，如《税收执法检查规章》等。第四，省级税务机关根据有关法律法规制定的规范性文件，如《河北省地方税务局税务机关及其工作人员执法责任制度实施办法》《深圳市国家税务局税务执法错案和执法过错责任追究办法》《深圳市国家税务局税务行政执法程序操作规范》等。

2. 实施了税务机关内部监督制度

目前,我国税务机关内部监督主要措施为:第一,各地税务系统建立并落实执法责任制,积极推行质量管理体系,应用信息管理软件对税收执法全过程进行监控和考核,这对税收执法监督起到了规范化、经常化和制度化的作用。第二,加强对重大执法行为的事中监督,强化过程控制。各地税务系统均制定实施了重大税收案件审理制度,对重大税务案件的审理范围、报送时限、署名制度、议事规则等作了明确详细的规定,有效制约了涉税违法行为的发生,以保证税务系统行政执法过程的公开和公正。第三,加强对税收执法行为的全方位的事后监督,强化税务执法人员的责任控制,加强了问责力度,制定了《税务行政处罚实施办法》,从制度上强化税务行政处罚工作,提高了内部监督的实效。

3. 加强了税收执法外部监督机制

税务执法外部监督主要是指税务系统以外的各种监督活动,其主要内容是税务机关执行党的路线、方针、政策,贯彻实施税收法律法规情况,以及税务机关和执法人员的权力运作情况。作为外部监督的最高权力机关人大的监督主要是针对宪法的实施,其具有直接的法律效果,具有最高的权威性。公安、法院、检察院等部门,由于同税务部门联系紧密,对税务机关和执法人员的涉税活动,同样也发挥监督作用。在社会舆论方面,包括各种社会组织、新闻媒体等对税务机关的违法行为、大案要案的曝光等也发挥一定程度的监督作用。此外,纳税人的税务行政复议制度对制约涉税违法行为也发挥了重要作用。

从当前情况来看,税收执法监督在全国已初步发挥了税收执法监督规章制度和执法内外监督的实施机制的持续改进、自我完善的作用。尤其是 2001 年 5 月 1 日颁布的新的《税收征管法》和 2002 年 10 月 15 日颁布的新的《税收征管法实施细则》,加大了对税收违法行为的打击力度,体现了保护纳税人合法权益、规范税务机关执法行为、加强执法监督的立法思想。结合近几年的税收征管改革的实际,加强了税收执法权的监督制约,税收执法的随意性比以前有所降低。

(二) 不足之处

随着经济的发展和财政体制改革的深化,面对新的发展形势,税收执法监督制度已凸显其不足之处,其不仅与政府管理体制改革不相适应,而且制约了税收执法监督效能的发挥,在一定程度上阻碍了税收职能的实现。

1) 税收执法监督责任制度不到位

税收执法监督的权威性和强制性除了来自法律的约束和禁止,在很大程度上源于税务机关内部责任制度处理的力度和实施的效果。在一定程度上,监督工作的有效性决定了对查出违法行为的处罚结果的有效性。事实上,在目前法律包括执法监督的制度上缺乏税法监督的责任制度,也没有成立专门的责任追究机构,针对税收征收机关或税收执法人员的违纪和违法行为给予实质性的追究和处罚。执法责任制是对税务机关内部执法进行规范、制约的一个有效手段。有违法行为的存在,必有法律责任的存在。对于财政违法行为来说,违法行为人必须承担相应的法律责任。在税收征收机关内部,税款的征收、管理和稽查相互之间分工、协调并制约,如果执法责任制不能落实到位,那么税收工作环节的违法行为必然再次发生。这就违背了监督工作的原则和宗旨,使执法监督工作流于形式,必然制约监督效能的发挥。

2) 税收执法监督启动机制不完善

根据我国目前法律体系来看,税收执法监督的法律依据分散在各个法律中,如《宪法》《税收征管法》《审计法》《行政复议法》和其他法律等。在税务机关内部还未建立专门的税收执法监督机构,也未配备专门的监督工作人员。这些都给税收执法监督工作机制的启动带来一定的滞后性,对税务机关和执法人员的违法行为不能作出快捷、高效的处理,使税收执法监督仅成为立法层面或制度层面上的程序,未能达到监督工作应有的初衷。在涉税案件查处中,本应对税务机关或执法人员的权力滥用或违法行为,进行行政处罚或移送司法机关进行处罚,由于监督机制的滞后性,结果使得对违法违规行为的处罚变成税务机关内部的行政处分,达不到监督工作所要取得的预期效果。因此,建立一个完善的税收执法监督机构成为当前税收执法监督制度必须要解决的问题。

3) 税收执法监督内容和方式不充足

从整体上来看,目前我国还未能很好地建立起一套对内科学分工、对外监督有效、相互制约的执法监督新体制。税收执法监督的各种制度和各项措施与税收实际工作仍存在很大差距。从当前税收执法的实际看,监督工作没有成为经常化,表现为对纳税人的突击性、专项性检查多,日常性监督很少;从监督内容上看,表现为对某个单一事件或某个环节检查多,对全方位监控跟踪很少;从监督的方式来看,虽然采用了网络化和系统化监督,但未能从根本上得到提高和改善,没有把税收执法监督纳入规范化和制度化的轨道,从根本上削弱了监督的力度和效能。如何把监督贯穿在税收执法活动过程中,由事后处理向事中监督转换,如何加强监督的日常化,寻找真正体现全过程、高效率的监督方法,是当前亟待解决的问题。

二、我国税务监督管理信息化进程

通常而言,税收信息化是社会信息化的重要组成部分,是指在税收领域充分利用现代计算机网络以及通信技术,实现税收信息的收集、整理、分类、储存、检索、传输、统计分析、应用的系统化与网络化(姜相义等,2009)。

税收信息化在于通过将税收行政与管理等各项业务纳入电子和网络管理,实现税务部门内部和外部的信息传递和共享,达到为纳税人和社会各个部门(私人或公共部门)提供税务信息和社会管理服务,提升税务机关行政管理效率、规范执法行为,以及提高社会税收遵从度、保障国家税收收入的最终目的。

信息不对称所导致的税收征管效率低下和纳税服务滞后是现代经济社会的常态,而信息理论从消除事前的隐藏信息情况(便利纳税人获取税收信息和税务机关及时了解纳税人情况)和减少隐藏行为(通过税收稽查监督纳税人的不遵从行为)能够为税收信息化的建设提供比较明确的指导思路,因而成为税收信息化的理论依据之一。

国内对于税收信息化的关注由来已久,大多数学者关注纳税制度及纳税系统设计和改进方面的问题。孟丽和尚可文(2009)在借鉴国外纳税申报制度建设成功经验的基础上,提出我国纳税申报制度改革的重点在于完善纳税申报立法,强化税收服务,改革纳税申报方式,以更好地适应需求。米同好(2005)、夏碧野(2007)、于晓刚(2008)和张敬(2008)分别从各自的角度进行分析,对纳税系统进行了设计,包括基于WEB进行相关模块的改进及配备相关的电子签名和电子证书。

另外一些学者关注到我国税收信息化的建设过程,并提出相关建议。欧阳浩敏(2007)认识到纳税系统中信息不对称的现象严重,利用"诺兰模型"和"米歇模型",借鉴美、德等西方发达国家信息化经验,提出我国税收信息化改革的具体意见。孙丽莹(2008)从我国税收信息化建设过程出发,对我国税收信息化进程中的利弊进行分析,并提出相关的建议。李小海(2007)通过分析税收信息化的进程以及现阶段的需求,提出税收信息化的必要性和相关改革措施,还有一些学者关注新兴电子商务中税收征管体系的完善。包雪(2014)对电子商务中的征税问题进行分析,运用了博弈论的相关思想。

三、我国税收征收信息化中所存在的问题

当前,企业交易数据通过手工或者自动化系统被记录到交易数据库中,交易数据库中的数据再被输入企业财务数据库,数据在财务数据库中被编制成各种

账户、报表、档案以及法律记录。财务数据库是大量内部和外部报告的基础。内部报告一般包括运营报告、管理报告和财务报表等,分析内部报告可以帮助企业管理者找出企业经营中不足之处。财务报告和纳税申报表是企业最重要的外部报告,企业外部信息使用者通过分析外部报告来进行相关决策。

以上流程大部分已经能够通过电子化自动实现,但是对于信息使用者而言,在财务数据的电子化储存、交换、使用等方面仍然存在许多不便及挑战。企业纸面文本的操作方式向电子数据交换操作方式转化的过程中面临的一个挑战就是目前并存多种电子文档交换标准,这使得不同系统之间的电子数据相互不兼容,给数据的交换和分析使用带来极大的不便。

我国的信息化建设经过十多年的探索、实践和发展,取得了巨大成绩,但在当前的实际工作中也出现了一些矛盾和瓶颈,这主要体现在以下四个方面。

(1) 信息化的纳税服务流程与征管体制不匹配,降低了征管效率。从现行的纳税服务业务流程来看,虽然已经实现了纳税人网上申报纳税、税款缴纳、发票开具管理的计算机化等信息化流程,但目前大力推进的税收信息化只是做到了将传统的手工操作流程的电子化,并未从根本上促进税收征管流程的变革。这是由于许多办事程序、业务环节、审批制度等,还都必须按照传统的行政模式进行管理和审批。

同时,在现有的审批管理体制下,现行的征管信息化流程并未取代传统的纸质材料的准备、审批和归档,不仅未能适应税务行政效率提升的要求,反而增加了税收管理的成本。而且,按照现行职能分工要求,一个审批事项可能涉及多个职能环节或几个部门,这种不以纳税服务流程为出发点的业务程序,更容易导致协调成本的增加。

此外,目前的信息化体系偏重于管理,而轻视了纳税服务的观念,因此,现行的信息化征管流程也不可能满足为纳税人服务的需求,实现税收遵从度的提升。例如,尽管信息化的实施可使纳税人利用电子化手段申报纳税,但其设计重点是监管税源在先,纳税服务在后;同时,相对比较成熟的信息化税收管理体系(如CTAIS、金税工程以及各地开发的管理信息平台),信息化税收服务的体系十分薄弱(仅有12366平台是直接面向纳税人服务)。这就使得纳税服务偏重形式,而忽略了管理模式和体制深层次对直接行政效率的制约和影响,也就无法真正触及税收管理的核心理念与方式的转变。

(2) 税收信息化建设缺乏集中统一的组织规划和整体部署,降低了信息化资金的使用效率。这主要表现为各地方各自为政、重复建设、重复开发的现象较多。税务系统虽然有CTAIS及金税工程这一统一税收信息平台,但却难以满足各地的数据利用需要。这就使得各地方不得不开发自己的信息处理系统,甚至在有的地区,几乎一个地级市就有一套自己的征管软件,而且某些征管软件的操作界面和使用口令等各不相同,这种信息化建设相互分割的局面不仅浪费了大量资金,还使得这些系统自身的数据库之间缺乏沟通,形成许多"信息孤岛",造成资金、信息和人力资源的浪费,人为降低了税收信息化开发的效率。

(3) 税务信息化系统与其他部门的数据系统之间无法实现全面共享,阻碍了政府部门行政效率的提升。税收信息化建设中信息不共享主要表现在:税务系统与其他相关部门的信息不完全共享。如税务系统与工商部门的信息不共享,可能产生税收征管漏洞。现行各地工商部门登记的工商户数普遍高于当地税务部门登记的纳税人数,就是税收征管漏洞的表现之一。税务系统与银行系统的信息未联网,纳税人的税务登记证号和银行账号难以相应登录掌握;税务机关查询涉税案件企业的银行存款的权利,难以通过税务系统与银行系统的信息共享实现。

(4) 当前的信息化建设重技术开发和应用、轻管理和分析,使得税收数据信息的利用效率较低。在多年的税收信息化建设中,税务部门投入了大量的人力、物力和财力,尤其是硬件的配置日益现代化,但是信息技术的应用程度却相对较低,各地的应用程度参差不齐,税收信息化建设的效果还远远没有体现出来。例如,税务部门的纳税人数据信息化管理还停留在税务登记、纳税申报、税款征收、发票管理等初级阶段,仅限于微机录入、输出、开票等浅表层次,缺乏对税务数据资料的整理和分析。

对数据向有用信息进行转化的分析、整理和加工能力差,极大地限制了我国税收信息化对提高部门科学决策水平,以及提升纳税稽查、税务审计和纳税服务质量的作用。一方面,这是由技术人员和职能部门工作人员在信息化建设与应用过程中无法有效沟通所造成的,例如,目前大多数税务系统中信息技术的实施由信息中心负责,而对于数据信息的业务需求由各业务处(室)负责提出,这种职能化需求往往使得技术人员无法利用现有税务数据实现从采集、处理到应用加工,只能根据现有的条件进行粗略式处理,这无疑极大地限制了数据信息库的利用。另一方面,这是由于目前对于税收数据信息的科学运用手段不足,例如,现在对于税收的统计分析应用还比较基础,缺乏利用"大集中"的税收资料,选取既定分析主题相关的税收数据、信息和知识,屏蔽与分析主题无关数据的工具方法和实践经验。例如,对于纳税评估而言,最有效的评估是通过对纳税对象的科学选择来实现税收行政资源的节约和征管效率的最大化。常见的选择纳税评估对象的方法包括申报资料勾稽法、逻辑错误检索法、综合评分法、判别分析法、

Tobit模型估测法、神经网络预测法,等等。但是在现实的征管过程中,税务部门很难做到科学的分析和判断,这正是对信息化资源的一种重大浪费。

四、国外税收管理信息化可借鉴的优势

受信息技术迅速发展和互联网浪潮的影响,世界各国和地区都越来越重视通过推行信息化建设,即电子政务(E-Governance),重构新型公共管理模式下的政府管理方式与服务形式,以便更有效地满足社会和公众的需求。

因此,西方发达国家的税收信息化建设起步较早,经验也较成熟。例如,美国在19世纪六七十年代就开始计算机化管理,伴随着税收管理模式的转变和信息技术的日益更新,从20世纪90年代开始不断提出了一系列的信息"现代化"(Modernization)项目,对审视我国信息化的发展沿革和改进方向有重要的借鉴意义;而意大利作为欧盟成员国中税收信息化程度较高的国家,其相对较为复杂的税收信息系统的成功运作经验,无疑也能够为我国当前税收体制下的信息化建设提供有益的参考。此外,近年来许多发展中国家的信息化建设在短时期内产生了相对于发达国家的"技术后发优势",如巴西(Pinhanez,2007)和智利(Toro,2005)等国,同时这些国家从税制结构(流转税为主)到税收征管程序都与我国具有一定的相同之处。

1. 美国税务信息化建设的沿革与主要内容

美国是税收电子化进程推行较早的国家,从20世纪60年代起就开始在全国建立税收征管的计算机网络和主数据存储库。同时,全国设有4个征收中心,可以处理数以亿计的纳税申报表(王明毅,2006),可见最初的信息化方向就是集中式管理的模式。其模式的具体流程是:各服务中心接受纳税人的申报和纳税支票,把申报数据录入计算机并进行校验,分类处理后再发往总部计算机中心,总部计算机中心处理后将资料返还给服务中心,各服务中心再发往各地区税务局。这种基本的信息构架一直还发挥着作用,进入20世纪90年代后,在互联网技术应用广泛推行的浪潮下,美国国内收入局(IRS)于1997年提出信息化的进一步规划(见 IRS Blueprint 1997)——建立税收征管系统的现代化方案(Modernized Tax Administration System),基本上确立了近十年来美国信息化建设的指导思路。

然而,一方面,这些使用长达35年之久的信息系统在运行效率上存在根本的缺陷,甚至存在巨大的运行风险;另一方面,随着美国国会敦促政府机构推行职能转变的要求,早年美国国内收入局(IRS)按照《IRS重建和改革法案》的要求,不仅对以前的三级组织结构(美国国税局、大区税务局和地方税务局)按照纳

税人服务类型进行了改建,并且基于运用市场机制和借鉴私营部门的商业化理念以及管理运作模式的构想和要求,启动了 IRS 的信息现代化建设项目"业务系统现代化"(Business Systems Modernization,BSM),希望从根本上改进信息系统,进一步提高行政效率,为公众和纳税人提供高质量的税收服务。这个项目由经国会审议批准的信息技术投资账户(Information Technology Investment Account,ITIA)提供资金支持,并在每个财年由美国国税局监督委员会(IRS Oversight Board)就 BSM 项目的进程和资金使用和拨款情况向国会报告(见 IRS Blueprint 2000)。

美国税务信息化建设的主要经验有以下两点。

(1) 信息系统建设强调系统规划,制定统一标准。美国税收信息化体系建立的过程中,给人印象深刻的是在这一项目的建设中始终强调其企业化的开发构架和视角。这一点对于使用通用数据(common data)的系统至关重要,特别是信息化开发的项目周期长,还会随着外部环境与条件的变化而产生变化,因而增加的子系统会使其更加复杂,如果没有统一的开发架构和标准,必然导致信息体系的混乱。例如,征管工作往往需要随时调取某个纳税人的信息,而不论是从哪个征管子系统进入都应该能获得及时、准确的数据,如果在开发和完善系统的过程中,不从一开始就建立统一的规范和视角,难免导致系统开发的混乱和资源的浪费,反而随着信息化的进一步开发而降低税收征管的效率。

(2) 系统的建设是一个开放平台,既重视与经济发展情况和税收政策的发展变化相适应,又注重自身学习修正的过程。IRS 提出,信息系统的建立是一个极其庞大的工程,出现问题是难免的,但信息系统运行的最大风险并不是瘫痪或者部分失效,而是"无法及时地发现问题并采取适当的措施"。因此,系统的建立过程"实质上是一个学习的过程",同时又是将问题及时传递的过程。信息化"不是线性的过程,而应该是不断反馈和修正的过程"。例如,BSM 的计划是保留原有主数据库,与新系统同时运行,而随着技术的进步和现实条件的变化,IRS 发现这种成本和风险不断扩大,因而新的计划调整为转移原有数据废止落后的数据库档案;又如,IRS Oversight Board 在向国会提出调整 2009 财年资金预算的方案,是针对美国大量刺激性减免税政策的推定和房产税收政策调整所带来的纳税服务重点与方式的变化,这也需要调整原有 BSM 推行计划中的资源配置方案。

2. 意大利税务信息化建设的实践

意大利的税务信息化建设是欧洲国家中比较晚的一个,但却拥有欧洲国家最成功和最为复杂的税收信息系统(Italy Tax Information System,ITIS)。ITIS 的数据处理中心设在罗马,意大利财政部(Italy Ministry of Finance)通过

ITIS对整个国内税收的数据进行收集、存储和处理,并通过意大利公用数据网和欧洲公用数据网,实现了税收数据的共享,与纳税人、政府和其他部门以及欧洲其他国家的相关部门实现了数据的联网。ITIS拥有16个子系统,意大利的ITIS以纳税人的税务登记码作为各系统的输入点和连接点(PIN),进行税务信息系统各个子系统之间、税务信息系统和其他系统之间的信息交换和共享。这一信息系统为纳税人信息的集中存放,以及地区之间、部门之间和系统之间的信息交换提供了强大的支持。例如,意大利内务部(Italy Ministry of the Interior)系统和司法部(Italy Ministry of Justice)系统已经和ITIS实现互联,以便于进行司法等调查;国家社会保险和养老机构也可以通过这个系统查询纳税人的缴费情况;而且ITIS已经建立了与其他欧盟国家交换信息的互联网络(VIES)。

目前,这一最初设计为了满足财政部信息需求的信息系统建设,已经成为纳税人与税收征收机关沟通的最佳桥梁;同时也为众多国内公共或私营机构提供了十分完善和标准统一的信息服务平台。

在意大利税务信息化建设的过程中,有一些方面是特别值得注意的,这包括以下几点。

(1) 重视数据的利用效率,数据库之间的共享性很高。通常,存贮在税收信息系统主档案库(taxpayer master file)中的纳税人信息可以和社会保险信息库、能源消费和电话使用数据库之间实现交互查询(crosschecking),从而有助于纳税人避税行为的控制。同时,这个主档案库中的信息还可以供政府其他公共部门履行特定职能时进行查询和使用。此外,通过与欧盟其他国家信息网络的联通,意大利的海关信息系统已经成为监控货物流通情况和增值税征管的重要手段。

(2) 信息化过程中强调实际职能部门与信息技术部门的协作效应。意大利税收信息系统的模式包含两大相互有机联系的部门,负责税收征管的职能组织和专门负责信息化工作的技术部门。这两层组织需要经常定期交流,解决信息系统建设和运行中出现的问题,并能根据职能部门的实际需要提供相应的技术方案和数据处理资料。这种协同效应成为意大利信息化成功的一个重要因素。例如,通常由意大利财政部下属的委员会提出明确的中短期政策计划,由技术部门负责设计、开发管理有效和实际的技术方案,使政策项目得以顺利实施。

(3) 强调信息技术的应用与对使用人员能力的匹配。在意大利税收信息化的建设中,一项被十分强调的经验就是信息技术的开发与应用程度离不开对使用者(纳税人和工作人员)知识能力的认识与分析。在信息化的过程中,没有对技术使用者适当的培训,是无法达到预期效果的。因此,财政部的信息开发计划中还包括了许多针对不同知识与年龄结构的使用者所使用的培训模块(training modules),通过多媒体技术与远程教学方式以满足不同使用者的需要。

第二节 XBRL在税收监督管理制度中主要内容及其必要性

自1998年霍夫曼提出XBRL构想以来,XBRL在全球诸多国家得到使用并广泛推广,很多学者对此进行了研究。国内外对此的研究大同小异,主要集中在XBRL的使用对于会计信息质量的影响。XBRL在国内发展的最初动力源自监管部门:2008年12月,上交所决定全面推行XBRL财务报告,要求上市公司同步提交定期报告的PDF文件和XBRL实例文档,并在上交所官方网站同时披露;深交所也于2009年2月推出"XBRL上市公司信息服务平台",同步披露XBRL财务报告。XBRL的运用有利于数据挖掘(刘静,2004;Zabihollah,2002),满足信息间的交互,实现信息的差异化需求(Bonso等,2001;McDonald,2002;Teixeira,2002);同时,利用XBRL进行会计信息呈报可以提高会计信息质量的透明度,有效缓解会计失真及盈余操纵等问题(沈颖玲,2005;雷蕾,2011),进而影响投资决策(李芬桂,2012;Diane J. Janvrin,2012;Vicky Arnold,2012)。另外,大量的理论和实证研究表明,会计信息质量的可靠性、准确性、可比性、完整性、相关性、透明度会因XBRL的运用得到较大程度的提高(张天西,2006;李芬桂,2012;Debreceny等,2001;Turner和Zabihollah,2002;Kernan,2004;Jon Bartley,2011),其作为会计信息呈报工具的有效性也因此得到验证。同时,Premuroso等(2008)的研究结果表明,公司的治理结构同早期自愿以XBRL格式披露财务信息的决定显著正相关。曾建光等(2013)从代理成本与绩效水平的视角研究了我国开放式基金市场实施XBRL的效果;王琳和龚昕(2012)用事件研究法检验了沪深300成分股披露XBRL财务报告对会计信息质量的影响。

另外,除了XBRL对于公司财务信息质量的影响研究,XBRL对政府投资项目的影响也逐渐成为研究热点。涂建明(2003)在其研究中表明,政府借助XBRL能够对其投资的重大项目以及对政府各部门进行有效管理,从而使政府的投资绩效以及政府绩效得到有效可靠的评估,结果透明性将更有助于公众监督。

基于XBRL的财务报告很好地解决了以往财务报告报送主要是静态报告方式，缺乏灵动性，税务部门无法直接利用数据进行二次加工，存在需重新录用、容易出错、报告周期长等缺点，XBRL能够更准确、更及时地报告相关税务信息，并能兼容于不同的财务系统。

XBRL技术架构由三部分组成，分别为：规范、分类标准以及XBRL实例文档。XBRL可自动转换为其他格式，避免重复录入；一套XBRL报告可同时满足多方面需要，减少重复编报；XBRL构成了不同系统间进行信息交换的桥梁，实现跨系统信息交换；把XBRL标准应用到财务呈报上，就可以使单个文件用于所有呈报环节，而不需要在不同系统之间传递那些由不同数据库生成的不同格式、不同精度的数据。与传统的财务呈报流程比较，XBRL最明显的特点就是有一个集中的财务数据库来存储财务报告数据，该财务数据库中的数据是基于XBRL开发的，可以同时被财务呈报流程中的企业交易系统、财务系统、报告系统、审计系统、税务系统、决策分析等系统所采用。一方面，借助XBRL财务数据和商业报告的提供者能够自动化实现数据搜集整理的过程，一个公司的财务部门就可以快速可靠地生成内部管理报告、对外公布的财务报表、税务报表和其他调整报表，以及给债权人的信贷报告；另一方面，在XBRL条件下监管者、中介机构或其他财务信息使用者在个性化输出或阅读财务报告的同时，可以自动处理电子化的数据，而不受财务信息披露格式的影响。

一、XBRL纳税报表分类标准的制定依据

XBRL实现对财务呈报的整合后，税务机构将能更有效地实现企业与税务机关之间的数据交换和税务机关与其他机构之间的数据交换。XBRL在企业与税务机关之间的数据交换应用的首要层次是税务报表的生成与传输，即依据纳税报表分类标准生成XBRL实例文档，其中涉及各个税种的申报数据及其之间的相关计算依据等。首先必须解决的关键问题是制定基于税收法规的XBRL分类标准（以下简称为XBRL纳税报表分类标准）。

1. XBRL纳税报表分类标准的制定依据

与传统的纳税报表相比，基于XBRL的纳税报表不仅仅是纳税申报格式的改变，其关键是必须根据我国税收法规的要求对企业现行申报的信息进行定义，然后在XML框架下给每个信息建立标记，对信息的定义和标记就构成了XBRL纳税报表分类标准。

分类标准定义了纳税报表中各项目的属性及其之间的关系等，相当于税务

机构与企业及其他机构信息交换的"词典",它是在XBRL技术规范的基础上,结合各个国家税收法规的实际情况制定的。中国的XBRL纳税报表分类标准也应该依据XBRL技术规范、中国的各项税收法规和企业的纳税报表实务来制定。

2. 制定XBRL纳税报表分类标准的理论基础:信息元素理论

XBRL分类标准为财务报告中的各类数据分别赋予特定的标签,相当于为财务报告数据贴上了计算机可识别的条形码,这样计算机便能够"阅读"财务报告;利用分类标准内置的验证机制,计算机能够对报表进行分析和检验。

XBRL纳税报表分类标准制定的前提是定义企业的基本税务数据,这个过程涉及对纳税申报信息本质的认识,是整个分类标准研发中最为重要的工作。在XBRL财务报告分类标准研究中,张天西(2006)曾尝试建立了财务信息元素的理论,该理论的原理是贯通最初会计事项与财务信息披露之间的联系,通过分析财务信息的微观结构,描述和定义财务信息元素的本质、特征和内部结构,来规范财务信息的类别和含义。在XBRL纳税报表分类标准制定中,可以借鉴信息元素理论,只是本节此处定义的是纳税报表信息,而非财务报表信息。信息元素是企业利用有关概念、术语、数字和短语等,对企业已经发生的交易或事项、执行的税收法规政策、企业的财务环境等单独和综合性状况进行描述,从而传递出某种有用的纳税呈报信息的最小语义构成单位。信息元素可以是货币性的,也可以是非货币性的;可以是对企业交易或事项的描述,也可以是对企业执行的税收法规、或企业的财务环境状况进行的描述。信息元素传递信息的功能是通过语义实现的,而一个语义要传递一种信息含义,则有一定的构词规则,即信息元素的构词方法。

从纳税呈报信息的特征看,每一个信息元素至少包括三个基本成分,即主题词、状态词、属性词。主题词表达了某个信息的性质或者类别,是对信息元素的定性描述,即对纳税呈报信息的"质"的定义。主题词一般由概念词担任,主题词必须是被定义过的,表达的内涵是唯一的,而不是模棱两可的。在税务信息中最常见的主题词包括税收法规的基本概念、基本术语、纳税报表的项目名称、涉税交易及事项的名称或缩略语等。状态词说明主题词发生了什么情况以及处于什么状态,从数据角度看,是"质"的值。状态词可以是具体的,也可以是抽象的。充当税务信息状态词的可以是某一个数值、一个比率、一段文字或者符号等,大部分情况下是对"质"的状态化的描述。属性词描述主题词所处的空间、时间、范围或类型,常用的是时间描述词、空间描述词、名称词、代码词或其他类型描述词,它对信息的"质"划定了空间、时间、范围或类型。

在信息元素理论的基础上，确定分类标准信息所覆盖的领域和范围后，制定出合理的分类体系框架，然后对分类体系中的各基本分类模块信息进一步分类，从而完成对信息元素的定义。分类标准的制定是一个困难的、费力的过程，某一特定分类可能需要定义几百个概念。因此，分类标准的制定，需要税务部门、企业和税收理论研究人员的共同参与。

3. XBRL 分类标准的应用和不足之处

我国税务管理主要凭借企业申报的纳税材料来对纳税人进行监控，而对企业电子财务信息的获取方面的监控仍然涉及不多。开展税务管理的第一步是获取企业的电子会计数据。税务管理软件一般都有信息采集功能，手机企业的会计数据和税务机关需要的征管数据，以此来满足税收征收和稽查查账系统的需要，然后通过设计数据接口标准，将企业财务数据、税收征管数据等转化成标准数据，再通过税务信息管理系统提供的数据导入功能，将标准数据导入税务信息管理系统数据库，从而形成较完整的企业涉税信息的过程。

由于税务机关已经规定了征管所需数据的格式和内容，其采集过程比较简单。但是现在市场上的会计软件较多，而且其操作系统、数据库、开发平台不完全相同，造成数据接口标准不统一，限制了传统税务稽查软件的应用范围，即便将企业会计数据导入会计稽查系统，由于传统软件环境下会计数据本身并不具有语义功能，也会限制税务稽查经验模型，如自动报警、纳税评估指标分析等的设计和应用，只能提供账证表的普通查询功能。无论从应用范围和应用深度而言，传统税务管理软件对于税务管理成本、提高税务管理效率方面的作用都是有限的。

XBRL 的应用能从根本上解决以上难题。如图 5-1 所示。

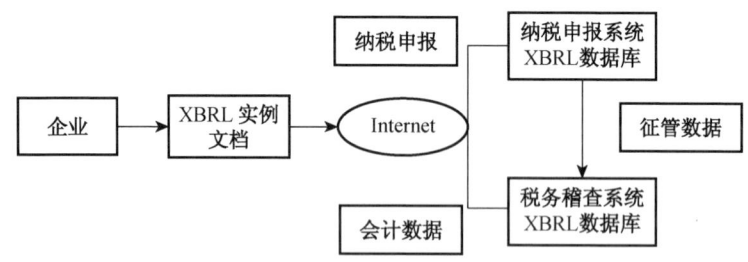

图 5-1　XBRL 纳税申报示意图

二、XBRL 对税务部门监督管理的优势

（1）XBRL 财务报告里的内容与传统格式不同，并不只是几个字符而已，其实质是各种规范和链接库对每个元素进行的定义和标记。这几个字符背后包含

了大量的信息,计算机通过读取这些元素的标签和链接获得各种语义信息。也就是说,计算机不仅能够记录、定位和储存财务报表中的数据,而且还认识这些数据是什么意思,进而可以比较和分析财务信息。其实这与条形码的功能类似,数据标签就像商品的条形码,信息使用者通过条形码可以精准、快速地对大量财务数据进行抽丝剥茧,高效进行数据分析。

(2)对于税务监管机构而言,其借助 XBRL 可以披露、传递和处理大规模非结构化数据的能力,能够促进税法制度得到更加严格的执行。同时,格式数据的计算机易读取性和跨平台性能够消除不同监管部门及其系统之间的数据交流阻隔,为将来实现数据共享排除障碍。

XBRL 具有由汇总信息向下追溯至明细信息和由明细信息向上追溯至汇总信息的双向数据挖掘功能,意味着高度综合的信息和反映具体事项的明细信息同等呈现。同时,XBRL 提供的数据隐藏功能能够控制其显示的信息量,以避免信息过载的不利影响。数据挖掘功能的提高对于税务稽查部门的工作有很大益处,达到降低税务部门和企业间信息不对称程度、降低税收成本、提高税收效率的效果。

依据纳税报表分类标准生成 XBRL 实例文档后,就可以进入以下层次的应用:一是对企业提交的税务报表进行报表内部的计算验证来保证报表范围内数据的正确性。二是自动将企业的财务数据与税务申报数据进行关联并进行审核,来保证税务数据的真实性。三是提供各种数据分析方法,包括同一企业的各相关信息综合分析,以及同一行业的整体数据分析,如对某一单一税种的统计分析等。XBRL 可以促使企业信息成为一个有机的整体,并且可以适应信息结构的变动,因此其更加适合税务机关与其他机构进行企业数据交换。

但是要真正实现财务信息供应链的有效整合,实现企业与税务机关之间的数据交换和税务机关与其他机构之间数据的有效交换,还需要制定 XBRL 账簿分类标准(XBRL GL)。只有当 XBRL GL 实现并应用后,才能克服不同系统数据整合的困难,连接交易系统、会计系统和呈报系统间的断层,使数据资料交换更便利。因此,XBRL 的研发和应用任重道远,需要财务信息供应链上各环节的通力合作。

三、税务部门进行税收监督管理对 XBRL 应用的需求

2000 年 4 月,XBRL 国际组织成立。英国税务局于 2003 年 3 月开始电子申报纳税工作,从 2003 年第四季度开始接受 XBRL 标准的税务电子文件,并规定从 2011 年起,英国公司必须使用 XBRL 标准提交纳税申报表和账目。日本国税

厅已从2004年2月起正式采用XBRL进行企业的税务申报,首先在日本国税厅所属的名古屋国税分局内采用。美国证券交易委员会于2005年2月允许上市公司自愿报送XBRL财务报表,并于同年9月启动了基于XBRL格式的基金信息披露项目。2007年11月,新加坡公司监管局要求新加坡境内所有公开发行及非公开发行公司采用XBRL报送2007年4月30日及以后日期披露的财务报告。随后,荷兰实施了标准财务报告项目(SBR),要求企业只需要编报一份XBRL报表来满足各部门的数据需求。2013年1月1日起,该标准财务报告项目成为荷兰企业和个人进行所得税申报的唯一合法形式,从2014年起,荷兰将增值税纳税申报的格式也统一规定为XBRL格式,并规定其他税务年度决算从2015年起使用XBRL。英国则在XBRL的基础上开创了iXBRL新技术,并将其运用到英国皇家税务海关总署的纳税申报项目中,取得了良好效果。

我国对XBRL的应用始于2002年5月,中国证监会将XBRL选定为电子化披露的格式标准。2008年11月,财政部牵头组织原银监会、证监会、原保监会、审计署、税务总局等部门联合成立了XBRL中国地区组织,开启了部门协作推进XBRL应用实施的新阶段,但是XBRL尚未在我国税收征管中正式运用。我国税收征管信息化水平仍旧比较低,税源监控乏力,涉税信息采集不充分,社会信息共享机制不健全,因而有必要进一步探讨XBRL对我国税收征管模式、纳税评估和税收稽查等的影响,以期为XBRL在我国税收征管中的应用奠定理论基础。

1. XBRL的应用将会对税收征管模式产生重大影响

在2004年确立的"34字模式"的基础上,我国税收征管模式出现了一些新变化,表现为以纳税人自主申报纳税为前提,以促进税法遵从为目标,以风险管理为导向,依托专业化、信息化管理方式,优化服务;加强评估,集约稽查,依法征收。但是,税收征管的瓶颈在于涉税信息采集不充分,各主体之间存在信息不对称性。因此,为适应经济发展需要,保障国家的财政收入,我国迫切需要提高现行税收征管信息化和现代化水平,以进一步完善现行税收征管模式。XBRL财务报告顺应时代对高质量财务信息的需求而生,能够有效解决以上问题。另外,荷兰、英国等国在税收征管中的经验显示,XBRL财务报告的独特优势将为改善现行税收征管模式带来积极影响。

首先,XBRL能够有效提高纳税人信息透明度,强化纳税人自主申报纳税意识,提高纳税遵从度。在现行税收征管环境下,纳税人自主申报纳税意识淡薄,同时,由于信息不对称,纳税人存在侥幸心理,有意逃避税收监管。而XBRL实现了技术和业务层面的双标准化,运用特定的词语和规范的语言对财务信息元素进行统一、标准化定义,同一数据有相同的定义,且不能随意篡改。这有效提高了企业透明度,减少企业隐瞒、篡改财务信息的机会,有利于企业在公平的税收环境中自觉提高纳税意识和纳税遵从度,有效减少税务部门与纳税人之间的博弈成本。

其次,XBRL的跨系统信息交换机制有利于加强税源监控力度。我国现行税收征管模式下,税务部门取得的纳税人信息来源渠道单一,主要是纳税人自主申报纳税所呈递的静态财务资料,税务机关缺乏对纳税人动态财务变化的监控。同时,从第三方所采集的信息不足,严重影响了对税源的有效监管。XBRL对财务报告通用信息元素进行统一标记,并实现了业务层面的标准化,从而使企业财务信息能够在不同部门、不同系统之间进行转换和传递,为完善社会信息共享机制提供了技术支持,有利于涉税信息的充分采集,提高税收征管部门对税源的监管。

最后,XBRL的运用将充分发挥以计算机为依托的作用,促进税收征管信息化。现行税收征管模式下,税务部门在计算机开发应用上存在滞后性。一是计算机的配置更新存在滞后性,难以满足税收征管工作的需求。二是现有技术对使用者的要求较高,管理人员对前端技术的应用具有滞后性。三是利用计算机提供数据收集、数据分析的作用没有充分发挥,存在一定的技术浪费。针对以上问题,XBRL包含了财务报告内含的业务逻辑关系信息,并且对通用元素进行了统一定义,因此在相应软件支持下,计算机能够自动对XBRL财务报告进行包括企业历史数据分析、行业对比分析等处理,从而降低对操作人员的技术要求,减少税收征管部门的人力投入,降低税收征管成本,以促进税收征管信息化水平的提高。

2. XBRL将会对纳税评估有深刻的影响

纳税评估是税务机关依据纳税人、扣缴义务人的纳税申报资料及各种涉税信息,运用数据信息对比分析方法,对纳税人纳税情况的真实性和准确性作出定性、定量判断,发现并纠正纳税人纳税行为错误的一种税收管理行为。它是介于申报征收与税务稽查之间的一道"过滤网",从2005年开始,我国税务机关开始陆续开展纳税评估工作,但效果均不理想,其根源在于无法充分掌握真实的涉税信息,没有建立起大数据库。我国纳税评估获取涉税信息所依赖的CTAIS系统信息更新滞后,而当前也尚未建立起完善的第三方信息共享机制,税收征管部门获取社会信息受限制,所采集到的涉税信息不完整、不规范,使纳税评估质量受到制约。

因此,XBRL作为一种能够及时、全面地跨系统共享财务信息的计算机网络平台，将有助于改善现有纳税评估信息采集不充分的现状，提高纳税评估质量；有助于规范纳税行为，提高纳税申报质量。XBRL实现了技术层面和业务层面的标准化，不同计算机系统可以在一致的概念上处理XBRL数据，有效促进部门间的信息共享，减少信息不对称性，使税务机关及时、充分了解纳税人财务信息的变化，提高纳税人纳税遵从度，进而提高纳税申报质量。XBRL实现了格式自动转换，深挖内部信息数据。一方面，XBRL将财务信息颗粒化，并且包含了列报顺序和层级关系等格式信息，能够将不同格式文件进行自动转化，减少了重复录入和编报，有利于税务部门深入挖掘企业申报数据以外的内部涉税信息。另一方面，XBRL实现了业务层面的标准化，为信息在不同系统之间进行交换建立了桥梁，税务机关可以在此基础上建立完善的数据共享和传递机制，充分利用XBRL技术规范涉税数据，明确信息交换内容，统一数据接口标准，满足纳税评估的需求；依靠XBRL跨系统信息交换功能，实现外部数据共享，XBRL格式转换和跨系统、跨部门传递信息的功能，在技术层面上有利于实现税务机关与其他各部门的信息共享，有效促进了第三方数据共享与传导机制的构建，实现最大限度地获取涉税信息，为纳税评估工作的高效运行打下坚实基础。

3. XBRL对税务稽查的影响

税务稽查是税收征管工作的重要组成部分，税务稽查的力度和效率对纳税人依法进行纳税申报，提高税收征管效率具有重要影响。科学的税务稽查工作应基于纳税评估方案结果进行，是对纳税人纳税情况的深入调查。获取完备的纳税人财务数据和其他涉税信息是开展税务稽查的基础。目前市场上会计软件种类繁多，数据接口标准不统一，如何获取统一的标准化财务数据，成为决定税务稽查工作能否有效开展的关键因素。传统财务软件仅就技术层面实现了标准化，而对业务层面缺乏统一的规定，这使得计算机系统无法自动对财务信息进行识别和转换，从而限制了税务稽查预警机制的有效利用，降低了税务稽查效率。而XBRL的全面应用，将从根本上解决上述问题。

XBRL根据国际财务报告准则（IFRS），将财务报告内容颗粒化、标准化，统一了数据接口，实现了计算机对相关数据的自动采集。另外，XBRL不仅包含了财务报告的信息元素，而且描述了元素间的业务逻辑关系，使得税务稽查系统能够自动识别财务报告各信息要素之间的关系，促进稽查模型自动进行深入分析，从而有利于税务机关快速准确地锁定涉税疑点。

总之，XBRL财务报告凭借其标准化的数据内容和可转换的数据格式，解决了税务稽查在涉税信息采集以及稽查系统应用方面的低效率，有利于降低税务稽查成本，能够有效提高税务稽查效率。

四、XBRL 在我国税务行业应用的推动方式

在我国税务行业推广 XBRL 需要循序渐进地进行，XBRL 的实际推广工作也需要分阶段进行推广。

第一阶段，建立税收行业的分类标准。这一步是最初的也是最为重要的一步，需要结合税收情况，并参考其他国家的先例建立税收行业分类标准。

第二阶段，在保证原有系统正常运作的前提下完成税务报表 XBRL 文档的生成传输工作。在这一时期，新旧数据交换方式同时存在，主要以旧的数据交换方式为主，新的 XBRL 数据，一方面作为税务机关的数据积累；另一方面测试新数据报送系统的可靠性。

第三阶段，完成对税务报表 XBRL 文件的计算检验，以保证文件的正确性，这一阶段可以融合在第二阶段中同时进行。

第四阶段，税务机关和企业分别完成围绕 XBRL 数据进行处理的子系统或功能模块的开发，进一步完成报送系统，解决 XBRL 数据的传输问题。此阶段仍然以原有业务系统为主。但是新系统开始进入使用阶段，测试并完善新系统，使其健壮性达到可用阶段。

第五阶段，开始全面采用新的税务申报系统。同时，在企业内部推行 XBRL GL 以方便相关的审计工作及系统的推广。此阶段已经开始在税务机构内开发应用 XBRL 的增值服务，应用 XBRL 数据进行分析等工作，并且可供税务机关与其他外部部门进行数据交换。

可扩展财务报告语言 XBRL 以 XML 为基础，采用纯文本和规范的格式对信息元素进行标记，实现了技术层面和业务层面的双标准化，使得财务报告可以按照信息使用者需要的格式进行自动转换，减少了重复录入和编报，并且实现了跨系统信息传递。XBRL 的全面应用，将有利于我国现行税收征管模式运行和完善，提高企业的透明度，增强纳税人自主申报纳税的意识，改善社会信息的传递机制，降低信息不对称性，为及时、准确采集充分的涉税信息提供技术支持，从而提高纳税评估和税务稽查的效率。

但同时，由于 XBRL 的发展历史短暂，国内外对 XBRL 的研究还仅停留在理论层面，实际应用经验比较缺乏，在财务信息标记和格式转换上尚存在一些潜在的技术问题。这些尚未解决的技术问题和经验的缺乏将会增加 XBRL 文档输出错误信息的风险。因此，将 XBRL 有效运用到我国税收征管中，提高税收征管水平，尚需要结合我国实际情况作进一步研究。

第六章
XBRL 环境下的银行信贷内部监督管理

第一节　银行会计信息体系

（一）银行会计信息及工作

银行会计工作是银行的一项基础工作，它包含着银行会计和出纳两大门市业务，客观上成为银行内部资金运作和社会资金清算的产成品车间。它通过科学地将核算对象按照一定的标准进行分类，运用正确的科目划分、账户设置、凭证填写和账簿记录，采取有借必有贷、借贷必相等的勾稽记账方法和核算手段，在办理银行贷款发放与存款吸收、信贷资金调拨与内部资金划转、经营效益综合核算与中间业务委托代理的同时，通过企业结算账户设置、会计核算资料记载和会计凭证填写，及时、准确、完整地记录了借款单位的资金运作过程，并反映开户单位真实的经营成果。因此，银行会计信息是信贷企业单位经营状况和综合实力的晴雨表，能够真实客观地反映企业的实际生产经营情况、资金使用情况和整个企业的综合实力情况。银行会计信息对企业的结算业务量、贷款归行率和结算资金的总和，以及结算账户的使用情况和结算种类等都会真实地记录和反映，从而能够使银行对企业的经营状况作出较为正确的基本判定，这样也就能够为银行信贷决策提供依据，切实提高信贷决策的科学性，防范信贷风险。

相关的银行信贷制度规定，借款人必须在借款期间对贷款人如实提供自己的相关资料，接受贷款人对借款人信用度的审查和考核，接受贷款人对借款人的资金使用情况、财务管理活动、生产经营活动进行监督，同时必须如实定期报送借款人资产负债表等相关的信用信息和资金信息。银行会计信息对借款人定期报送的开户账号、开户行、损益表、资产负债表以及个人或者企业的存贷款余额等情况都有真实的记录。现代的银行系统都是网上作业，相关的贷款银行可以在网络上根据借款人开户银行的信息核实贷款人提供的资产信息是否属实,从而对贷款人的信用进行核实。银行会计信息通过对比贷款人的银行存款变动情况信息、应付和应收款项的记录情况、现金转账情况、费用收支情况、银行账户的使用情况、银行账户的开设情况等信息进行多项核对和双向稽查,并且通过对比社会稽查的结果可以评定出贷款单位提供财务报表的真实性,并对企业单位的信用度作出判定,从而为银行信贷的风险等级与风险度提供基本判定依据。

随着科学信息技术的发展,现代银行都采用先进的互联网会计系统作为会计信息的记录与分析手段,现代互联网会计系统能够有效地对银行会计信息进行动态的监控和管理。银行会计信息系统通过多渠道多方位地对信贷风险信号进行动态监管,对贷款单位的账户与账户、总账与分账户、科目与科目等关系进行动态监督与核对,动态地分析和评判贷款企业的账务链,这样就能够及时发出银行信贷风险的信号,从而促使银行能够根据实际情况及时调整贷款的额度、作出贷与不贷的科学决策,切实提出有效防范风险和化解信贷风险的对策。

(二) 银行会计稽核工作及问题

会计稽核工作是会计管理工作的重要组成部分,是强化安全核算的一道重要防线。其依托业务数据、凭证影像、预警信息和视频信息等资料,对业务的真实性、完整性、准确性与合规性进行审核、查找、揭示、纠正问题,以规范业务操作行为,有效控制风险。

现阶段会计稽核工作主要存在以下几个问题:第一,业务发展与稽核人员控制产生矛盾。一方面,商业银行业务规模不断扩大,业务品种不断增加,在业务稽核复杂化的同时,会计凭证与业务流水不断增多,使得稽核压力不断增大;另一方面,银行成本控制与利润盈利目标的要求,使得银行需对无法直接产生效益的稽核人员进行控制,两者间产生了不可调和的矛盾。第二,对稽核发现问题的核实处理不到位。对会计稽核所发现的问题,只能通过对业务经办机构主管分行下发差错的方式进行分析与排查。负责分析排查的稽查人员自身业务素质水平有限,核实排查方式亦有限,多数依靠电话排查与逻辑分析,同时还考虑到本分行自身利益,因此在风险的揭示与上报方面存在缺陷。第三,稽核成果的运用不到位。会计稽核所发现的重大风险往往会被下发风险提示,但商业银行内部多条线同时负责内部控制,对风险提示所提出的制度完善等建议,因没有专门的牵头负责部门及处理机制存在,往往未得到很好的处理。此外,会计稽核所发现的问题,大多直接被下发至业务办理机构,使得业务管理部门对基层行实际业务办理情况不甚了解,对存在问题的整改只能依靠业务办理机构自身。第四,对前台业务后台集中的形势应对不到位。随着前后台工作分离的推进,前台大量业务集中至后台处理,营业网点所办理的业务往往经过了后台集中的处理与授权,风险程度不断降低。对此,目前的会计稽核检查并未明确重点,使得检查与风险不尽匹配,稽核监督效果未能充分发挥。

(三)银行非现场监管内容及现有问题

非现场监管又称非现场监测、非现场监控、非现场检查,是指银行业监管机构对银行业金融机构报送的各种经营管理和财务数据、报表和报告,运用一定的技术方法对银行的经营状况、风险管理状况和合规情况进行分析,以发现银行风险管理中存在的问题,评价银行业金融机构的风险状况。非现场检查监管者应具有在单一和并表的基础上收集、检查、分析和评估审慎报告的能力。非现场监管在进行商业银行风险评级、风险预警以及指导现场检查中都有重要作用。通过非现场监管,能够及时和连续地监测银行的经营和风险状况,实现对银行风险状况的持续监控和动态分析。它主要包括合规性监管和风险性监管两方面内容。合规性非现场监管的内容主要包括信贷规模、资产负债比例的执行情况等。风险性非现场监管的内容主要包括资本充足性、资产流动性、资产质量、盈利状况、市场风险等。监管机构实施非现场监管应当建立银行业金融机构监督管理信息系统,分析、评价银行业金融机构的风险状况。完善的监督管理信息系统是非现场监管的重要工具。

目前,银行非现场监管工作主要存在以下四个问题。

(1)监管制度不完善,监管随意性较大。一是监管制度深度有待突破。监管责任制中仅对监管信息收集内容以及信息的处理和监管报告作了规定,对风险评价以及应采取的措施没有规范性的要求,致使非现场监管工作随意性较大。监管人员即使没有准确判断风险,并及时采取有效的监管措施,在制度上也没有相应的责任追究机制。二是监管制度的广度仍需扩展。《商业银行法》和《金融违法行为处罚办法》仅对商业银行违反资产负债比例管理作出明确的处理规定,但资产负债比例管理指标仅是监管指标的一部分,对其他监管指标尚未从法规上进行约束。

(2)监管指标体系设计欠合理,风险反映不够充分。一是注重对传统资产负债业务的监管,弱化对表外业务和新业务的监管。如银行承兑汇票、信用证、担保等表外业务,监管体系虽有所涉猎,但仅限于表面分析。对于见证、代客理财、外汇交易等新业务,监管体系尚未涉及。二是注重对信贷资产的监管,忽视对非信贷资产的监管。监管部门每月对信贷资产质量进行监测分析,但是对债券投资、抵债资产和递延资产等非信贷资产分析较少。三是注重对即时风险的监管,弱化对潜在风险的监管。如对资产负债结构不匹配的潜在流动性风险、资金运用效率较低的潜在收益风险缺乏深入分析的工具和能力。四是注重对单个指标的考核，忽视对指标间联系的分析。在安全性、流动性和盈利性指标间，缺乏互动性的分析指标，如流动性比例和存贷比例的关系、资本充足率与资本利润率的关系等。五是重点考虑对商业银行总行的监管，忽视各级监管机构监管指标的设计。如对法人机构和非法人使用相同的监管指标，体现不出不同层级的监管机构不同的监管重点。

（3）监管技术较为落后，信息共享率低。目前，监管部门应用电子计算机的水平远落后于商业银行，由于应用水平较低，降低了监管工作的质量和效率。一是风险反映滞后。非现场监管资料主要依靠手工报表和磁盘传递，尚没有建立监管数据的网络传输以及自动核对、汇总、分析和报送监管资料，使监管部门无法实时掌握被监管机构的经营状况，特别是大额交易及风险状况，以便及时采取监管措施。二是信息共享率低。人民银行监管、统计、货币信贷、会计等部门均要求商业银行报送报表资料，由于监管部门电子技术应用率较低，信息共享率不高，导致商业银行和人民银行相关部门重复劳动，增加了工作量。三是数据吻合性差。监管部门从商业银行获取的数据往往与人民银行统计部门获取的数据差距较大，特别是不良贷款数据。四是工作效率较低。人民银行与商业银行报表资料主要靠手工报送，工作量大、速度慢，监管部门没有充足的时间分析监管信息并完成风险评价工作，使非现场监管工作难以做深，从而影响了监管的质量。

（4）监管资料报送内容多，商业银行负担较重。一是监管报表涵盖量过大。商业银行和各级监管机构普遍反映报表数量多、数据涵盖量大，使基层行忙于采集数据，无暇深入分析原因、对策。二是报表报送时间紧。商业银行报送资料的时间很紧，统计、信贷、会计部门的综合统计岗位，每月上旬要完成上级行和监管部门数十份报表，对于分析资料，由于时间过紧，只能作简要分析，深度不够，质量欠佳，导致监管部门经常简单地把商业银行报送的资料略微补充修改即上报。三是不良贷款清单设计欠合理。国有银行不良贷款清单要求不论金额大小逐户逐笔填报，而且要对每个客户的不同贷款笔数和利息进行拆分。对此，各商业银行普遍反映工作量大，特别是对贷款笔数利息进行拆分，操作难度大且不准确。

银行监管扩展分类标准由原银监会基于企业会计准则通用分类标准，根据银行非现场监管报表扩展而成。该分类标准仅重复使用通用分类标准定义的元素，但不重复使用通用分类标准的链接库，单独建立了自身的链接库。对于在通用分类标准中已经定义的、与银行监管报表含义一致的会计概念，该分类标准采用直接引用的方式，将通用分类标准中的这些元素装载到该分类标准中。而逐步引入XBRL，将极大地有利于推广银行监管扩展分类标准，提高监管工作水平。一方面,XBRL的应用有助于银行建立非现场监管信息平台。银行可以利用计算机网络和程序实现非现场监管信息采集网络化,实现数据核对、汇总、对比分析、查询、报表管理、上报和风险预警自动化;通过信息平台实施金融机构管理、业务管理、高级管理人员管理、市场退出、机构报表、非现场监管和日常监管等信息资料的集中管理和资源共享;通过非现场监管分析系统对非现场数据进行汇总、分析,实现对金融机构的连续监控、历史趋势分析、同行业比较分析、结构分析和风险定量分析,指导监管部门实施对金融机构的分类监管,提高监管工作效率和水平。另一方面,XBRL的应用可以提高数据传输的电子化水平。比如,提高统计部门的信息利用率,降低不同口径获得信息的差异率,使原银监会等监管部门的监管报表可以从统计部门的全科目报表中生成,提高数据的准确性。

通用分类标准作为我国会计信息化标准体系的重要组成部分,其实施对于规范电子格式财务报告编制、统一电子化报送环境下的数据标准和口径、提升财务报告信息数据质量和监管效能、减少企业重复报送和降低报告负担具有重要意义,代表了我国未来电子格式财务报告数据标准的发展方向。

第二节 银行对XBRL应用的需求

(一)银行所面临的挑战

基于对信息技术应用重要性的认识,银行业纷纷加大对信息化的投入,在信息技术应用和电子化发展方面取得了长足的进步。电子银行的交易量呈爆发式增长,远远超过传统的柜台交易量,银行网点日趋智能化,基本形成了现代化支付清算体系,管理信息系统和办公自动化系统发展迅速,信息化建设的重点也逐步从业务生产向经营分析、风险控制、战略决策、深入的客户信息挖掘等管理环节渗透。在取得长足进步的同时,银行业在信息化建设领域也面临不少挑战。

1) 银行业信息化建设标准有待统一

由于我国信息化社会服务体系不完善,大型银行和中小型银行在信息化建设方面存在较大差距,大银行可以独立完成信息化建设,而中小银行基于人才和成本的考虑,往往是通过聘请不同的IT公司完成各自业务系统的建设。各银行的硬件和数据标准不统一,对下一轮系统整合和数据深度利用开发构成了挑战。

2) 管理信息应用相对滞后

中国银行业在信息技术投入方面长期以来重业务而轻管理,与前台相比,后台的支持和管理远远不足。生产型信息投入使我国银行业应用系统偏重于柜台核算业务的处理,难以充分满足个性化金融增值业务的需要。同时,银行业缺乏对大量管理信息、用户信息、产业信息的收集、存储、分析和利用,信息技术在银行管理领域应用层次较低,许多业务还处于半信息化阶段。

(二) 银行需适应会计信息化要求

会计信息化主要是在财务管理以及会计核算等工作中引入先进的会计信息化系统,通过信息系统来完成数据的收集、统计、核算、报表生成、财务分析等传统财务会计工作的一种方式。会计信息化主要是基于先进的计算机技术和会计电算化软件来开展的。规范、及时、充分、可靠是会计信息披露的基本要求,这个要求与监管机构"管法人、管内控、管风险、提高透明度"的监管理念本质是一致的,同时,会计数据是银行监管信息的主要来源。因此,会计信息化是保障银行监管有效性的重要条件,也是银行风险监管的重要基础。会计信息是资本市场的基础信息,XBRL使得会计信息的披露更为规范和标准,有利于各方的利益相关者快捷方便地收集、整理、分析、评估银行机构经营状况的风险信息,体现了市场约束对银行监管的补充作用。从现实的银行业务需求来看,银行等部门的业务信息与会计信息关联度较高。银行会计人员一项重要的日常工作就是填报各种表,如对外要填报监管机构各种各样的报表,对内经常要填报管理层要求的各种表和各部门之间需要确认或要求提供的各类数据。内部的数据可以通过建立和开发银行自己的数据中心或系统来完成,而对于外部这样一个统一的、共享监管数据信息的平台缺失,既增加了银行报送数据的负担,又给银行提供了舞弊的空间。

近些年来,随着商业银行经营业务范围的不断扩大,商业银行经营管理中需要处理的会计财务信息也越来越多,对于银行的风险控制能力要求也越来越高。因此,商业银行普遍在财务会计工作中应用了先进的会计信息化软件。在这种背景下,商业银行的内部控制环境发生了一些变化,商业银行需要不断地适应这种变化,并采取应对措施,来加强会计信息化条件下的内部控制。所以,XBRL的实施和建立对于改进监管工作、提高监管质量、降低监管成本有着重要的理论和现实意义。

(三) XBRL 应用有助于提高财务信息质量

首先,XBRL 标准加强了财务信息的客观性。在以 XBRL 为基础编写及发布财务报告模式下,经济业务在发生后便通过联网的计算机自动、及时地传送给信息中心并对外公布。信息一经发布便无法随意修改,这将很好地防止任意操纵和篡改会计数据的行为。同时,XBRL 可将明细信息、非财务信息保存在"下钻"功能中,使用户能对财务报告数据进行追溯复核和验证。

其次,XBRL能为不同用户的决策目标提供个性化的会计信息。在XBRL标准下,财务报告由一般的通用模式转变为与具体信息使用者相关的有针对性报告模式。不同的信息使用者根据自己的决策模型和偏好,对数据库中的数据重新排列组合和加工,采用不同的样式表自动生成多种数据报告,从而帮助用户获得个性化信息。

再次,会计信息的及时性得到了满足。基于以XBRL为基础的财务报告体系,所有信息使用者都可以获得最新的会计信息,而不必等到一个会计期间结束,这使企业与信息使用者间的信息不对称状况得到明显改善,从而在一定程度上消除了"内幕消息"带来的不公平。

最后,XBRL的应用提高了会计信息的反馈价值。以XBRL为基础编写的财务报告体系具有良好的信息反馈功能。XBRL设置了供需双方的信息反馈途径,使用者不仅可以要求计算机根据选择自动生成并输出会计信息,还可通过网络搭建的平台以提问或建议等方式把疑问或新的需求反馈给提供者,实现与信息提供者的互动交流。

(四) XBRL有助于改善银行内部管理

一方面,XBRL有助于实现银行内部信息系统之间的整合。银行业信息化程度高,信息系统多,XBRL作为全球通用的电子财务报告数据标准,具有跨平台、不受应用程序限制等优势。银行在制定本行会计信息化整体规划时,将XBRL技术纳入系统规划,可以实现不同信息系统间的标准统一、信息共享,提升银行对数据的分析处理能力,将海量数据转化成决策有用信息。

另一方面,XBRL有助于实现银行内外部报告的协同。以统一的标准来编制银行的内外部报告,能够实现银行内部管理报告与对外财务报告及监管报告间的无缝衔接,提高对外报告的效率和准确性,满足资本市场参与者日益多样化的信息需求。

第三节 银行应用XBRL的主要内容

一、银行应用XBRL的基本内容

1. 数据报送

数据报送是金融机构将按照分类标准生成的XBRL实例文档上报给中国人民银行的过程。XBRL通过提供安全高效并且能够进行身份识别的数据交换机制来保证数据的完整性、可用性和机密性。

2. 数据核实

银行对金融机构上报的以 XBRL 实例文档形式存在的数据进行核实。数据核实提供最基础的数据勾稽关系的验证，以保证数据的可用性。XML 是计算机结构化数据的代表，而 XBRL 基于 XML 语言，即 XBRL 也是结构化的数据。结构化数据是计算机最容易处理的数据。在此基础上，XBRL 除提供分类标准之外，也提供标签链接库、定义链接库、表达链接库、计算链接库、参考链接库。这使得计算机可以很方便地实现数据核实的功能。在数据转换、数据报送和数据核实方面，XBRL 不但简化了制定数据标准和数据模型的过程，而且具有国际通用性，是良好开放性的国际标准，不排斥任何组织和群体。因而，采用 XBRL 将在一定程度上降低跨国信息交换的成本，并减少在国家范围内制定数据标准的难度和时间。其灵活的数据模型还能简化数据展示、数据转换、生成报表等功能的开发。

3. 数据存储

银行内部系统运维人员将通过验证的数据进行后台存储，实现对金融统计数据的查询、增加、修改、删除等功能，为信息链的下一阶段对历史数据的指标评估提供数据保障。在针对数据存储的研究方面，已经证明 XML 数据与关系型数据库有成熟的接口技术，利用关系型数据库来存储 XBRL 实例文档中的数据信息，采取怎样的数据映射机制，也是该信息系统的研究重点之一。

4. 审计评估

银行内部审计人员对金融机构通过信息链输送过来的 XBRL 实例文档形式的历史统计数据进行指标评估，向全社会公布，分析金融运行情况。

5. 数据分析和展示

银行内部金融研究人员利用金融统计信息系统提供的分析报表和多种可视化的数据展示，采用多种方法对金融走势进行预测，分析金融基本面运行情况，以制定宏观的金融政策。系统可以按照一定的结构生成符合要求的分析报表，该报表也采用 XBRL 标准。数据展示部分的功能主要有：基本数据展示、多维数据展示、时间序列图表展示、比例图等展示。根据用户需求允许事实数据按照分类标准、时间、部门等维度进行展示，这部分功能也是通过 XBRL 机制实现的。

二、帮助银行进行风险管理

目前，中国商业银行的风险主要包括利率风险、外汇风险和金融风险。

第一，利率风险。在中国，中央银行的政策对商业银行的影响有着举足轻重的作用,利率水平的制定及利率结构的调整主要受中央银行的影响,国家不仅管理着整个存贷款利率水平,还管理着各种存贷款利率结构。中国存款准备金率与再贷款利率以及贷款利率作为主要的货币政策工具,受中央银行对宏观经济形势的判断和调控需要而变动,因此为银行的资产收益带来不确定性。中国商业银行面临的利率风险,更多地表现为一种政策性风险。但是,中国对利率的管制虽然可以在很大程度上消除因市场原因而带来的利率波动风险,却也在一定程度上阻碍了资金的有效配置,降低了银行信贷资产质量,并容易导致银行机构内部舞弊、欺诈的产生,从而使利率风险内化为银行将要面临的信贷风险和操作风险。

第二,外汇风险。自 2005 年 7 月 21 日起,中国开始实行以市场供求为基础、参考"一篮子"货币进行调节、有管理的浮动汇率制度,此后,过去较为稳定的汇率变得波动幅度较大,且受市场影响明显。2007 年的美国次贷危机开始以来,外币不断贬值,加上欧洲的债务危机等情况,对中国这个外汇持有量较大的国家产生了巨大的影响。随着经济改革的不断深入,中国受国际经济形势的影响不断加深,汇率风险是我们必须重视的问题。

第三,金融风险。市场风险也有可能出现在中国银行业衍生金融交易中,衍生金融工具在转移与分散单个风险方面可以起到显著的作用,但从宏观角度来说,它们仅仅转移或分散了某种风险,并不意味着整个体系风险的减少。或有负债类衍生金融交易潜藏着巨大的市场风险,如果管理不当,就会带来巨大灾祸。

应用 XBRL 对中国商业银行风险管理将起到极大的帮助作用,主要体现在以下四个方面。

(1) 改善会计信息质量,提升透明度。商业银行信息的非透明性主要是由其所经营产品的特殊性决定的。银行产品的特殊性主要表现在以下几个方面:首先,与其他企业产品不同,银行产品大多表现为贷款,其质量的好坏不能马上被识别或者判断,风险可能会隐藏很长一段时间。其次,由于银行的业务以及其他活动具有很强的专业性,会计科目的设置也区别于大部分企业,外部人士或者非专业人士大多只能通过银行披露的信息来了解和分析银行的风险状况,容易造成经理层的道德风险。这就加大了商业银行控制活动实施的难度。最后,银行产出的产品和其获得的收入在某种意义上具有同质性,也就是说出售的是货币,收入的也是货币。这种表面的同质性往往会带来银行信息的不确切,掩盖银行内部的问题。使银行和一般企业相比,更容易隐藏风险,即使贷款出现问题仍可通过放松条件来达到快速改变风险资产构成的目的。XBRL 的运用能在一定程度上提高商业银行会计信息的可靠性、可比性和及时性,从而提升信息的透明度。而财政部规定参与试点的18家银行中包括了4家非上市银行,这就进一步加强了上市与非上市银行财务信息的可比性,因为一般来说上市公司似乎总是有更大的动机去粉饰其财务报表。

(2)提高信息的可追溯性。在巴林银行破产的案例中,我们可以切实体会到"千里之堤,溃于蚁穴"的道理。因而商业银行在风险管理的过程中,就必须做到责任明晰、便于追查。XBRL的运用,在这一方面为我们的风险管理带来了极大的好处。它将留下银行最原始的操作痕迹,且这些痕迹不可更改。真实的原始数据对风险管理者而言绝对是弥足珍贵的,而一环一环的可追溯性可以方便风险管理者找到任何环节上的责任者。

(3)有利于应对复杂多变的环境。金融危机的余波还在影响着世界大部分国家,经济仍然处于低迷时期,这个时候,中国的利率、存款准备金率等也是在适应市场发展的基础上不断调整的。这一系列的现实要求我们的会计信息不仅能反映过去一段经营周期中银行业的经济状况,更要起到动态反映的作用,以更好地预测银行所面临的风险并及时做好相应的风险管理措施。通过及时的会计信息,我们能动态掌握银行不良资产比率、资产负债比率以及资本充足率等,这些数据对我们分析整个银行的风险状况十分必要。

(4)利于监管和监督。XBRL的运用为各类型使用者提供了最为便捷的信息获取途径,使用者可以根据自己需要,任意选择数据输出的格式,这样一来大大方便了使用者分析和研究数据,从而有利于外部利益相关者对银行业的监督。采用XBRL系统后,由于会计信息元素标准从交易类型、账簿记录、报告披露等会计环节实现了统一,银行必须将采用的会计概念、遵循的会计准则、执行的会计政策等规范进行定义,而且这些定义必须注明来源和出处,从而就形成一个概念清晰的具有约束力的定义文件。这样,XBRL可以使银行采用的准则和执行的会计政策处于可检查的状态。银行可以非常方便地建立相应的信息平台,将银行业的定期报告、临时报告、重大交易和主要财务数据等,以及会计准则和会计政策等定义文件放置该平台之上。监管部门据此可方便地了解、监督银行业对会计准则的执行情况。在受到有效监管的状态下,银行业在制作有关的定义文件时,将会普遍地采用高标准、普遍认可的会计准则。

三、通过价值链管理改善银行财务管理

采用价值链管理方式是改善银行财务管理的一个重要途径。在银行的所有部门中,财务部是一个核心部门,整个银行利益相关者的需求与银行经营战略、

业绩之间联系的载体就是财务部。财务部与采购、销售、服务、开发、资源管理等都有着密切的关系,在价值链管理模式下,实现银行体制的不断完善,财务管理的作用至关重要,其职能在企业战略、价值管理、革新等方面都起着不容忽视的促进作用。价值链管理模式下的任何一个部门或者组织对整个银行的影响都是很关键的,影响着银行的整体决策。银行在经营过程中不仅要充分考虑自身业务优势和缺陷,还要从价值链整体去研究银行经营过程中的各个环节给银行带来的影响。所以,从整体上全面地对银行各个环节按价值链管理的思路进行财务控制和管理是十分必要的。

银行为了能够更好地做好财务控制,就要努力建立健全动态的、完善的财务控制系统。具体来讲,首先是财务人员要充分运用计算机等网络设备,掌握数据库及会计软件,从多方面对比分析银行经营效果。如果发现有不协调的地方,再通过指导、调节、约束以及促进等方式,对银行的经营管理业务进行管理,保障银行各项程序顺利进行。在价值链财务管理中需要使用 XBRL 技术形成财务报告,建立自动化财务管理体系。这种自动化的价值链财务管理体系的实现,需要一个前提,即由事件接收器、各类会计凭证模板、凭证生成器和各类实时会计凭证组成动态会计平台,构成这一平台的主要有:事件接收器、凭证模板、生成器和实时凭证。其中,事件接收器的主要作用是指在经营业务发生时,在相应的业务模块驱动事件接收器辅助下,可以实现事件信息的接收;凭证模板的作用主要是协助财务人员按照相关的会计制度等,以企业的经济业务为依据,将每种经济业务转换成相应会计借贷科目、借贷金额的规则;生成器则主要是以经济业务信息为依据,参照凭证模板的生成记账凭证规则,通过运用相应的计算机系统,自动生成实时凭证,并将其发送到总账系统中,这样,既能够快速地实现业务信息向财务信息的转换,而且还可以保障高质量的会计信息。

XBRL 应用于价值链管理模式下的财务管理所表现的各种优势,主要包括以下四点。

(1) XBRL 分类账可以通过数据标签方便快捷地进行分类账、明细账及非财务信息的收集,XBRL 财务报告链接能够十分便利地进行报告编制,而且,XBRL 分类账与财务报告系统及业务软件之间也存在着相应的链接关系,所以,这又方便了我们以个别数据为基础,进行追根溯源,从而帮助我们快速地进行数据追踪与决策分析。

(2) XBRL 分类账的框架构建采用的是模块化,其分类标准是由一组分类标准共同构成的,其基础框架为核心分类标准,经 XBRL GL 标准化的各种财务事件是应对个性化的、未知的信息需求的基础。

(3) XBRL分类账不需要运用标准会计科目表,也无需进行报告格式及输出类型的预设工作,其信息沟通在内部关联的基础上就能够得以实现,而且,XBRL分类账可以实现数据内容与显示样式的分离,如果是相同的数据源,可通过不一样的XSL样式单为多个用户提供各种有差异的数据视图。

(4) 从XBRL分类账提供的标准化格式来看,只需要运用一种格式转换接口程序就能实现与XBRL对接的程序,并不需要根据各个不同的格式设计多种相应的转换接口。

四、构建集成化金融监管信息系统

对于金融监管来说,信息技术的发展所带来的金融电子化和网络化,既给金融监管的发展提供了有利机会,同时也使金融监管面临新的挑战和困难。

信息技术发展为金融监管的发展带来了许多有利影响。信息技术的进步为金融监管的发展提供了新的契机。随着大容量存储设备的应用,网络化使获取金融业务数据更容易,数据内容更完整,这有利于金融监管部门对数据进行分析和整理,也为金融监管者提供了分析数据的便利。总之,信息技术的发展使信息收集、传输和处理更为方便,计算机和网络的发展带动了监管的电子化、网络化,从而使计算机和通信网络从空间、时间上为决策者提供大量信息,这无疑提高了金融监管效率和信息的准确性,降低了监管成本,所以信息技术的发展使金融监管更便于对银行进行非现场监管,充分利用计算机的运算能力进行金融风险的分析和预警。

但同时,银行信息化和网络化,带来了银行虚拟性的特征,它能突破现有的监管体系。增加金融风险的放大效应,使风险具有技术含量高、隐蔽性强的特征。具体表现为以下四个特征。

(1) 风险的扩散速度快。高科技的网络技术具有的快速远程处理功能,为便捷、快速的金融服务提供了强大的技术支持,同时也加快了支付清算风险的扩散速度。

(2) 风险的监管难度高。电子银行的业务及交易过程是在网络上完成的,交易的虚拟化使金融业务失去时间和地理限制。交易对象变得模糊,交易过程也更不透明,金融风险产生的形式更趋多样化。

(3) 风险交叉传染的可能性大。传统的金融监管可通过分业经营、提高市场准入规则、设置市场屏障或特许方式,将风险隔离在相对独立的领域。而电子银行削弱了传统银行金融监管的这些属性,使监管的物理隔离有效性大大减弱;金融业客户间的相互渗透和交叉,使金融机构间、国家间的风险相关性日益加强。

（4）金融危机的突发性和破坏性大。一些超级金融集团利用国际金融交易网络平台进行大范围的国际投资与投机活动，这些集团了解金融监管法律法规，能利用法规差异逃避金融监管，加之拥有先进的通信设施和巨大资金，有一定能力操纵市场转嫁危机，这些都加大了金融危机爆发的可能性和突然性。

上述信息化条件下银行风险的四个特征，对金融监管的不利影响体现在以下三个方面：首先，电子化后的金融业务流程出现了变化，一些传统的手工业务流程被计算机程序所代表的自动化流程所代替。与以往相比，金融系统在金融电子化和金融网络化的背景下衍生出许多新的风险，金融危机的扩散速度呈加速的趋势，金融监管更加困难。其次，信息技术促进了金融创新的发展，金融产品越来越虚拟化，金融衍生产品和网络虚拟货币开始出现和应用。对于这些随着信息技术发展而产生的金融创新产品如何进行监管，在监管法律、准则和行动上仍处于被动甚至空白的状况，这使金融监管远远落后于金融的发展。最后，信息技术带来了金融业组织机构的变革。金融企业的组织结构愈趋扁平化和一些虚拟组织机构的发展（如网上银行、网上证券公司等），都给金融监管带来了新的难题。

从金融监管的角度看，我国的金融监管是实行证监会、银保监会的分业监管。它们是金融监管信息使用的主体。另外，作为中央银行的中国人民银行，承担货币政策的制定和执行，对于金融监管信息也有需求；社会上其他机构或个人也可能有使用金融监管信息的需求。目前，各金融监管机构都在建立自己的监管数据库和信息系统，这一方面造成了重复建设；另一方面，如果金融机构实行混业经营，监管部门在监管过程中就有可能对被监管对象进行重复监管和重复数据准备。以上两点都有可能提高金融监管的成本。另外，建立各自的数据库，其数据格式可能存在不一致，难以实现金融监管中的相互协调和信息共享，降低了金融监管的效率。综上所述，在金融电子化和网络化的发展的形势下，为克服目前金融监管中的弊病，需要构建一个新一代的集成化金融监管信息系统。

XBRL 是构建新一代集成化金融监管信息系统的核心技术之一，应用于非结构化信息处理，尤其是财务信息处理的最新标准和技术，是在网络环境下金融信息的一种标准化标记语言。在我国，证监会、上交所和深交所一直都非常关注信息技术的最新发展。中国证监会很早便开始"上市公司信息披露电子化规范"标准的制定工作，于 2003 年年底经全国金融标准化技术委员会审批通过，该标准最终确定采用 XBRL 的技术规范，充分利用 XBRL 良好的扩展性，达到与国际接轨,进行数据交换与共享的目的。

信息系统的集成是指将硬件平台、网络设备、系统软件、工具软件及相关的应用软件等集成为具有优良性能价格比的计算机系统的全过程。通常,信息系统的集成方式有两种:基于中央数据库的集成和基于数据交换界面的集成。前者的集成度较高,系统具有统一的信息模型和统一数据格式的数据库;后者的集成度相对较低,是系统之间的通信,即不同程序之间通过接口程序或集成化环境达到交换数据的目的,往往没有统一的信息模型、数据库、程序界面和项目视图。

与现有的金融监管信息系统结构相比,建立基于XBRL的新一代集成化金融监管信息系统有如下优点:

(1) 从系统运行成本和效率的角度看,各金融机构通过不同的网络方式将金融机构部门所需要的数据以统一的数据格式(XBRL),发送到统一的金融监管信息库;金融监管部门对金融机构的非现场监管数据可从金融监管信息库提取。由于数据是集中采集和处理的,这便于实现数据的共享,减少中间环节,降低采集和使用金融信息数据的成本,提高金融信息的使用效率。

(2) 提高了金融信息的一致性和准确性,减少金融机构对数据造假的可能性。由于对金融信息采取集中采集和处理,避免了不同金融监管部门对同一金融业务部门金融数据的重复采集,从而可保证金融信息的一致性。另外,在基于集成的金融监管信息系统的金融组织机构中,金融信息采集处于金融业务部门和金融监管部门之间,它可以独立出来形成单独的组织机构,专门负责提供金融信息,由于该组织机构处于中立地位,与金融业务部门和金融监管部门之间没有任何利益冲突,从而可最大限度地保证金融信息的准确性。

(3) 从系统灵活性和相应的组织机构变动成本考虑,由于本系统是基于我国当前的金融监管组织结构现状,因而在实施中具有较低的监管组织变动成本,同时系统又能机动灵活地适应未来金融业务和金融机构的变化。因此,该信息系统具有较好的灵活性。

五、加强银行内部控制

随着会计信息系统在银行财务管理、风险管理等工作中的应用,商业银行内部控制的重点、内容等都发生了很大的变化。在信息化条件下,银行内部控制暴露出了一些问题,尤其需要注重会计信息系统的使用给银行内部控制带来的三个新变化。

第一,银行内部控制增加了新内容。随着会计信息系统在银行内部财务会计等工作中的应用,使得银行内部控制的重点发生了很大的变化,给银行的内部控制工作带来了新的挑战。首先，会计信息化使得会计信息系统逐渐取代人工成为银行会计核算的主体，内部控制从以往的对人的控制转变为对人和计算机同时的控制，这种转变给银行带来了很大的内部控制风险。其次，传统的内部控制主要是通过对会计凭证的核查以及对账等方式来进行的，在会计信息化条件下，传统的会计核算工作已经全面由计算机来处理，财务数据的统计、分析以及报表的生成也开始由会计信息系统来完成，这使得银行内部控制的内容需要涵盖对原始数据的审查、财务信息的输出控制以及对计算机软硬件的控制等。例如，一些商业银行将银行的财务、会计以及风险控制等工作全面纳入信息系统，银行的各项数据和信息都被收录到系统中并进行处理和分析，从而自动生成财务报表以及进行风险数据分析等。在这种背景下，银行在进行内部控制时，就需要将对于信息系统的控制纳入内部控制的内容，并有针对性地设计出一套内部控制方案，从而很好地对经营管理进行控制。

第二，对银行内部控制人员的综合素质提出更高的要求。在会计信息化条件下，银行内部的各项经营管理工作都是通过计算机信息系统来完成的，尤其是银行的财务、会计以及风险控制工作，更是全面由会计信息化系统来进行。在此背景下，银行内部控制环境发生了很大的变化，内部控制的内容和工作方式也发生了变化，对于内部控制人员的素质也提出了新的要求。银行内部控制部门的很多工作需要由计算机信息系统来完成，因此，内部控制人员不仅要具备会计、财务方面的知识，还要非常精通计算机，能够熟练地利用计算机信息系统来完成内部控制的工作。例如，很多商业银行的会计信息系统已经非常成熟，其不仅完成会计核算工作，还将银行的存贷款资金管理、资本充足率管理、不良贷款率管理、各项中间业务等全面纳入会计信息系统，从而使得会计信息系统在银行内部管理中得到了全面应用。在这种背景下，银行的内部控制人员就需要对会计信息系统进行很好的了解和使用，内部控制人员更是需要掌握大量的会计、计算机、金融等各方面知识。

第三，银行内部审计工作重点有所变化。内部审计是银行控制的一个重要组成部分，通过发挥内部审计的监督控制作用，能够很好地提高内部控制工作的效率。传统的银行内部审计工作主要是通过独立的内部审计部门对银行的一些重点数据（例如，资本充足率、存贷款率、逾期贷款率等）进行核查来进行的。随着会计信息化的发展，银行数据处理以及财务管理的工作方式发生了很大的变化，银行的各项数据和指标的分析已经完全由信息系统来进行，因此，银行的内部审计工作就增加了新的内容。审计部门需要对会计信息系统的各种硬件、软件和系统设计进行检查，对于数据的传输、储存、共享以及分析等进行审核，以确

第六章
XBRL环境下的银行信贷内部监督管理

保银行会计信息系统的正常运行,确保各项数据的真实性和准确性。

商业银行在市场经济中的地位非常重要,加强商业银行的内部控制,提高银行的风险控制能力,对于经济的良好运行、防范系统性风险的发生以及金融危机有着非常重要的意义。银行的管理层应该认识到,随着利率市场化改革的推进以及我国金融市场的逐步开放,我国银行间的竞争将越来越激烈,商业银行的传统经营模式将发生很大的转变,对于银行的风险控制、内部经营管理效率等提出了更高的要求。在此背景下,银行应加强对内部控制的重视,认识到将 XBRL 应用于内部控制对于银行的重要性,在银行内实施并推广 XBRL,树立内部控制的意识,为内部控制营造良好的内部环境。首先,银行管理层要以身作则,带头遵守内部控制的各项规章制度,使内控制度能够得到很好的实施和执行。其次,银行应该提高各个部门和员工的内部控制意识,使其认识到内部控制工作的重要性,从而积极地配合内部控制部门完成工作,为内部控制营造良好的环境。

但是同时,随着会计信息系统和 XBRL 在银行内部管理控制中的全面应用,在提高银行内部经营管理效率的同时,也给银行带来新的风险问题。银行一定要重视会计信息化条件和 XBRL 应用中出现的新的风险问题,提高风险防范意识,完善风险管理体系。首先,随着会计信息系统的应用,银行的各项数据和各种信息都被纳入会计信息系统中来,一旦会计信息系统出现故障或者漏洞,银行的各项数据和信息可能出现遗失或者泄露等情况,这将会给银行带来了巨大的信息安全风险。因此,银行在进行内部控制工作时,一定要加强对于会计信息系统的检查和监控,建立针对会计信息系统的风险安全控制机制,对于信息系统的软硬件定期地进行检测和监督,对于银行核心的数据和信息的处理进行严格的规范化管理,从而确保信息数据的安全。其次,由于会计信息系统的开放性,银行的信息系统很可能遭受外来的网络攻击,给银行带来了一定的外部风险。银行的内部控制部门需要配置专门的网络安全人员,对于银行的信息网络系统进行管理和保护。再次,银行还要建立严格的内部审计制度,发挥内部审计的独立监督作用,并提高审计部门的信息系统审计能力。银行要建立严格的内部审计制度,并保证内部审计部门的独立性和权威性,使得内部审计部门能够很好地对银行经营管理的各个环节进行全面充分的监督,及时发现存在的风险问题,并为银行管理层进行风险管理工作提供依据。最后,要让审计制度与会计信息系统充分结合起来。银行可以将内部审计工作全面地融入会计信息系统中去,充分发挥信息系统审计能力,提高内部审计的效率。

六、衍生金融工具的信息披露

衍生金融工具派生于传统金融工具,是一种价值随特定利率、汇率、价格指数等变量变动而变动的新兴金融工具。该产品占用资金少、成本低,以小搏大,高风险、高收益,承担着巨大的市场风险和信用风险。若变化趋势与交易者的预测相符,收益会很高,而一旦预测与市场走势不符,亏损也相当惊人。如果相应的会计处理不能准确地反映商业银行的经营状况,信息披露不够及时、全面、透明,风险控制不够有力,将对商业银行本身、投资者乃至整个金融体系、经济环境带来非常严重的后果。

当下衍生金融工具信息披露机制距离信息使用者的满意度还有相当的差距。一方面,它难以满足信息使用者信息多样性的需求。目前使用的准则强调统一,面对不同信息使用者和各具个性的信息需求,只能提供统一格式、统一内容的财务报告。通用的财务报告虽然可以满足大多数信息使用者的共同需要,但却忽视了不同信息使用者的需求差异。另一方面,它难以满足信息使用者对信息及时性的需求。随着衍生金融工具带来风险程度的逐步加深,衍生金融工具潜在的利得和损失在短期内可能产生巨大变动,会计信息使用者对于衍生金融信息披露的时效性要求越来越高,然而《商业银行信息披露暂行办法》《金融企业会计制度》及证监会对上市银行的财务报告披露时限相对宽松。滞后的信息披露会降低财务报告的作用,会使衍生金融工具信息"失真"。

若商业银行利用 XBRL 后,衍生金融工具交易业务的数据仅需一次性输入并"格式化",便可在后续的信息链中自由方便地提取、转化,这样既减少输入会计信息的次数,又可减少因准备不同格式报告输入数据而发生错误的风险,节省人力,降低风险。XBRL 可以实现披露衍生金融工具的实时信息。市场风险瞬息万变,衍生金融工具信息披露及时性差也是衍生金融工具事件突然性和危害性的原因所在,适时性也成为会计监管追求的目标之一。XBRL 具有良好的数据共享性,可以确立不同应用程序之间进行数据交换的标准格式,提高数据的共享程度,实现应用系统的高度集成。这样衍生金融工具的交易或事项的会计系统与业务系统可以无缝对接生成衍生金融工具的实时报告。信息报告使用者可以随时获得所需信息,以便进一步预测瞬息万变的衍生金融工具市场走势。

XBRL 还可以实现衍生金融工具信息的按需使用。XBRL 的格式输出具有多样性,同一份 XBRL 实时文档,根据不同使用者的需求,采用不同的样式表,可自动生成多种企业报告,从而降低了手工编制报表时输入错误的风险,保证数据的一致性,而且提高了报告的编制效率。

七、银行间债券市场的应用

与交易所市场一样,银行间债券市场的信息披露对投资人的行为具有重大影响。目前其信息披露的模式为债券发行人向中国债券信息网和中国货币网提供 PDF 或 Word 文档,直接在网站上发布。这种模式虽然解决了信息发布的问题,但是在投资人信息收集、发行人数据分析等方面遇到了很大的困难,我们需要将这些 PDF 或 Word 文档中的数据手工转录到数据库系统中。转录过程由各家机构完成,浪费了许多精力,也存在着误操作的隐患。

总之,银行间债券市场利用 XBRL 进行信息披露存在很大的必要性。

(1) 基于发行主体的需要。目前,银行间债券市场上的发行主体主要有财政部、中国人民银行、国家开发银行、中国进出口银行、中国农业发展银行,以及经中国人民银行核准可以发行债券的商业银行、企业集团财务公司、证券公司及其他金融机构等。一方面,对于经常发债的财政部、中国人民银行、政策性银行等发行主体来说,每次整理发债信息存在着大量重复性,很多基本要素都是相同的。利用 XBRL,相当于使用了模板,基本信息直接导入,只需对变动部分重新填写,这就充分节约了人力成本。另外一个好处是信息管理规范化,可以迅速查找历史数据按结构化存储,避免了翻阅每一个电子文档的繁琐工作。另一方面,对于不经常发行债券的公司来说,逐一填写并不要求信息披露的各项条款时容易产生遗漏或错误,利用 XBRL 可以直观、全面地反映各项条款,并对部分信息进行检查,这也在一定程度上节约了人力成本。同时,对于某些上市公司而言,在上交所进行的披露信息可以轻松地转换到银行间债券市场的 XBRL 中,也可以利用自身数据库填写 XBRL 部分字段。

(2) 基于投资机构的需要。投资机构收到各类发行公告、信息披露,需要逐一翻看每一个文档,但是在进行投资决策时并非只依赖单一公告就能够完成,常常需要进行横向和纵向比较。所谓横向比较,就是指观察同一类型的发债主体在当前时期所提供的各项指标是否存在差异;所谓纵向比较,就是指观察同一个发债主体在不同的历史时期内所提供的各项指标是否存在差异。现有的信息披露模式显然无法全面满足这样的需求,而采用 XBRL 可以用表格的形式展示出来,方便投资机构进行判断。对于大型的投资机构,内部还会建立债券评估系统,对债券进行内部评级,利用 XBRL 将债券资料进行导入,无疑会提高全面性。

(3) 基于监管机构的需要。银行间债券市场托管的债券已达新高,随着资本市场的发展还会进一步增加,监管机构的工作量会日趋增加。采用 XBRL 方式,首先在格式上可以进行全面检查,排除了漏填的情况,甚至可以设定一些检查规则排除一些关联性错误;其次在信息汇集上,XBRL 以统一的格式形成结构化数据,方便进行查找和比对。

(4) 基于债券市场发展的需要。从债券市场的历史来看,是从有纸化向电子化发展,电子化又从低级向高级发展。债券市场的各个环节中,电子化程度的提高会极大地降低人力成本,提升市场效率。效率的提高不仅改善了工作环境,而且形成了金融创新的基石,因为设计复杂的金融衍生产品如果没有计算机的辅助是难以投放到市场中的。在债券的基础上,债券市场可以产生出新的债券产品,如中债估值、中债收益率等。XBRL 的引入将提高债券资料的数据质量,从而有助于推动债券产品的良好发展。

XBRL 由技术规范、分类标准和实例文件三部分构成,其中最关键的就是定义分类标准。技术规范由 XBRL 国际组织定义并发布,实例文件是根据分类标准而完成的具体文档,而分类标准则是针对不同行业制定的规则,这是银行间债券市场实施 XBRL 的关键步骤。

在规范的制定过程中需要解决以下几个问题。

(1) 首先要解决的问题就是分类标准的制定。这是一个需要长期研究的问题,并需要根据实际不断进行调整,没有一年半载是无法制定出各方都满意的规范出来的。在长期研讨中就需要一个主导者、组织者,在市场上发挥权威性,并能够对具体实践进行指导,因此建议由债券托管机构、发行人和承销商共同组成银行间债券市场电子化规范指导委员会。由指导委员会进行具体推动实施,分类标准的制定就可以循序渐进,逐步走向市场化。

(2) XBRL 的推广还需要 XBRL 报送客户端工具的支持。以《证券投资基金信息披露电子化规范》举例,一份 XBRL 规范有 100 多页,要每一个使用者熟知这 100 多页的内容简直是不可能的。XBRL 报送客户端将标准融合在系统内部,对使用者的界面非常友好。这就需要加强与 XBRL 工具开发商的联系,一旦标准变化,XBRL 报送客户端能够同时升级满足全面推广的需求。

(3) XBRL 报送机制的安全性问题。XBRL 为结构化文档,应如何确保其文档的安全性? 参照其他 XBRL 应用情况,在银行间债券市场,XBRL 应运行在专网的环境下,同时进行 CA 认证。这样有效地保证了 XBRL 的有效性和安全性。但对于不经常发行债券的企业来说是个负担,因此报送任务可以由承销商来承担。承销商在银行间债券市场中是有限的,也承担着信息披露的连带责任,进行高质量的数据报送也是承担责任的表现。

第四节 银行应用XBRL的试点
——18家试点银行实施报告

一、通用分类标准介绍及实施概况

企业会计准则XBRL通用分类标准(以下简称通用分类标准)是符合企业会计准则和XBRL技术规范系列国家标准的XBRL格式财务报告标准,是企业编制XBRL格式财务报告的基础。监管扩展分类标准是用于编制XBRL格式监管报告的分类标准,由相关监管机构负责制定和维护,如银行监管报表可扩展商业报告语言(XBRL)扩展分类标准(以下简称银行监管扩展分类标准)。行业扩展分类标准是通用分类标准在具体行业财务报告领域的扩展,如银行业扩展分类标准。银行监管扩展分类标准与银行业扩展分类标准同为通用分类标准的扩展。前者的依据是银行监管报表所包含的监管要求,是通用分类标准在业务报告上的扩展,后者的依据是银行财务报告的共性内容,是通用分类标准在财务报告上的扩展,两者都包含对通用分类标准的引用。为妥善处理通用分类标准、监管扩展分类标准和行业扩展分类标准之间的关系,财政部在开发各项分类标准时采用了相对灵活的架构设计模式,即通用分类标准和监管扩展、行业扩展之间既紧密集成,又相对独立。

通用分类标准作为我国会计信息化标准体系的重要组成部分,其实施对于规范电子格式财务报告编制、统一电子化报送环境下的数据标准和口径、提升财务报告信息数据质量和监管效能、减少企业重复报送和降低报告负担具有重要意义,代表了我国未来电子格式财务报告数据标准的发展方向。在银行业金融机构中实施通用分类标准,通过采用与通用分类标准完全相同的架构进行扩展,有助于为实现财务报告信息与监管信息的互联互通、发挥财务与监管的协同效应奠定标准基础。

2011年财政部开展了通用分类标准的首批实施工作,国家开发银行作为银行业的第一家实施单位参与其中。2012年4月,财政部与原银监会联合组织18家银行业金融机构实施通用分类标准试点工作。18家银行业金融机构涵盖了政策性银行、国有商业银行、股份制商业银行和城市商业银行,包括我国全部16家上市商业银行,所管理的资产占所有银行业金融机构总资产的比例超过70%,具有广泛的代表性。其中,国家开发银行为我国最大的政策性银行,中国工商银行、中国农业银行、中国银行、中国建设银行和交通银行这5家国有商业银行均参与该试点项目,招商银行、民生银行、中信银行、光大银行、华夏银行、上海浦东发展银行、深圳发展银行(现为平安银行)和兴业银行8家股份制商业银行占所有12家股份制商业银行总资产的93.36%,北京银行、南京银行、宁波银行和昆仑银行为城市商业银行中的典型代表。其中,中国石油天然气股份有限公司(以下简称中国石油)的昆仑银行是一家年轻的城市商业银行,该银行在充分借鉴中国石油XBRL实践经验的基础上,重建了XBRL报表系统。该系统集成国际财务报告准则分类标准、中国会计准则通用分类标准、石油天然气行业扩展分类标准、银行监管扩展分类标准、银行业扩展分类标准等不同层次的多套分类标准,结合昆仑银行自身监管需求,形成一套全扩展的昆仑银行分类标准池,实现对多套监管分类标准的无缝映射,从而满足向不同监管机构上报XBRL数据的需求。在满足向监管机构报送数据的基础上,该系统还可实现对该银行多年业务数据(特别是财务数据和存贷款数据)的分析处理功能。

综上可见,尽管XBRL技术产生于会计领域,但真正的应用则是扩展至各行各业。鉴于此,作为我国会计工作的主管部门,财政部于2008年会同工业和信息化部、中国人民银行、审计署、国资委、国税总局、原银监会、证监会、原保监会等共同成立了会计信息化委员会,共同推进中国XBRL应用的开展。XBRL通用分类标准在各行业的扩展将从两个层面同步展开:一是基于通用分类标准开发财务报告行业扩展分类标准,如《石油和天然气行业扩展分类标准》《银行业扩展分类标准》;二是各监管部门在通用分类标准基础上扩展形成的业务监管报告扩展分类标准,如《银行监管报表可扩展商业报告语言(XBRL)扩展分类标准》《国资委财务监管报表XBRL扩展分类标准》。各项扩展分类标准应遵循统一的架构和原则,彼此协调、避免重复,以节约社会资源、促进信息互通互联,从而形成分类标准的最大合集,推动XBRL的深入应用和长远发展。

二、实施过程

2012年4月,财政部和原银监会联合印发了试点实施通知,实施工作启动。当年5月21~23日,财政部在上海组织18家银行业金融机构进行通用分类标准实施培训;培训后,18家银行业金融机构开展具体实施工作,在8月31日前向财政部报送了2011年度XBRL格式财务报告。在实施工作中,财政部和原银监会还同步启动了通用分类标准银行业扩展分类标准的制定工作,于9月18日发布了征求意见稿。

(一)实施工作的总体要求

在实施通知中,财政部和原银监会要求实施通用分类标准的18家银行应当按照通用分类标准编制其2011年度XBRL格式财务报告,并在8月31日前向财政部报送,财政部将在9月1日至9月15日期间对各单位提交的XBRL格式财务报告实例文档和扩展分类标准进行测试校验,各实施单位根据测试校验结果修改完善后在9月30日前完成并最终报送。此外,财政部和原银监会还对实施工作机制、实施方式等方面提出了要求。

在工作机制方面,实施通知要求各实施单位尽快成立由单位负责人牵头的通用分类标准实施工作组,组织协调财务、信息科技等部门,根据自身信息化水平,结合银行业核心业务系统改造和数据中心建设等需求,制定切实可行的实施方案并严格加以落实,以确保通用分类标准的顺利实施。

在实施方式上,实施通知要求实施单位遵循通用分类标准及其指南和《企业会计准则通用分类标准编报规则》的相关要求,编制XBRL格式财务报告。

在软件选择上,实施通知建议实施单位根据需要自主选择咨询机构和软件开展通用分类标准实施工作。在选择软件时应考虑软件对XBRL技术规范系列国家标准、通用分类标准及通用分类标准编报规则等的遵循情况。实施通知豁免了实施银行对其XBRL格式财务报告的会计责任以及相关会计师事务所和注册会计师的审计责任。

(二)实施方法和流程

实施通知发布后,大部分实施银行在5月份启动了实施工作,实施周期一般在12周左右,实施工作大体可以分为以下三个阶段。

1. 前期准备阶段

此阶段的主要工作包括成立项目组、进行软件选型和实施人员培训,根据实施银行的经验,此阶段一般持续4周左右。按照实施通知的要求,所有实施银行均成立了由单位负责人牵头的通用分类标准实施工作组,通常由财务会计部门牵头,组织协调信息科技等部门开展实施工作。在软件选择上,18家银行中仅有昆仑银行1家在借鉴母公司中国石油经验的基础上自行开发实施软件,其余17家均选购商业软件实施,商品化软件中以国外软件居多,国产软件较少。由于对于大多数银行来说,通用分类标准实施工作都是一项全新的工作,在实施工作之前,实施银行均对实施团队成员进行了全面系统的培训。

2. 按照"四步法"开展工作阶段

此阶段是通用分类标准实施的核心阶段,按照通用分类标准实施"四步法"的要求,实施银行平均花8周左右的时间完成XBRL格式财务报告的编制和测试工作。

第一步：基于企业会计准则的元素梳理。

实施通用分类标准的第一步，是基于企业会计准则的要求和银行应用会计准则的具体情况，比对通用分类标准所列的元素，进行元素梳理。元素梳理的结果，是确定实施银行实施通用分类标准的建模方法，具体包括：需要使用的通用分类标准中的扩展链接角色（ELR）、需要新建的 ELR、新建 ELR 的结构分析、需要引用的通用分类标准的元素、需要新建的元素以及如何使用通用分类标准的链接库，等等。

第二步：创建扩展分类标准。

根据实施银行的建模方法，创建银行扩展元素，包括定义元素的各种属性并定义元素之间的关系，具体包括：定义相关的标签链接库、列报链接库、定义链接库和计算链接库。

第三步：创建实例文档。

创建 XBRL 格式财务报告，是银行依据 XBRL 技术规范系列国标、通用分类标准和编报规则的要求，将编制财务报告所需要的各种数据（事实值）填入在前两个实施步骤中完成的扩展分类标准（赋值），形成 XBRL 格式的财务报告（实例文档）。

第四步：校验扩展分类标准与实例文档。

实施银行在完成扩展分类标准创建和实例文档编制后，必须按照 XBRL 技术规范系列国标、通用分类标准和编报规则进行校验，确认无误之后才能报送。

3. 报送和修改完善阶段

截至 2012 年 8 月 31 日，所有的实施银行均按照实施通知的要求，向财政部报送了各自银行 2011 年度 XBRL 格式财务报告，之后财政部组织课题组对这些报告进行了校验，并将校验结果反馈给实施银行。根据反馈意见，各银行修改完善各自 XBRL 格式财务报告，在 9 月 30 日前完成了最终报送。

三、实施中的重点工作

在实施工作中，财政部和原银监会重点开展了以下工作，以保证实施工作的顺利开展。

1. 加强人才培养和宣传

由于 XBRL 在国内属于一项新兴技术，银行对 XBRL 技术和通用分类标准的实施方法还不是很了解，在实施过程中，财政部和原银监会高度重视做好培训工作，组织实施银行开展集中培训，培养实施人才。

2012 年 5 月 21~23 日，财政部联合原银监会在上海国家会计学院举办了通用分类标准扩大实施培训,对实施通用分类标准的18家银行业金融机构进行了系统的培训。培训中,2011年通用分类标准首批实施中获得"卓越实践奖"的中国石油和国家开发银行介绍了本企业2011年通用分类标准实施工作情况。之后,各实施单位代表系统学习了XBRL和通用分类标准基础知识、通用分类标准实施方法。参加培训的银行业代表普遍具有丰富的会计信息化工作经验,与培训老师就如何开展实施工作以及推动XBRL技术在本单位的应用进行了很好的互动,取得了较好的培训效果。

财政部和原银监会也积极鼓励实施银行开展内部培训。各实施银行邀请咨询和软件厂商对实施团队进行XBRL技术及通用分类标准实施方法的系统培训,为实施工作的顺利开展奠定扎实的人才基础。

2. 规范XBRL软件开发

为了保证实施银行的XBRL格式财务报告符合技术规范系列国家标准的要求,推动国内XBRL软件行业健康发展,财政部制定和发布了《关于开展可扩展商业报告语言(XBRL)技术规范系列国家标准符合性测试工作的通知》(财会〔2012〕14号),开展XBRL技术规范符合性测试工作,要求实施银行组织为其提供XBRL软件的服务商就使用的XBRL软件进行测试,并提交测试报告。符合性测试标准用以测试XBRL软件对国家标准化管理委员会发布的《可扩展商业报告语言(XBRL)技术规范第1部分:基础》(GB/T 25500.1 2010)、《可扩展商业报告语言(XBRL)技术规范第2部分:维度》(GB/T 25500.2 2010)和《可扩展商业报告语言(XBRL)技术规范第3部分:公式》(GB/T 25500.3 2010)三项国家标准的遵循情况。

3. 制定行业扩展分类标准

为配合通用分类标准的实施,财政部于2011年以行业特征鲜明的石油天然气行业作为试点,探索制定了通用分类标准的首份行业扩展分类标准——石油和天然气行业扩展分类标准,并于2012年组织中国石油、中国石化和中海油实施,取得了显著成效。以中国石油为例,其扩展比例由2011年度的30.6%下降到15.2%。

与普通工商业企业相比,银行业金融机构的财务报告行业特征明显,实施银行普遍建议加快银行业扩展分类标准的制定,增强银行间XBRL格式财务报告的可比性,为银行同业对标管理奠定基础。在借鉴石油和天然气行业扩展分类标准经验的基础上,财政部联合原银监会组建工作组,启动了银行业扩展分类标准的制定工作。工作组于2012年7月和8月先后两次组织集中办公,在归纳总结各行财务报告的基础上,起草了银行业财务报告模板,并反复征求意见、组织讨论。之后以该模板为基础，工作组提取了银行业扩展分类标准元素，并创建了相关的链接库文件，完成了银行业扩展分类标准的征求意见稿，并于9月18日印发公开征求意见。

四、实施成果

2012年8月31日，18家实施银行均按照实施通知的要求，报送了各自银行2011年度XBRL格式财务报告。在收到报送的XBRL格式财务报告后，财政部组织课题组对实施银行报送的XBRL格式财务报告进行了全面的测试和分析，并将测试结果反馈给实施银行，由实施银行进行进一步完善。经过这些工作，18家银行最终报送的XBRL格式财务报告均已经满足实施通知中的各项要求，达到了实施目标。为了便于说明通用分类标准实施中通常会遇到的问题，供后续实施单位参考借鉴，以下分析所使用的数据均为8月31日首次报送的数据，不代表银行最终报送的情况。

在分析实施情况时，课题组主要考虑两个方面的情况：一是银行的扩展情况；二是对相关标准和规范的遵循情况。其中银行扩展是指银行在基于通用分类标准编制本行XBRL格式财务报告时，对于通用分类标准没有定义，但在本行财务报告中使用的会计概念按照通用分类标准的方法进行定义，扩展情况可以反映银行财务报告实务与企业会计准则之间的关系。实施通用分类标准需要遵循的标准和规范包括XBRL技术规范系列国家标准、通用分类标准及其指南、通用分类标准编报规则，这些标准和规范确保XBRL格式财务报告能够被XBRL软件正确地解析，便于使用者分析利用。

（一）实施银行的校验情况

银行在编制XBRL格式财务报告时需要遵循三个层面的标准和规范：①XBRL技术规范系列国家标准，具体包括基础技术规范、维度技术规范和公式技术规范、通用分类标准及其指南、通用分类标准编报规则。其中，技术规范系列国家标准保证XBRL格式财务报告符合XBRL基本技术要求，能够被不同的XBRL软件正确解析；②通用分类标准及其指南，保证XBRL格式财务报告按照符合企业会计准则要求的方式标记财务报告中的概念；③编报规则，为了保证在应用通用分类标准时采用一致方法正确应用。

为了配合2012年的实施工作，财政部在总结2011年首批实施经验的基础上，组织课题组开发了专门适用于通用分类标准的测试软件。该软件基于项目化的思路，可以为每一份XBRL格式财务报告测试提供流程化的支持，并能将软件测试发现的问题和人工校验发现的问题整合，形成一份完整的测试报告，反馈给实施银行。

在收到18家银行报送的XBRL格式报告后,课题组使用上述测试软件进行全面测试。对于测试中发现的问题,课题组用"错误"表示银行的XBRL报送文件中出现了违反强制性规则的要求,如违反XBRL技术规范的要求、财政部编报规则的强制性要求等,发生错误的情况会影响到XBRL数据的解析,银行应进行相应的修改。"警告"是指银行的XBRL报送文件违反了非强制性规则,但违反这些规定并不会在很大程度上影响XBRL数据的使用,而是从最佳实务角度出发存在一些可以改进的地方,如英文的合计标签需要使用"total"开头等,这类规则更多的是XBRL实施过程中的最佳实务,提醒银行进行进一步判断和改进。

从整体看,18家银行的XBRL格式财务报告共出现错误976个,平均每份报告有54个错误;在错误的构成上,绝大部分错误出现在编报规则层面,占全部错误的83%,其次为通用分类标准层面的错误,占比为16%,两者合计占全部错误的99%,技术规范国家标准层面的错误仅占全部错误的1%。这验证了XBRL技术规范符合性测试工作的显著效果。在技术规范层面的错误中,基础技术规范和维度技术规范方面均没有出现错误,仅在公式规范部分存在14项错误,每家平均不足1项。国家开发银行2011年参与通用分类标准的首批实施,2012年报送的XBRL格式财务报告在所有方面均未发现错误,也证明了实施经验对于实施质量的重要性。

每家实施银行的情况与整体情况基本类似,大部分错误都来自编报规则层面。按照每家银行的错误和警告数量,可以将18家实施银行分为三类:第一类是错误和警告数量较多的银行;第二类是错误和警告数量相对较少的银行;第三类是错误和警告数量都比较少的银行。

(二)实施银行的扩展情况

18家银行均采用了"重新定义"的方式开展实施工作,即在构建扩展分类标准链接库文件时,不再引用通用分类标准中的链接库文件,而是根据银行具体要求,重新构建链接库文件。银行通常从扩展链接角色和元素两个层面对通用分类标准进行扩展。其中扩展链接角色用于标示一组可被视为一个整体进行处理的财务信息关系,通常是财务报告中的对应章节,如资产负债表是一个扩展链接角色,"附注—存货"信息披露也是一个扩展链接角色。在重新定义方式下,银行在构建扩展链接角色时需要在编号中记录其与通用分类标准扩展链接角色的对应关系。元素是财务报告中的会计概念,是构成XBRL格式财务报告的基本单元。

1. 扩展链接角色层面的扩展情况

银行在判断财务报告中的某一附注是使用通用分类标准中已经定义的扩展链接角色还是扩展新的扩展链接角色时,通常会考虑这些附注披露的内容和格式是否与通用分类标准中的扩展链接角色类似,如果类似,则可以使用通用分类标准中的扩展链接角色,如果两者差别较大,则需要扩展新的扩展链接角色。

扩展链接角色的匹配情况:18家银行共创建2 953个扩展链接角色,其中与通用分类标准匹配的有2 526个,未匹配的有427个,未匹配的比例为14.5%,平均每家银行创建164个扩展链接角色,匹配的有140个,未匹配的有24个,整体匹配比例较高。具体到每家银行,使用扩展链接角色最多的5家银行依次为深圳发展银行(现为平安银行)、中信银行、兴业银行、宁波银行和中国工商银行,所使用的扩展链接角色数量均超过200个,显示出这些银行财务报告内容较多。未匹配扩展链接角色最多的5家银行依次为华夏银行、招商银行、兴业银行、中国工商银行和中信银行,未能与通用分类标准匹配的扩展链接角色均超过20个。未匹配比例最高的5家银行依次为华夏银行、招商银行、中国工商银行、兴业银行和中国建设银行,其中未匹配率最高的是华夏银行,比例超过85%。

实施银行匹配的扩展链接角色情况:通用分类标准基于企业会计准则制定,适用于包括金融保险行业在内的所有行业,考虑到金融保险行业的特殊情况,在通用分类标准中特别制定了商业银行等金融行业特殊的扩展链接角色。在实施工作中,财政部对银行匹配的通用分类标准的扩展链接角色的次数进行了分析。匹配次数最多的两项附注为"附注—商业银行合并财务报表"和"附注—金融工具及其风险",平均每家银行的匹配次数为21次和6次,产生这种情况的原因是在通用分类标准中,很多商业银行的报表附注,如现金及存放中央银行款项、衍生工具等都列在"附注—商业银行合并财务报表"下,银行在匹配时将这些均匹配到"附注—商业银行合并财务报表"上,"附注—金融工具及其风险"的情况与此类似。

银行未匹配扩展链接角色情况:在未与通用分类标准匹配的427项扩展链接角色中,未匹配次数最多的2项是"税项"和"应收款项类投资",未匹配次数均在10次以上,其中"税项"未匹配15次,即18家银行中有15家银行未能与通用分类标准匹配。

2. 元素层面的扩展情况

扩展链接角色的扩展情况可以反映银行财务报告在结构上与通用分类标准的一致情况,作为XBRL格式财务报告的基本单元,元素层面的扩展情况则可以反映银行财务报告在披露范围和颗粒度方面与通用分类标准的关系。

XBRL 格式财务报告中的元素可以分为两类：一类是用来记录财务报告数据的元素，称之为实元素；另一类是构建财务报告结构的元素，如附注的名称，称之为结构性元素。在衡量元素的扩展情况时，重点关注用来记录财务报告数据的实元素。从整体看，平均每份 XBRL 格式财务报告有 759 个实元素，其中来自通用分类标准平均有 305 个，平均实元素扩展比例为 57.6%。

银行扩展元素的构成情况：在银行扩展元素中，每家银行扩展元素的数量差异较大，大部分银行的扩展元素中有超过一半以上的元素为结构性元素，平均结构性元素的扩展比例为 55%，且比例较为集中。

实元素扩展情况：具体分析每家银行的扩展情况，可以看出银行直接引用通用分类标准的元素数量相对比较集中，大部分均在 300 个左右，表现出较强的行业共性。在扩展实元素方面各家银行则差异较大，扩展实元素最多的为深圳发展银行（现为平安银行），为 775 个，最少的为华夏银行，仅为 51 个，表现出各家银行在财务报告披露实务中个性化差异较大。扩展比例的情况与扩展实元素的情况类似，也表现出较大差异。

总结 2012 年银行业金融机构实施通用分类标准的工作，我们取得了以下三项成果。

第一，完成了 XBRL 格式财务报告报送工作。

18 家实施通用分类标准的银行涵盖了政策性银行、国有大型商业银行、股份制商业银行和城市商业银行，包括我国所有的 16 家上市商业银行，所管理的资产占所有银行业金融机构总资产的 70% 以上。这 18 家银行按照实施通知的要求，按时完成了本银行 2011 年度 XBRL 格式财务报告的报送工作，校验结果表明，实施银行所报送的 XBRL 格式财务报告较好地遵循了 XBRL 技术规范系列国家标准，表现出较高的质量，实现了实施之初设定的各项目标，实施工作取得成功。这 18 家银行的成功实施，为银行监管扩展分类标准的实施积累了经验，为后续在所有银行业金融机构应用 XBRL 技术奠定了坚实的实践基础。

第二，培养了一批通用分类标准实施人才。

在实施工作中，财政部和原银监会高度重视人才培养，采取培训、现场指导和在线技术支持等多种方式为通用分类标准的实施培养种子选手。在集中培训中，共有 50 多名来自实施银行的代表接受了系统的 XBRL 基础技术知识和通用分类标准实施方法培训，作为种子选手参与本银行的实施工作。在实施工作中，各银行业高度重视培训工作，聘请专业咨询机构和软件厂商对实施团队进行培训，实施团队成员通过具体实施工作系统掌握了通用分类标准的实施方法。根据统计，在 2012 年的实施工作中共进行了超过 150 人次的系统培训。这些人员成为银行业通用分类标准实施的宝贵人才。

第三,探索了 XBRL 技术在银行业内部的应用。

在此次实施工作中,昆仑银行在内部报表系统中应用 XBRL 技术,取得了积极进展。昆仑银行开发了 XBRL 统计标准化系统,并使用该系统完成了 2012 年的实施工作。该系统提供了从分类标准创建到实例文档生成以及实例文档验证的全部功能,并支持多种报送。目前已经有 200 张报表纳入系统进行管理,其中原银监会报表 89 张,中国人民银行报表 29 张,中国石油报表 82 张。这些报表共定义标准元素 7 913 个,其中扩展元素 5 820 个,引用元素 2 093 个,定义各类元素标签 15 438 项。

该系统使用一套扩展分类标准来编制所有监管报表和内部管理报表;通过与财务总账系统的自动集成,实现对报告数据的自动获取;支持下级分子公司生成 XBRL 财务报告;提供多种数据查看方式,可以将 XBRL 实例文档数据还原为财务人员所熟悉的财务报告报表格式,方便财务人员进行查看、核对;支持对财务报告数据进行对比分析,可以方便地实现对数据多年度、多组织机构、多维度的分析。

通用分类标准实施所取得的成果,与各实施银行的认真扎实工作是分不开的,主要经验有以下五点。

一是领导重视。所有实施银行都成立了以分管行领导为组长的实施领导小组和财务部门牵头的实施工作小组,责任落实到人,进度管理到天。

二是程序规范。全部实施银行都严格遵循了通用分类标准实施"四步法",在详细分析本行财务报表的基础上,严格按照 XBRL 系列国标和通用分类标准的要求,对财务报表信息进行标记和校验。

三是基础扎实。经过开展 XBRL 技术规范符合性测试工作,所有实施银行在基础技术规范和维度技术规范方面均没有发生错误,技术规范层面的错误在所有错误中的比例仅 1‰,实施的基础工作非常扎实。

四是注重培训。由于 2012 年是首次在银行业金融机构实施通用分类标准,为了加强人才培养,财政部和原银监会高度重视做好培训工作,组织实施银行开展集中培训。各家银行也高度重视培训工作,组织内部培训,为实施工作奠定坚实基础。

五是方式多样。18 家实施银行在实施过程中积极创新、灵活运用,有的将已有财务报表系统与实施工作相结合,实现了自动化报送;有的将全行业务指标的标准化与实施工作相结合,探索在内部管理中引入 XBRL。

第五节　银行应用 XBRL 的问题及对策

一、银行应用 XBRL 的问题

在各银行实施应用 XBRL 的过程中,也出现了一系列问题。

1. 分类标准难以确认

XBRL 财务报告的兴起与发展得益于其具有传统财务报告所不可比拟的优势。国外专家提出 XBRL 财务报告的目标——巨型财务数据库。信息使用者可以利用数据库便捷地下载和分析财务数据。但目前要实现这个目标还相当困难,因为计算机技术仍然未能实现人工智能化。计算机尚无法进行模糊思维。因此,在计算机不具有模糊思维的技术背景下,网络 XBRL 财务报告标准化显得非常重要。要创造一套"一般基础语言",以便让计算机可以统一识别 XBRL 财务报告的基本元素,从而增强计算机在网络财务报告方面的功能。只有标准化 XBRL 财务报告才能更便捷地为信息使用者服务,才能有更加广阔的发展空间。但真正实现 XBRL 财务报告的标准化要以各国会计准则的基本协调为基础,如果各国会计准则存在较大差异,如在会计科目的设置和使用上存在差别,那么 XBRL 财务报告的标准化还是很难实现的。在 XBRL 财务报告中,分类标准是一个很重要的概念。它要求对资产负债表、现金流量表等企业财务信息的标签进行统一定义。企业的经济信息尽可能细化,并要求每个项目的标签必须唯一,这是 XBRL 在银行业应用及推广的一个核心问题。

2. 数据转换机制不完善

数据转换机制不完善主要体现在两个方面:一是数据供应者需进行自身数据转换。当前流行软件所使用的数据库多为 Oracle、SQL Server、VFP 等关系型数据库,而 XBRL 语言是基于 XML 数据库的一种商业报告语言。因此,目前情况下企业要利用 XBRL 技术进行网络财务报告的编制和呈报,需要将保存在关系型数据库中的日常经营数据转换成为适用于 XML 数据库的数据。二是数据需求者需进行数据再转换。数据需求者可以通过网络等途径获取 XBRL 网络财务报告数据,但在分析和利用数据时,需将其转换成数据需求者自身软件能识别的数据类型(如税务分析软件数据库、Excel 等)。这将影响数据的传递速度和时效性。

3. 应用软件的缺乏

在使用 XBRL 进行财务报告的过程中,需要有应用软件的支持。XBRL 报告的供应方和使用方的应用程序是应用 XBRL 的必备条件。这方面,已经有许多 XBRL 的成员公司,如富士通(Fujitsu)、日立(Hitachi)、微软(Microsoft)提供了各种各样的软件工具,以帮助生成 XBRL 分类标准和实例文档。而我国软件公司还需加强 XBRL 软件工具的开发力度。虽然 XBRL 无许可证限制,任何财务信息供应链上的人都能免费、自由地获得、交换并分析财务信息。然而这一切是要建立在一个软件处理平台上的。目前,我国关注 XBRL 的群体主要是财务界人士,但财务人员使用 XBRL 需要得到软件业的支持。

4. 政府的投入不够,民间积极性较低

自我国两大证券交易所实施 XBRL 模式后,我国相关部门对 XBRL 技术在监管功能上的潜力也十分重视。政府有关监管部门可以逐步只接受企业提供的 XBRL 报告,以促使企业加快使用 XBRL 的步伐,但当前这样的支持力度还不是很强,如 XBRL 相关的协会、组织不是很多,对 XBRL 的教育和宣传的力度也不够。很多财务、审计人员及企业等只是听说过 XBRL,并没有深刻了解和具体接触过。与此同时,XBRL 的产生和推广给网络财务报告发展带来了一系列问题,这些问题无论对理论界还是实务界都是全新的,因此不少人存在认知上的错误。XBRL 分类标准的制定和案例文体的产生本质上是一个会计问题。国内真正理解和懂得 XBRL 标准的人还很少,尚缺乏这方面的权威机构和专家。

二、银行应用 XBRL 的对策

1. 发布行业扩展,增加元素说明

第一,发布行业扩展,完善标准体系。目前实施银行的扩展元素比例都在 50% 以上,银行普遍反映扩展比例过高导致不同银行间数据的统一性大大下降,不符合监管机构的初衷。同时,银行在扩展时也存在难度,由于不同银行的理解差异,可能会出现对同一个经济事项的不同扩展处理。银行业分类标准的实施,可以降低银行的扩展量,进一步完善通用分类标准体系。

第二,增加元素说明,降低银行实施难度。我们在实施工作中发现,由于银行业的业务比较复杂、金融产品品种繁多,对于很多业务的披露名称尚未形成全行业统一的标准,在与通用分类标准进行对比匹配时,仅凭借元素名称有时不能准确判断其含义。建议在通用分类标准和相关监管扩展分类标准中增加对元素的说明,如元素的具体含义、角色的含义等,让银行更准确地理解元素含义,更方便地进行元素匹配,降低实施难度。

2. 改进校验方式,搭建分析平台

第一,改进校验方式,加强配套措施建设。按照现在的实施方式,实施银行通过电子邮件提交 XBRL 格式财务报告,财政部对此进行校验后将结果反馈给实施银行，工作效率较低，且容易出错。建议财政部开发通用分类标准实施服务平台，改进当前的实施方式。该平台应提供统一收集、验证 XBRL 格式财务报告的服务。

第二，搭建分析平台，加强监管示范应用。标准化财务数据的价值在于广泛应用，在完成数据的标准化后，建议相关监管部门增强数据的分析应用。如开发 XBRL 数据共享服务平台，发布实施银行报送的 XBRL 格式的数据，使各家银行更加快速、准确地获取同业间数据，进行财务数据的深度分析与比对。此外，相关部门还可以在 XBRL 数据共享服务平台上定义相关的分析报告并开放给银行查询，加强对 XBRL 格式财务报告应用的引导。建议银行业监管部门构建基于 XBRL 格式的银行监管财务信息系统，充分利用 XBRL 语言标准化、规范化优势，从财务角度发现和防范风险、提升监管效能。

3. 制定分类标准，开展内部示范

要想真正实现 XBRL 在银行业的实质推广，第一步也是重要的一步就是分类信息标准（Taxonomy）的开发。分类信息标准就是在上市公司信息披露内容与电子文档数据项之间找到对应关系，国际 XBRL 组织把这项工作交给了各国使用者，其自身只负责分类标准的认证工作。我国对 XBRL 的分类信息标准的研究开发高度重视，财政部将"中国 XBRL 分类标准问题研究"作为重大课题，组织专业人员进行 XBRL 分类标准的研究与制定。中国分类标准得到 XBRL 国际组织认可的有：2005 年 7 月发布的"中国上市公司信息披露分类标准草案"，2006 年 7 月发布的"中国基金公司信息披露分类标准草案"，2008 年 2 月通过的"金融类上市公司信息披露分类标准"。2010 年 10 月，财政部发布了《企业会计准则通用分类标准指南》，旨在帮助企业编制和报送符合企业会计准则和通用分类标准的 XBRL 财务报告。我国银行业应在该指南指导下，加强国际交流，借鉴 XBRL 技术在金融领域运用相对成熟的国家的经验。结合 XBRL 在金融业的运用现状，不断完善的银行业分类标准。

选择部分银行，开展内部示范应用。银行业信息化水平高，内部各类信息系统繁多，建议选择部分基础好、积极性高的银行，在内部管理报告、数据中心和全行业务指标等领域开展 XBRL 示范应用工作，发挥 XBRL 技术在银行内部数据标准化领域的应用潜力。

4. 完善数据转换机制

我国绝大部分银行使用的是运行在传统数据库基础上的财务软件，因此提供 XBRL 财务报告需要进行专门的数据结构和格式的转换。在银行报表编制过程中利用 XBRL 技术，不仅可避免编制 XBRL 财务报告所需要的数据转换，而且可简化报告编制工作,提高数据的时效性。同时,数据需求者的 XBRL 技术应用能力有待加强,使其获得数据不用进行转换工作,降低其获取数据的成本,同时降低其作为数据链中数据供应者提供数据的成本。其次,利用 GB/T 19581—2004 标准提高数据转换效率。该标准通过规范格式文件编写的格式和必要条件来进行固定格式数据输出和录入。因此,在 XBRL 技术尚未被银行内部充分应用的情形下,可专门制定一个 GB/T 19581—2004 标准数据和 XBRL 分类标准数据间的格式转换文档。通过统一标准转换文档的建立,可避免每一个数据供需银行都要专门编制计算机程序进行数据转换的现状,节省数据转换的成本。同时,也规范了数据传递流程,提高了数据传递中的安全性。

5. 加快 XBRL 相关软件技术的开发

国际上表示支持 XBRL 技术的企业还是比较多的,但能够提供 XBRL 实际技术并开发出实用产品的软件公司并不多。在美国有和微软合作的埃德加公司为 SEC 提供 XBRL 的服务,德国证券交易所的 XBRL 业务则由 Software AG 公司完成,在日本主要由富士通公司提供相应的服务。国内上海证券交易所的 XBRL 系统则由新利多公司提供。通过实际 XBRL 的应用比较可以看出,我国在 XBRL 应用方面虽然起步较晚,但成长迅速。比较不同证券交易所所提供的 XBRL 范例,上交所和深交所提供的 XBRL 应用范例在所实现功能上和国外相比其差距已大大缩小。今后的重点更偏向于专业的 XBRL 技术提供商与财务软件和 ERP 系统软件供应商的结合,以期实现上述最佳的 XBRL 实现模式来提供财务报表信息。

6. 建立集中统一的监管信息系统

我国应建立集中共享的基于 XBRL 的监管信息系统,实现监管信息集中式自动化采集。具体来说,就是各银行不再向多家监管和管理机构分别报送数据,而是在监管管理机构中选出一个代表机构,银行只向该机构通过集中统一的非现场监管信息系统报送数据,其他监管管理机构从该机构自动提取所需数据。当然,要实现这个方案,还需要制定相应的法律法规给予制度性支持。这个方案的好处是可以极大地减少银行的数据处理负担,也可以极大地减少数据不一致的问题。其他监管机构若需要数据,不是直接从银行提取,而是从这个代表机构的数据库中以 XBRL 格式提取。基于这些 XBRL 数据,这些机构可以动态创建各种分析报表。

7. 加大政府重视与投入

行业监管机构要大力推动会计报表单一来源制度的建设。有调查表明,有些银行的财务报表和同期向税务机关申请纳税的报表存在出入,甚至个别银行报送的是两套报表。基于这种情况,会计监管部门应着力建设会计报表单一制度,以解决向不同部门报送不同会计信息报表的不真实性问题。因此,会计信息化必须走法治化和规范化的道路。另外,在会计法的修订过程中,立法机关应该对会计信息化的相关工作作出法律上的规定,以更好地推动 XBRL 的实施工作。财政部等相关机构还应在加强会计信息共享机制建设和推进会计信息共享方面大力做好 XBRL 的基础建设工作。如构建会计信息共享的标准体系、建立健全会计信息化的管理体系、建立统一的会计信息平台等。另外,财政部要联合相关部门加大对 XBRL 的宣传和普及工作,对领军人才的培养、CPA 的培训、高等学校会计专业的教育等也要加入相关 XBRL 和会计信息化的内容。

第七章

XBRL 在监管领域运用的实证检验

第一节 我国小企业会计准则 XBRL 分类标准的实证研究

一、中小企业对 XBRL 应用的需求

在信息技术快速发展的时代,企业发展与信息技术的关系日益密切,企业创新日益加快,信息化规划无疑将成为企业创新和发展过程中最重要的工作,也是企业发展的助推剂。

在国家中小企业信息化推进工程中,国家发展和改革委员会中小企业司曾启动了"百万中小企业上网计划",全面推进中小企业的信息化建设,提高中小企业的技术创新能力和信息技术应用水平。

经过多年的信息化研究和实践,国内的生产企业和 IT 企业都开始逐渐认识到 IT 规划的过程其实就是企业管理层共同成长的过程,帮助企业提高信息化管理水平,也就是帮助企业管理层提高对信息化的认识,促成管理层对信息化达成共识,同时也帮助企业的战略能够顺利实现。企业信息化从本质上讲就是管理的信息化,企业信息化的水平也就是企业管理水平的具体体现。

(一)调研背景

2009 年,为了应对由美国次贷危机引发的全球经济寒潮,延续中小企业信息化推进工程,进一步提高中小企业的管理升级、业务创新与转型等竞争力,工业和信息化部中小企业局指导,工信部中小企业对外合作协调中心联合用友软件共同推进"中小企业健康成长计划"。经过两年的努力,这项计划在全国多个

主要城市展开，信息化专业人才紧缺的中小企业通过参与该项计划，在诸多场信息化培训中学习、成长，各地中小企业相互交流信息化进程中吸取经验，互相学习，共同推进信息化的进程。

随着信息化的不断推进，中小企业对于自身会计信息化的需求也日益旺盛，目前部分有实力的中小企业已采用了会计软件或是 ERP 系统，不同程度地实现了会计信息化。然而，目前不断发展成长的中小企业已不仅满足于会计核算的信息化，还希望能够对会计报表进行深层次的信息挖掘，比如财务报表分析的信息化实现。

近年来，上海会计信息化专业委员会的专家们密切关注 XBRL 国际标准的应用，积极参与基于企业会计准则的可扩展商业报告语言（XBRL）通用分类标准的研究工作。同时，上海会计信息化专业委员会还积极和国外专家交流，2009 年 9 月 24～25 日，首届 XBRL GL 研究介绍暨会计财务信息标准化、内部控制和风险管理研讨会在上海举行，会议由上海市会计学会——会计信息化专业委员会主办。2011 年 1 月 5 日，上海会计学会会计信息化专业委员会邀请美国会计学会新技术委员会主席、夏威夷大学教授 Roger Debreceny 和来自上海国资委、上海国家会计学院、用友畅捷通软件有限公司（以下简称用友畅捷通公司）的各方代表以及来自华东理工大学、上海理工大学、上海海事大学等上海高校的老师、学生共同分享了题为"SEC 应用 XBRL 工具进行分析对比"的学术报告。基于对 XBRL 的深刻认识和充分研究，以及借鉴 XBRL 在国际上应用案例，上海会计学会会计信息化专业委员会的专家们认为，将 XBRL 应用到中小企业会计信息化中既能够深入分析财务数据，做好企业发展规划，又能够发挥 XBRL 的自身优势，节约企业的报告成本，提高工作效率，减少报告程序，它具有相当的可行性和必要性。

由此，用友畅捷通公司和上海会计信息化专业委员会联合进行了中小企业 XBRL 应用需求的调研。这也是本项目的第一阶段，这一阶段主要采用的是实地研究与调查研究相结合的方法。

（二）调研方法、范围和数据汇总

此次调研分别采用 E-mail 调研、电话调研、访谈调研三种方式进行，分别回收有效问卷数为 55 份、275 份、112 份，总共回收有效问卷数 442 份（表 7-1）。由于之后的调研问卷与第一次访谈采用的调研问卷有较大的修改，我们在统计数据中剔除了第一次访谈调研的 39 份数据。因此，本次调研数据分析是基于 403 份有效问卷的数据统计量。

表 7-1　　　　　　　　　调研问卷回收数据汇总

调研方式	回收有效问卷数
E-mail 调研	55 份
电话调研	275 份
访谈调研	112 份

1. E-mail 调研范围

E-mail 调研是根据所搜集到的中国各地区中小企业的企业邮箱地址，以发送电子邮件的形式进行调研。从调研的统计结果（图 7-1）来看，参与本次 E-mail 调研的中小企业有 74% 是华东地区的企业，有 13% 的企业位于华南地区，还有 13% 的企业位于华北、东北等其他大陆地区。中小企业的信息化推进过程在全国各地同时展开，各中小企业的信息化程度虽不统一，但是并不存在明显的地区差异。各地的中小企业信息化在这 55 家被调研的中小企业中（图 7-2）有 27 家是从事工业生产的企业，而从事建筑、批发和零售业的中小企业分别为 3 家、2 家和 1 家，还有 22 家中小企业所属其他行业。

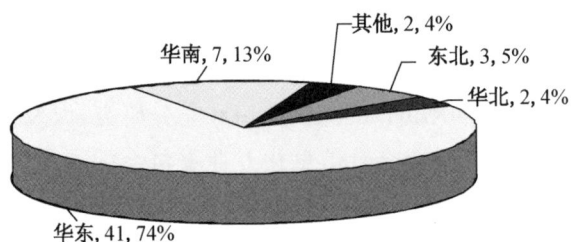

图 7-1　E-mail 调研企业地理位置

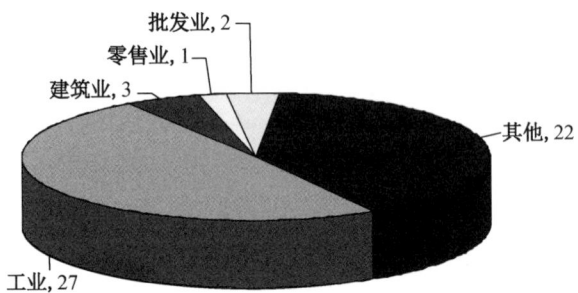

图 7-2　E-mail 调研企业所属行业

2. 电话调研范围

电话调研主要针对 281 家中小企业进行(表 7-2),统计数据显示,共有 186 家企业接受访问并完成了问卷的所有问题,还有 89 家企业接受了访问,但未能完成问卷的所有问题,仅统计这些被调研中小企业回答的有效数据。

表 7-2　　　　　　　　　电话调研情况汇总

调研接通状态	拒访	另约回拨	未完成全部问题	无人接听	已接受访问	总计
调研数	1	2	89	3	186	281

从实际收回的问卷统计结果(图 7-3)来看,在被电话调研的中小企业中有 36% 的企业从事制造业,有 9% 的企业从事批发和零售业,分别有 4%、5% 的企业从事建筑业、租赁和服务业,还有 46% 的被调研企业从事其他行业。被调研的中小企业均位于我国华东地区,其中有 116 家江苏省的企业,86 家福建省企业,上海企业、浙江省企业次之,分别有 44 家、31 家,还有 4 家是安徽省企业(图 7-4)。

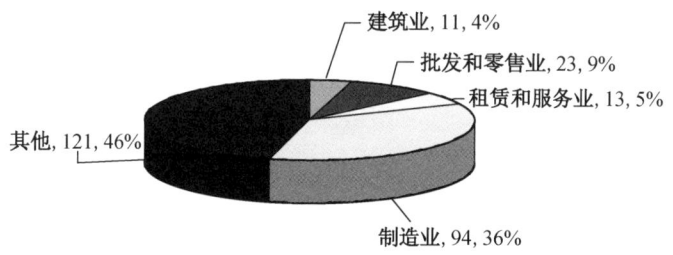

图 7-3　电话调研中小企业所属行业

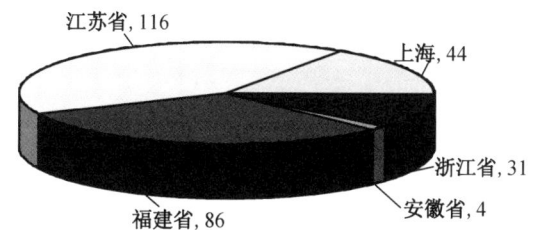

图 7-4　电话调研中小企业所处地理位置

3. 访谈调研范围

我们选取了 72 家上海中小企业的财务部门代表进行访谈调研。由表 7-3、图 7-5、图 7-6、图 7-7 可知,本次访谈调研对象主要是上海地区中小企业财务部门的代表,近 83% 参与访谈的代表参与本企业财务报表的编制,这些中小企业所属行业有制造业、批发和零售业、租赁和服务业、建筑业等。

表 7-3　　　　　　　　访谈调研企业规模情况汇总

企业规模	从业人数	30 人以下	30～200 人	200 人以上
		35 家	24 家	13 家
	企业的销售额	300 万元以下	300 万～3 000 万元	3 000 万元以上
		17 家	32 家	23 家
	企业的资产总额	400 万元以下	400 万～4 000 万元	4 000 万元以上
		20 家	32 家	20 家

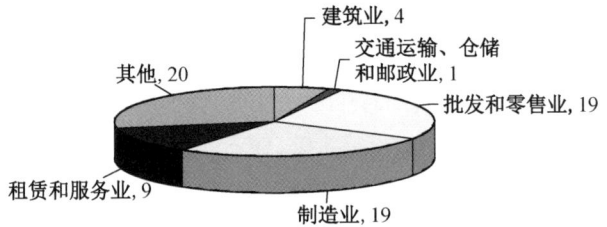

图 7-5　访谈调研中小企业所属行业

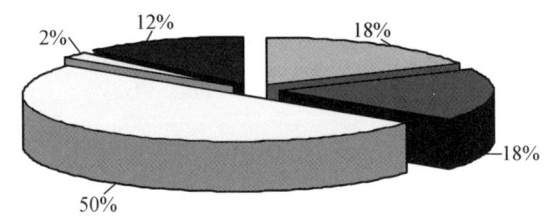

图 7-6　访谈调研中小企业代表工作职务

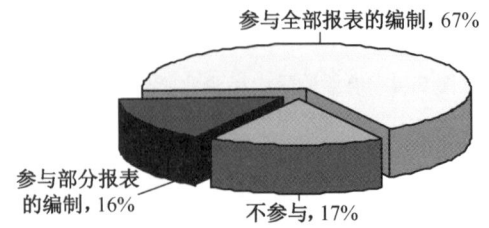

图 7-7　访谈调研中小企业代表是否参与财务报表的编制

图 7-8 的统计数据表明,只有 27% 的被访者对现有的财务报表格式相当满意,有 72% 的被访者认为现有的财务报告格式存在改进的空间,其中有 1% 的代表对现有财务报表格式相当不满意。

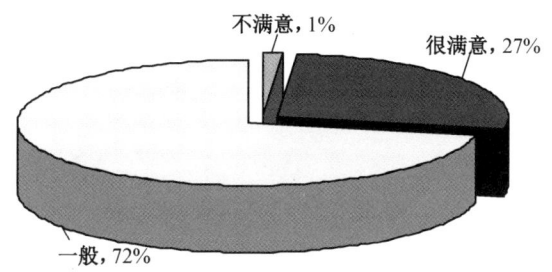

图 7-8　访谈调研中小企业财务代表对现有的财务报告格式是否满意

4. 调研数据分析

本次调研主要调查统计中小企业对外报送的财务报告的种类、格式、提交方式、提交对象和被调研企业对 XBRL 的认知度、认可度。三种调研问卷的调研重点问题相同,部分选项略有差异,因此稍做调整,将所有数据汇总,进行分析,对于多项选择题,总计数按照被调研企业数合计。具体的调研问题和数据统计如表 7-4 所示。

表 7-4　　　　　　　　对 XBRL 认知度调研数据汇总

	数据来源	从未听说过	听说过	很关注它的动态	总计
您是否了解 XBRL	访谈调研	41	18	4	63
	E-mail 调研	39	11	5	55
	电话调研	244	15	8	267
合计		324	44	17	385
百分比		84.16%	11.43%	4.41%	100.00%

此处将电话调研问卷中"了解该语言"选项和"很关注它的动态"选项合并计数。

从汇总数据可知(图 7-9),在所有接受调研的中小企业中,有 15% 以上的企业对 XBRL 有一定的认识,其中还有 4% 的企业表示很关注 XBRL 在我国企业信息化推进过程中的应用动态。这表明,虽然 XBRL 在我国会计信息化的应用尚属新概念,但近年来的研究、推广,尤其是在 2010 年 4 月国际组织正式确认上交所上市公司、基金 XBRL 分类标准通过"Approved"认证,2010 年下半年,财政部发布并实施《企业会计准则通用分类标准》之后，中小企业对于 XBRL 这一概念也逐渐开始了解、熟悉并关注。

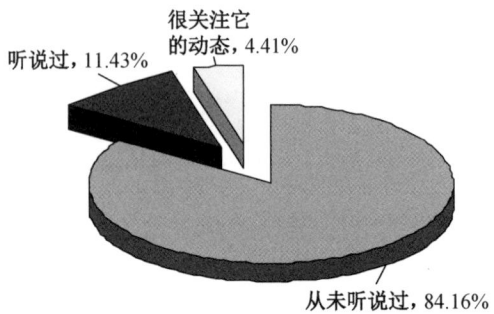

图 7-9 中小企业对 XBRL 的认知度

表 7-5　　　　　　中小企业对外报送财务报告种类调研数据汇总

贵公司对外报送的财务报表种类有哪些	数据来源	资产负债表	利润表	现金流量表	所有者权益变动表	纳税申报表	其他
	访谈调研	69	73	45	23	53	2
	E-mail 调研	55	55	29	22	50	14
	电话调研	165	91	70	2	37	12
合计		289	219	144	47	140	28
占问卷总数的百分比		65.38%	49.55%	32.58%	10.63%	31.67%	6.33%

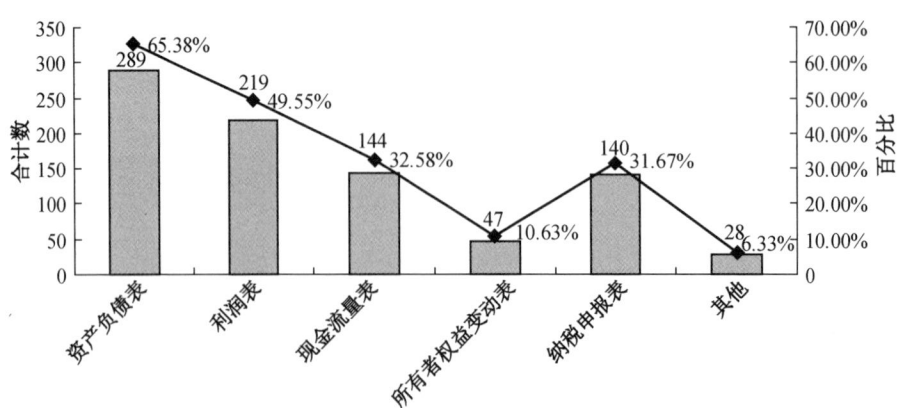

图 7-10 中小企业对外报送财务报告种类

从汇总数据可知(表7-5和图7-10),在所有接受调研的中小企业分别有65.38%、49.55%、32.58%和31.67%的企业要编制资产负债表、利润表、现金流量表和纳税申报表,仅有10.63%的企业需要编制所有者权益变动表,需要报送其他类型报表的企业仅为6.33%。这表明,中小企业虽所属不同行业、不同地区,但是对外报送的财务报告种类还是有一定的相同性,对外报送的财务报告主要有资产负债表、利润表、现金流量表和纳税申报表。

表7-6 中小企业对外报送财务报告格式调研数据汇总

贵公司对外报送的财务报告的格式有哪些	数据来源	纸质版	HTM格式	XSL格式	DOC格式	PDF格式	DAT格式	其他
	访谈调研	46	12	29	5	2	1	5
	E-mail调研	42	5	35	10	6	4	10
	电话调研	—	8	131	4	10	16	51
合计		88	25	195	19	18	21	66
占问卷总数的百分比		19.91%	5.66%	44.12%	4.30%	4.07%	4.75%	14.93%

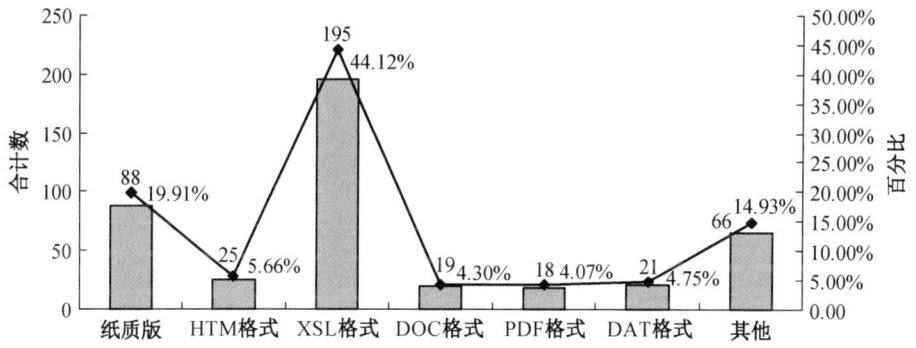

图7-11 中小企业对外报送财务报告格式

电话调研去掉了"纸质版"这一选项,但该题为多选题,因此,数据的汇总并不影响总体的分析结果。

从以上统计数据来看(表7-6和图7-11),目前部分中小企业在提交纸质版本财务报告的同时,还需要提交电子版本的财务报告。电子版本的财务报告格式种类不一,其中以XSL格式的比例最多达到了44.12%,HTM格式、DAT格式、DOC格式、PDF格式和其他格式只占有5.66%、4.75%、4.30%、4.07%和14.93%。说明,中小企业的财务报告已大部分实现电子化,但格式尚不统一,以XSL格式为主,其他格式亦种类繁多,但每种格式的应用企业总数不多。

表 7-7　中小企业对外报送财务报告的提交形式调研数据汇总

贵公司对外报送的财务报告的提交形式有哪些	数据来源	纸质版提交	网络提交	移动存储设备提交	其他
	访谈调研	45	54	18	3
	E-mail 调研	46	41	19	3
	电话调研	82	149	1	5
合计		173	244	38	11
占问卷总数的百分比		39.14%	55.20%	8.60%	2.49%

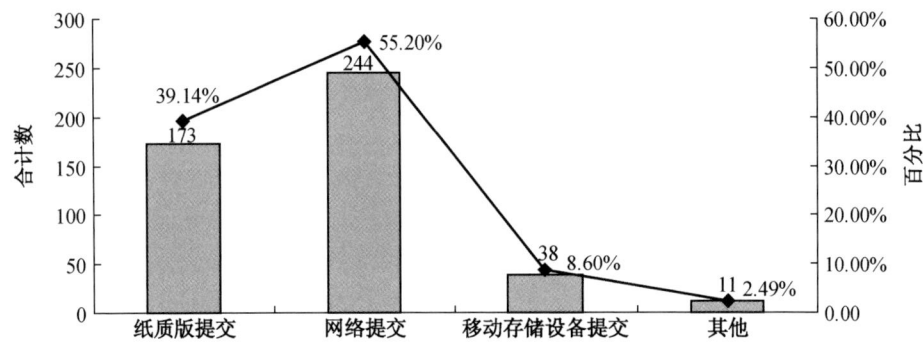

图 7-12　中小企业对外报送财务报告的提交形式

统计数据显示(表 7-7 和图 7-12),目前有 39.14% 的中小企业需要提交纸质版本的财务报告,有 55.20% 的被调研企业需要通过网络的形式将财务报告提交到相关部门,有 8.60% 的中小企业是通过移动存储设备将财务报告提交到相关部门,还有不到 3% 的企业表示通过其他方式提交财务报告。从以上统计数据来看,在推进信息化的进程中,我国中小企业大部分已实现了财务报表的电子化传输,减少了数据人工抄录错误、信息传递时间。

表 7-8　中小企业对外报送财务报告的提交对象调研数据汇总

贵公司需要向哪些部门提供财务报告	数据来源	税务机关	银行	审计部门	证监部门	上级管理层	其他
	访谈调研	68	26	29	3	27	2
	E-mail 调研	54	29	28	1	30	16
	电话调研	198	21	8	1	23	6
合计		320	76	65	5	80	24
占问卷总数的百分比		72.40%	17.19%	14.71%	1.13%	18.10%	5.43%

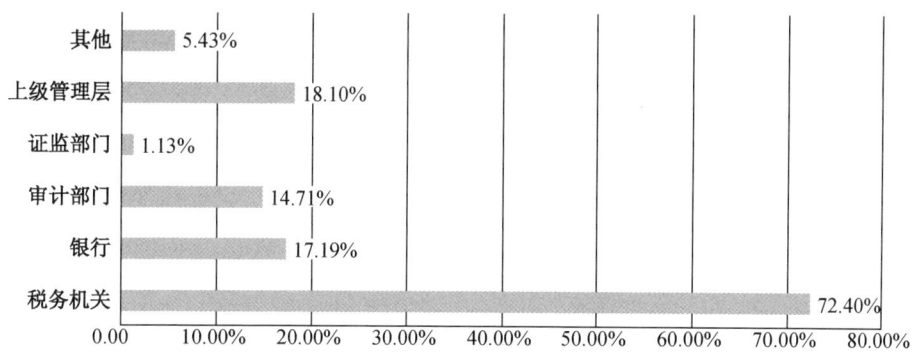

图 7-13　中小企业对外报送财务报告的提交对象

以上统计数据显示(表 7-8 和图 7-13),中小企业财务报告的提交对象多为外部监管部门,其中最为主要的是税务机关,有 72.40% 的被调研企业需要向相关税务部门提供财务报告,其次是跟中小企业相关的银行和审计部门,比例分别为 17.19% 和 14.71%。由于中小企业大多未上市,需要提交给证监部门的企业比例只有 1.13%。许多的大型企业都是从中小企业发展而来,有 18.10% 的被调研企业表示需要为企业内部的上级管理层提供财务报告,以支持企业的发展决策。

表 7-9　中小企业是否支持提交 XBRL 格式的财务报表调研数据汇总

	数据来源	支持	不支持	总计
如果相关部门要求贵公司通过网络提交 XBRL 格式的财务报表,您是否支持	访谈调研	39	21	60
	E-mail 调研	43	7	50
	电话调研	148	62	210
合计		230	90	320
百分比		71.88%	28.12%	100.00%

统计数据表明(表 7-9 和图 7-14),在参与调研的 442 家中小企业中,有 320 家企业明确表明了是否支持提交 XBRL 格式的报表,这其中有 71.88% 的被调研中小企业表示支持提交 XBRL 格式的财务报表,而仍然有 28.12% 的中小企业表示不支持。还有 122 家被调研企业持观望态度,未表明是否支持提交 XBRL 格式的财务报表。

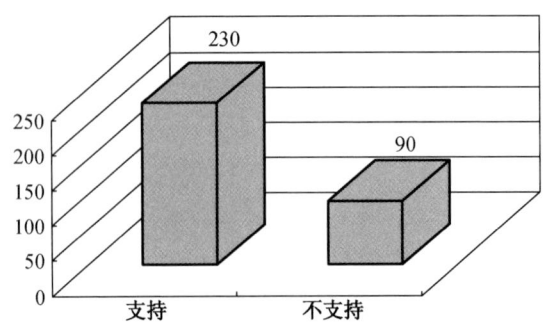

图 7-14　中小企业是否支持提交 XBRL 格式的财务报表

表 7-10　　　　要求中小企业提交 XBRL 格式的财务报表
之前的准备工作调研数据汇总

如果相关部门要求贵公司通过网络提供 XBRL 格式的报表,您期望	数据来源	进行培训	不增加工作量	有益于日常会计工作	其他
	访谈调研	45	28	34	1
	E-mail 调研	33	30	27	6
	电话调研	78	43	42	34
合计		156	101	103	41
占问卷总数的百分比		35.29%	22.85%	23.30%	9.28%

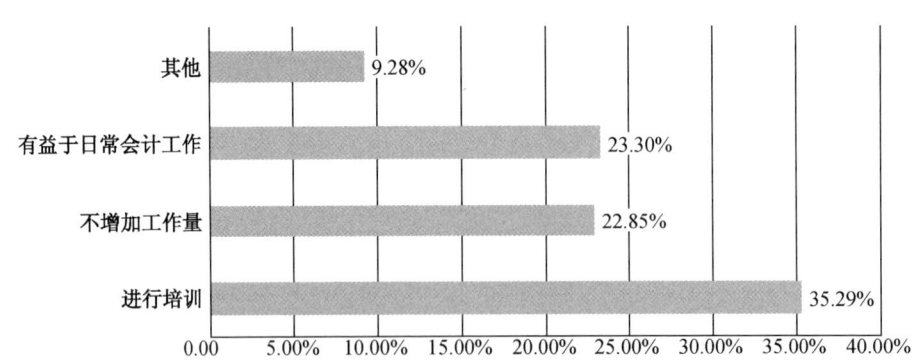

图 7-15　要求中小企业提交 XBRL 格式的财务报表之前的准备工作

统计数据表明(表 7-10 和图 7-15),若规定中小企业提交 XBRL 格式的财务报表,有 35.29% 的企业提出需要进行相关的专业培训,以推进中小企业的信息化进程,说明中小企业对于 XBRL 的了解程度不高,信息化专业人才不足。

同时，23.30%的被调研企业期望，这一格式财务报表的编制能够有益于日常会计工作的展开，同时有22.85%的企业期望不要增加工作量。

表 7-11 要求中小企业提交 XBRL 格式的财务报表怎样进行格式转换调研数据汇总

报表编制完以后，您认为应该如何转换格式传输提交	数据来源	先转换成会计软件默认的报表格式，审核后再转换成 XBRL 格式报送	由会计软件转换成 XBRL 格式直接报送	两种方式都可以接受	总计
	访谈调研	9	15	32	56
	E-mail 调研	13	15	23	51
	电话调研	55	77	54	186
合计		77	107	109	293
百分比		26.28%	36.52%	37.20%	100.00%

统计数据表明（表 7-11 和图 7-16），对于 XBRL 格式的财务报告应如何传输提交，有 36.52%的企业表示向往可以应用相关会计软件直接生成 XBRL 格式的财务报告，并进行提交。市场上已有部分财务软件厂商推出了中小企业版本，有 26.28%的企业表示，希望可以用已在使用的会计软件生成默认形式的报表格式，审核后，通过一定的技术转化成 XBRL 格式的报表再提交。有 37.20%的企业表示这两种传输提交方式均能够接受。

财务报告应如何转换格式传输提交

| 26.28% | 36.52% | 37.20% |

0.00%　　20.00%　　40.00%　　60.00%　　80.00%　　100.00%　　120.00%

□ 先转换成会计软件默认的报表格式，审核后再转换成XBRL格式报送
▨ 由会计软件转换成XBRL格式直接报送
■ 两种方式都可以接受

图 7-16 要求中小企业提交 XBRL 格式的财务报表怎样进行格式转换

（三）可能性分析

1. 可行性分析

XBRL 是 XML 基于财务报告信息交换的一种应用，是目前应用于非结构化信息处理，尤其是财务信息处理的最新标准和技术。XBRL 能够在多种操作平台下使用，对于同一份报告能够按多种格式输出，它通过标签描述数据能够进

行数据的快速搜索,并对财务数据进行特定的识别和分类,从而实现数据的挖掘功能,对财务信息进行解释、分析。

对于企业来说,采用 XBRL 能够节省报告成本、时间和精力,减少重复劳动、提高效率,增强报表可靠性,简化向监管者日常报告的程序。

本次调研结果表明,在所有接受调研的中小企业中,分别有 65.38%、49.55%、32.58%、31.67%的企业要编制资产负债表、利润表、现金流量表和纳税申报表,这表明我国中小企业对外报送的财务报告种类相似。目前部分中小企业在提交纸质版本财务报告的同时,还需要提交电子版本的财务报告。电子版本的财务报告格式种类不一,其中 XSL 格式的比例最多达到了 44.12%,HTM 格式、DAT 格式、DOC 格式、PDF 格式和其他格式只占有 5.66%、4.75%、4.30%、4.07%和 14.93%。中小企业财务报告的提交对象多为外部监管部门,有 72.40%的被调研企业需要向相关税务部门提供财务报告,报送对象集中在税务部门。

我国中小企业对外报送的财务报告种类相似,电子版报表格式集中,大多采用的是 XSL 格式,报送提交对象较一致,主要集中报送至税务部门,而这些财务报告本身内容比较统一,差异化程度小,原始数据大多取自同一财务数据池。可以采用 XBRL FR 输出财务报告。XBRL 格式的财务报告文件,也就是所谓的 XBRL 实例文档,是指包含一套财务报告信息 XBRL 标签的计算机文件,是以类似于网页源代码的一种计算机代码写成,供计算机识别的文件,只需一次生成就可以供无限次使用,灵活地满足各种不同格式的财务报告报送。

调研统计数据显示,目前有 39.14%的中小企业需要提交纸质版本的财务报告,有 60%以上的被调研企业表示需要通过网络的形式、移动存储介质或是其他方式提交电子版的财务报告(包括同时提供纸质版本和电子版本的企业)。中小企业信息化工作推进以来,各中小企业已经积累了相当多的财务数据,这些财务数据已不仅仅停留在纸质凭证的层面,大多数财务数据已经电子化,完全有能力建立一个数据库。有 18.10%的被调研企业表示需要为企业内部的上级管理层提供财务报告,以支持企业的发展决策,可以从历史数据库中提取数据进行财务分析,完善中小企业的预算机制,也能够为中小企业未来的发展规划提供合理、真实的数据支撑。

以往的财务报表电子格式如 DOC、XSL、PDF 或 HTML 文件是一种静态格式,不能实现真正意义上的电子数据交换。若要对财务信息进行深加工,就需要对数据进行复制粘贴、重新输入或者以其他格式重新编报。为实现某个特定目标,信息使用者可能需要获取多个文件。利用静态报表进行数据加工处理的方式不仅费时费力，容易出错，而且一个人整理出来的数据只能满足他的需要，就其他用途而言，还需要对数据重新进行加工。XBRL 实例文档即财务信息以动态格式存在，可以实现相关数据的向下挖掘、自动归集、整理、比较。这样每类用户都利用其特定的程序从实例文档中提取所需要的数据：税务部门可以提取确定纳税额的数据；银行可以提取用于信贷控制的数据；战略投资者可以从中提取用于分析的数据等，减少信息使用成本，提高信息质量。

调研结果显示，约有 15% 的被调研企业对 XBRL 有一定的认识，其中有 4% 的被调研企业表示很关心 XBRL 在我国企业信息化推进过程中的应用动态。目前我国多家财务软件公司已经结合中小企业的实际情况推出了中小企业版本，随着我国《企业会计准则通用分类标准》和《小企业会计准则》的颁布及实施，中小企业在信息化的进程中也开始关注 XBRL 的应用动态，对 XBRL 的应用需求逐渐显示出来。

2. 应用必要性

中小企业是推动经济发展不可或缺的力量，它们的成长性比较强，在会计信息化建设过程中，应重视其可扩展性，满足业务的逐渐发展，为后续的扩展留有余地。如中小企业将来成长壮大，成功上市，必然要向证监会提供相应的财务报告，企业内部的决策也可能需要特定的报告。XBRL 分类标准具有可扩展性，允许信息需求方和报告主体通过对既定分类标准进行扩展来自行增加元素，从而可以生成特定需求的报告。目前，XBRL 技术已经在国际上普及，部分在国外上市的公司，如在美国上市，被要求提交 XBRL 格式的财务报告，中国全球化的脚步加快，中小企业提供 XBRL 格式的财务报告也是必然的趋势。

从汇总数据可知，处于整个生产价值链某一环节的中小企业已从不同的渠道获知 XBRL 技术，可能是中小企业的供应商或客户已经应用了 XBRL 技术，在业务交流的过程中，难免需要沟通相应的业务数据，不同格式的数据给处理带来了障碍，如果中小企业也采用 XBRL 技术，则企业的各种信息，尤其是财务信息，都可以通过 XBRL 在互联网、计算机上进行有效的处理。信息发布者一旦输入了信息，就无需再次输入，通过 XBRL 获取到的信息，也无需打印或再次输入，就可以方便快捷地运用于各种数据的交流、分析等领域。中小企业在此过程中必然会节约信息成本，也稳定了其在生产销售链中的地位。

XBRL 的跨平台使用特点和开放性，使得企业可以实现各部门之间信息的共享，各分散的管理模块的整合，极大地减少花费在人工录入和重新核对信息上的成本。企业的内部信息系统将以更快的速度进行整合并以最低的成本形成标准化的财务信息及财务报告,可以帮助企业便捷、高效地分析财务结果,使企业从数据录入和数据处理的繁琐过程中解脱出来,专注于企业未来的生产经营和销售预测,以及激烈竞争的市场,以提升企业的核心竞争力。

从调研结果来看,有71.88%的被调研的中小企业表示支持提交XBRL格式的财务报表,针对如何产生XBRL格式报告,有36.52%的企业表示向往可以应用相关会计软件直接生成XBRL格式的财务报告,并进行提交。有26.28%的企业表示,希望可以用已在使用的会计软件生成默认形式的报表格式,审核后,通过一定的技术转化成XBRL格式的报表再提交。有37.20%的企业表示这两种传输提交方式均能够接受。调研结果表明中小企业财务软件应用XBRL技术有相当大的市场需要,XBRL的应用必然会得到市场的积极回应。

3. 经济、社会效益

对于提交XBRL格式的财务报告之前需要哪些准备工作,有35.29%的企业提出需要进行相关的专业培训,并随着制度的不断完善,需要相应的软件公司定期对软件进行维护,以推进中小企业的信息化进程。以目前的情况估计,用友畅捷通公司在全中国拥有约60万用户。以此推算约有43万用户愿意选择运用XBRL技术的财务软件,约有15万用户需要进行相关的培训和系统的维护。

目前,用友畅捷通公司在中小企业的市场份额有明显的优势。伴随着中小企业信息化进程的推进,用友畅捷通公司与时俱进,应用XBRL技术于中小企业财务软件,必然能够巩固像用友畅捷通这样财务软件公司的市场领先地位,带来相当可观的经济价值。

(四) 结论

首先,我国中小企业的财务报告并不复杂,财务报告本身内容比较统一,格式相近,差异化程度小,原始数据大多取自同一财务数据池。可以采用XBRL-FR(XBRL-Finance Report)输出财务报告。XBRL实例文档即财务信息以动态格式存在,可以实现相关数据的向下挖掘、自动归集、整理、比较。不同财务信息需求者可以通过XBRL实例文档生成各自需要的报告,或是进行相关的财务分析。我国财政部已经颁布了《企业会计准则通用分类标准》《小企业会计准则》,《小企业会计准则XBRL分类标准》的实行势在必行,中小企业应用XBRL技术具有相当高的可行性。

其次,企业信息化的进程中,中小企业也必然要紧跟市场变化,加紧信息化的进程。目前,XBRL 技术在国际上应用广泛,一些国家要求上市公司提供 XBRL 格式的财务报告,应用 XBRL 格式的财务报告是必然趋势。

最后,用友畅捷通公司在中小企业的市场中市场份额有明显的优势,而且中小企业对于运用 XBRL 技术的财务软件的需求高涨,在相关技术和制度中的不断完善中,这一技术的应用必将显示出越来越大的经济价值和社会效用。

二、《小企业会计准则(征求意见稿)》与《企业会计准则》的对比研究

以上调研结果表明,中小企业对于应用 XBRL 技术表现出了相当大的热情,认为它能在节约企业的报告成本,提高工作效率,减少报告程序上发挥较大的作用。以下进入该项目的第二阶段,即进行《小企业会计准则 XBRL 分类标准(测试版)》的编制和测试工作。

要开展这项工作,对比研究《小企业会计准则》与《企业会计准则》从而找出它们的异同是必不可少的步骤。但前文提到,《小企业会计准则》也已出台,所以本章先列示《小企业会计准则(征求意见稿)》与《企业会计准则》的异同,然后阐述《小企业会计准则》与《小企业会计准则(征求意见稿)》的区别,并在末段列示《小企业会计准则》与《企业会计准则》的异同。本章主要采用档案研究的方法,收集《小企业会计准则(征求意见稿)》《小企业会计准则》与《企业会计准则》,并进行《小企业会计准则(征求意见稿)》与《企业会计准则》,《小企业会计准则(征求意见稿)》与《小企业会计准则》之间的比较研究。经过深入研读,从元素、资产负债表和利润表三个角度找出了《小企业会计准则(征求意见稿)》与《企业会计准则》的联系和差异,列示如下。

(一)《小企业会计准则(征求意见稿)》与《企业会计准则》的联系

由于小企业自身的特点,适合其使用的准则一定是在信息披露的充分性和披露成本中作出权衡后得出的结果。《企业会计准则》是适用于大中型企业的准则,其中的很多规定对于小企业而言都是用不上的,《小企业会计准则(征求意见稿)》是针对小企业制定的准则,它基本上是对《企业会计准则》的删减,从某种意义上来说,《小企业会计准则(征求意见稿)》是《企业会计准则》的"缩减版"。以下将两个准则元素之间的联系,即《小企业会计准则(征求意见稿)》里的元素和《企业会计准则》中都有的元素列示出来,同时从资产负债、利润表的角度列示它们的联系。

1. 元素的联系(表 7-12)

表 7-12 《小企业会计准则(征求意见稿)》与《企业会计准则》元素的联系

序号	小企业表元素	企业会计准则元素	准则号	中文名称	英文名称	元素类型	备注
1	其他业务收入	其他业务收入	30	其他业务收入	other operating income		保险企业用
2	投资收益	投资收益	30, 33	投资收益	investment income	x	
3	销售费用	销售费用	30, 33	销售费用	distribution costs	(x)	
4	管理费用	管理费用	30, 33	管理费用	administrative expenses	(x)	
5	财务费用	财务费用	30, 33	财务费用	finance costs	(x)	
6	利润总额	利润总额	18, 30, 33	利润总额	profit loss before tax	x	
7	所得税费用	所得税费用	18, 30	所得税费用	income tax expense	(x)	
8	净利润	净利润	30, 31, 33	净利润	profit loss	x	
9	资产	资产	30, 33	资产	assets	abstract	
10	流动资产	流动资产	30, 33	流动资产	current assets	abstract	
11	货币资金	货币资金	30, 33	货币资金	bank balances and cash	x	
12	应收票据	应收票据	30, 33, 37	应收票据	notes receivable	x	
13	应收账款	应收账款	30, 33	应收账款	accounts receivable	x	
14	预付账款	预付账款	37	预付账款	advances to suppliers	x	37 的附注
15	应收股利	应收股利	30	应收股利	dividends receivable	x	
16	应收利息	应收利息	30, 33	应收利息	interest receivable	x	
17	其他应收款	其他应收款	30, 33, 37	其他应收款	other receivables	x	
18	存货	存货	1, 30, 33	存货	inventories	x	

(续表)

序号	小企业表元素	企业会计准则元素	准则号	中文名称	英文名称	元素类型	备注
19	其他流动资产	其他流动资产	30, 33	其他流动资产	other current assets	x	
20	流动资产合计	流动资产合计	30, 33	流动资产合计	total current assets	x	
21	非流动资产	非流动资产	30, 33	非流动资产	non-current assets	abstract	
22	长期股权投资	长期股权投资	30, 33	长期股权投资	long-term equity investments	x	
23	固定资产清理	固定资产清理清理	4, 30, 33	固定资产清理	fixed assets pending for disposal	x	
24	生产性生物资产	生产性生物资产	30, 33	生产性生物资产	noncurrent biological assets	x	
25	无形资产	无形资产	6, 30, 33	无形资产	intangible assets	x	
26	长期待摊费用	长期待摊费用	6, 30, 33	长期待摊费用	long-term deferred expenses	x	
27	其他非流动资产	其他非流动资产	30, 33	其他非流动资产	other non-current assets	x	
28	非流动资产合计	非流动资产合计	30, 33	非流动资产合计	total non-current assets	x	
29	资产总计	资产总计	30, 33, 35	资产总计	total assets	x	
30	流动负债	流动负债	30, 33	流动负债	current liabilities	abstract	
31	短期借款	短期借款	30, 33	短期借款	short-term borrowings	x	
32	应付账款	应付账款	30, 33, 37	应付账款	accounts payable	x	
33	预收账款	预收账款	37	预收账款	advances from customers	x	
34	应付职工薪酬	应付职工薪酬	9, 30, 33	应付职工薪酬	employee benefits payable	x	

(续表)

序号	小企业表元素	企业会计准则元素	准则号	中文名称	英文名称	元素类型	备注
35	应交税费	应交税费	30,33	应交税费	current tax liabilities	x	
36	应付利息	应付利息	30,33,37	应付利息	interest payable	x	
37	应付利润	应付利润		应付利润	dividends payable	x	
38	其他应付款	其他应付款	30,33,37	其他应付款	other payables	x	
39	其他流动负债	其他流动负债	30,33	其他流动负债	other current liabilities	x	
40	流动负债合计	流动负债合计	30,33	流动负债合计	total current liabilities	x	
41	非流动负债	非流动负债	30,33	非流动负债	non-current liabilities	abstract	
42	长期借款	长期借款	30,33	长期借款	long-term borrowings	x	
43	其他非流动负债	其他非流动负债	30,33	其他非流动负债	other non-current liabilities	x	
44	非流动负债合计	非流动负债合计	30,33	非流动负债合计	total non-current liabilities	x	
45	负债合计	负债合计	30,33,36	负债合计	total liabilities	x	
46	所有者权益(或股东权益)	所有者权益(或股东权益)	30,33	所有者权益(或股东权益)	equity	abstract	
47	资本公积	资本公积	30,33	资本公积	capital surplus	x	
48	盈余公积	盈余公积	30,33	盈余公积	surplus reserve	x	
49	未分配利润	未分配利润	30,33	未分配利润	retained earnings	x	
50	所有者权益(或股东权益)合计	所有者权益(或股东权益)合计	30,33	所有者权益(或股东权益)合计	total equity	x	
51	负债和所有者权益(或股东权益)总计	负债和所有者权益(或股东权益)总计	30,33	负债和所有者权益(或股东权益)总计	total equity and liabilities	x	

2. 资产负债表元素的联系(表7-13)

表7-13 《小企业会计准则(征求意见稿)》与《企业会计准则》资产负债表元素的联系

序号	小企业表元素	企业会计准则元素	准则号	中文名称	英文名称	元素类型	Cas Taxonomy
1	资产	资产	30,33	资产	assets	abstract	xlink:href="http://xbrl.iasb.org/taxonomy/2010-04-30/ifrs-cor_2010-04-30.xsd#ifrs_Assets"
2	流动资产	流动资产	30,33	流动资产	current assets	abstract	xlink:href="http://xbrl.iasb.org/taxonomy/2010-04-30/ifrs-cor_2010-04-30.xsd#ifrs_CurrentAssets"
3	货币资金	货币资金	30,33	货币资金	bank balances and cash	x	xlink:href="../../cas_core_2010-09-30.xsd#cas_BankBalancesAndCash"
4	应收票据	应收票据	30,33,37	应收票据	notes receivable	x	xlink:href="../../cas_core_2010-09-30.xsd#cas_NotesReceivable"
5	应收账款	应收账款	30,33	应收账款	accounts receivable	x	xlink:href="../../cas_core_2010-09-30.xsd#cas_AccountReceivables"
6	预付账款	预付账款	37	预付账款	advances to suppliers	x	xlink:href="../../cas_core_2010-09-30.xsd#cas_AdvancesToSuppliers"

（续表）

序号	小企业表元素	企业会计准则元素	准则号	中文名称	英文名称	元素类型	Cas Taxonomy
7	应收股利	应收股利	30	应收股利	dividends receivable	x	xlink:href="../../cas_core_2010-09-30.xsd#cas_DividendsReceivable"
8	应收利息	应收利息	30,33	应收利息	interest receivable	x	xlink:href="../../cas_core_2010-09-30.xsd#cas_InterestReceivable"
9	其他应收款	其他应收款	30,33,37	其他应收款	other receivables	x	xlink:href="../../cas_core_2010-09-30.xsd#cas_OtherReceivables"
10	存货	存货	1,30,33	存货	inventories	x	xlink:href="http://xbrl.iasb.org/taxonomy/2010-04-30/ifrs-cor_2010-04-30.xsd#ifrs_Inventories"
11	其他流动资产	其他流动资产	30,33	其他流动资产	other current assets	x	xlink:href="../../cas_core_2010-09-30.xsd#cas_OtherCurrentAssets"
12	流动资产合计	流动资产合计	30,33	流动资产合计	total current assets	x	xlink:href="http://xbrl.iasb.org/taxonomy/2010-04-30/ifrs-cor_2010-04-30.xsd#ifrs_Non-currentReceivables"

(续表)

序号	小企业表元素	企业会计准则元素	准则号	中文名称	英文名称	元素类型	Cas Taxonomy
13	非流动资产	非流动资产	30，33	非流动资产	non-current assets	abstract	xlink：href＝"http：/xbrl.iasb.org/taxonomy/2010-04-30/ifrs-cor_2010-04-30.xsd♯ifrs_Non-currentAssets"
14	长期股权投资	长期股权投资	30，33	长期股权投资	long-term equity investments	x	xlink：href＝"../../cas_core_2010-09-30.xsd♯cas_LongTermEquityInvestments"
15	固定资产清理	固定资产清理	4，30，33	固定资产清理	fixed assets pending for disposal	x	xlink：href＝"../../cas_core_2010-09-30.xsd♯cas_FixedAssetsPendingForDisposal"
16	生产性生物资产	生产性生物资产	30，33	生产性生物资产	noncurrent Biological Assets	x	xlink：href＝"http：/xbrl.iasb.org/taxonomy/2010-04-30/ifrs-cor_2010-04-30.xsd♯ifrs_Non-current-BiologicalAssets"
17	无形资产	无形资产	6，30，33	无形资产	intangible assets	x	xlink：href＝"http：/xbrl.iasb.org/taxonomy/2010-04-30/ifrscor_2010-04-30.xsd♯ifrs_IntangibleAssetsOtherThanGoodwill"
18	长期待摊费用	长期待摊费用	6，30，33	长期待摊费用	long-term deferred expenses	x	xlink：href＝"../../cas_core_2010-09-30.xsd♯cas_LongTermDeferredExpenses"

(续表)

序号	小企业表元素	企业会计准则元素	准则号	中文名称	英文名称	元素类型	Cas Taxonomy
19	其他非流动资产	其他非流动资产	30,33	其他非流动资产	other non-current assets	x	xlink:href="../../cas_core_2010-09-30.xsd#cas_OtherNonCurrentAssets"
20	非流动资产合计	非流动资产合计	30,33	非流动资产合计	total non-current assets	x	xlink:href="../../cas_core_2010-09-30.xsd#cas_NonCurrentAssets"
21	资产总计	资产总计	30,33,35	资产总计	total assets	x	xlink:href="http://xbrl.iasb.org/taxonomy/2010-04-30/ifrs-cor_2010-04-30.xsd#ifrs_Assets"
22	流动负债	流动负债	30,33	流动负债	current liabilities	abstract	xlink:href="http://xbrl.iasb.org/taxonomy/2010-04-30/ifrs-cor_2010-04-30.xsd#ifrs_CurrentLiabilities"
23	短期借款	短期借款	30,33	短期借款	short-term borrowings	x	xlink:href="../../cas_core_2010-09-30.xsd#cas_ShortTermBorrowings"
24	应付账款	应付账款	30,33,37	应付账款	accounts payable	x	xlink:href="../../cas_core_2010-09-30.xsd#cas_AccountsPayable"
25	预收账款	预收账款	30,33,67	预收账款	advances from customers	x	xlink:href="../../cas_core_2010-09-30.xsd#cas_AdvancesFromCustomers"

(续表)

序号	小企业表元素	企业会计准则元素	准则号	中文名称	英文名称	元素类型	Cas Taxonomy
26	应付职工薪酬	应付职工薪酬	9，30，33	应付职工薪酬	employee benefits payable	x	xlink:href="../../cas_core_2010-09-30.xsd#cas_EmployeeBenefitsPayable"
27	应交税费	应交税费	30，33	应交税费	current tax liabilities	x	xlink:href="http://xbrl.iasb.org/taxonomy/2010-04-30/ifrs-cor_2010-04-30.xsd#ifrs_CurrentTaxLiabilities"
28	应付利息	应付利息	30，33，37	应付利息	interest payable	x	xlink:href="../../cas_core_2010-09-30.xsd#cas_InterestPayables"
29	应付利润	应付利润		应付利润	dividends payable	x	xlink:href="../../cas_core_2010-09-30.xsd#cas_DividendsPayable"
30	其他应付款	其他应付款	30，33，37	其他应付款	other payables	x	xlink:href="../../cas_core_2010-09-30.xsd#cas_OtherPayables"
31	其他流动负债	其他流动负债	30，33	其他流动负债	other current liabilities	x	xlink:href="../../cas_core_2010-09-30.xsd#cas_OtherCurrentLiabilities"
32	流动负债合计	流动负债合计	30，33	流动负债合计	total current liabilities	x	xlink:href="http://xbrl.iasb.org/taxonomy/2010-04-30/ifrs-cor_2010-04-30.xsd#ifrs_CurrentLiabilities"

(续表)

序号	小企业表元素	企业会计准则元素	准则号	中文名称	英文名称	元素类型	Cas Taxonomy
33	非流动负债	非流动负债	30，33	非流动负债	non-current liabilities	abstract	xlink：href=" http://xbrl.iasb.org/taxonomy/2010-04-30/ifrs-cor_2010-04-30.xsd#ifrs_NoncurrentLiabilities"
34	长期借款	长期借款	30，33	长期借款	long-term borrowings	x	xlink：href="../../cas_core_2010-09-30.xsd#cas_Longterm Borrowings"
35	其他非流动负债	其他非流动负债	30，33	其他非流动负债	other non-current liabilities	x	xlink：href="../../cas_core_2010-09-30.xsd#cas_OtherNonCurrent Liabilities"
36	非流动负债合计	非流动负债合计	30，33	非流动负债合计	total non-current liabilities	x	xlink：href=" http://xbrl.iasb.org/taxonomy/2010-04-30/ifrs-cor_2010-04-30.xsd#ifrs_NoncurrentLiabilities"
37	负债合计	负债合计	30，33，36	负债合计	total liabilities	x	xlink：href=" http://xbrl.iasb.org/taxonomy/2010-04-30/ifrs-cor_2010-04-30.xsd#ifrs_Liabilities"

第七章 XBRL在监管领域运用的实证检验

(续表)

序号	小企业表元素	企业会计准则元素	准则号	中文名称	英文名称	元素类型	Cas Taxonomy
38	所有者权益（或股东权益）	所有者权益（或股东权益）	30,33	所有者权益（或股东权益）	equity	abstract	xlink：href=" http://xbrl.iasb.org/taxonomy/2010-04-30/ifrs-cor_2010-04-30.xsd#ifrs_Equity"
39	资本公积	资本公积	30,33	资本公积	capital surplus	x	xlink：href="../../cas_core_2010-09-30.xsd#cas_CapitalSurplus"
40	盈余公积	盈余公积	30,33	盈余公积	surplus reserve	x	xlink：href="../../cas_core_2010-09-30.xsd#cas_SurplusReserves"
41	未分配利润	未分配利润	30,33	未分配利润	retained earnings	x	xlink：href=" http://xbrl.iasb.org/taxonomy/2010-04-30/ifrs-cor_2010-04-30.xsd#ifrs_RetainedEarnings"
42	所有者权益（或股东权益）合计	所有者权益（或股东权益）合计	30,33	所有者权益（或股东权益）合计	total equity	x	xlink：href=" http://xbrl.iasb.org/taxonomy/2010-04-30/ifrs-cor_2010-04-30.xsd#ifrs_Equity"
43	负债和所有者权益（或股东权益）总计	负债和所有者权益（或股东权益）总计	30,33	负债和所有者权益（或股东权益）总计	total equity and liabilities	x	xlink：href=" http://xbrl.iasb.org/taxonomy/2010-04-30/ifrs-cor_2010-04-30.xsd#ifrs_EquityAndLiabilities"

3. 利润表元素的联系（表7-14）

表7-14 《小企业会计准则(征求意见稿)》与《企业会计准则》利润表元素的联系

序号	小企业表元素	企业会计准则元素	准则号	中文名称	英文名称	元素类型	备注	Cas Taxonomy
1	其他业务收入	其他业务收入	30	其他业务收入	other operating income		保险企业用	xlink:href=".././cas_core_2010-09-30.xsd#cas_OtherOperatingIncome"
2	投资收益	投资收益	30,33	投资收益	investment income	x		xlink:href=".././cas_core_2010-09-30.xsd#cas_InvestmentIncome"
3	销售费用	销售费用	30,33	销售费用	distribution costs	(x)		http://xbrl.iasb.org/taxonomy/2010-04-30/ifrs-cor_2010-04-30.xsd#ifrs_DistributionCosts
4	管理费用	管理费用	30,33	管理费用	administrative expenses	(x)		xlink:href="http://xbrl.iasb.org/taxonomy/2010-04-30/ifrs-cor_2010-04-30.xsd#ifrs_AdministrativeExpense"
5	财务费用	财务费用	30,33	财务费用	finance costs	(x)		xlink:href="http://xbrl.iasb.org/taxonomy/2010-04-30/ifrs-cor_2010-04-30.xsd#ifrs_FinanceCosts"

(续表)

序号	小企业表元素	企业会计准则元素	准则号	中文名称	英文名称	元素类型	备注	Cas Taxonomy
6	利润总额	利润总额	18,30,33	利润总额	profit loss before tax	x		xlink：href = " http://xbrl.iasb.org/taxonomy/2010-04-30/ifrs-cor_2010-04-30.xsd # ifrs_ProfitLossBeforeTax"
7	所得税费用	所得税费用	18,30	所得税费用	income tax expense	(x)		xlink：href = " http://xbrl.iasb.org/taxonomy/2010-04-30/ifrscor_2010-04-30.xsd # ifrs_IncomeTaxExpense"
8	净利润	净利润	30,31,33	净利润	profit loss	x		xlink：href = " http://xbrl.iasb.org/taxonomy/2010-04-30/ifrs-cor_2010-04-30.xsd # ifrs_ProfitLoss"

注：在元素类型中 abstract 代表抽象元素，table 代表维度化的表格，line items 代表维度化表格的列报事项，x 代表货币型，空白代表没有需要披露的数据项类型信息。

由表 7-12 至表 7-14 可知，两准则相同的元素共有 51 个，其中资产负债表中 43 个，利润表中 8 个。表中列示了两个准则相同的元素及其中英文名称、元素类型、在分类标准中的扩展链接，以及对一些特殊元素作出的说明等信息。

（二）《小企业会计准则（征求意见稿）》与《企业会计准则》的差异

前面提到《小企业会计准则（征求意见稿）》基本上是对《企业会计准则》的删减，是《企业会计准则》的"缩减版"，但也有一些特殊的元素，它们或是存在于《小企业会计准则（征求意见稿）》中而不存在于《企业会计准则》中，或是同时存在于两个准则中，但名称不一致。下面我们从元素、资产负债表和利润表三个角度列示它们的差异。

1. 元素的差异(表7-15)

表7-15 《小企业会计准则(征求意见稿)》与《企业会计准则》元素的差异

序号	小企业表元素	企业会计准则元素	准则号	差异程度	中文名称	英文名称	元素类型	备注
1	编制单位	公司名称	30	不一致	公司名称	name of reporting entity or other means of identification	text	
2	报表编号	无		有无此元素	报表编号	statements id	text	
3	小企业利润表	利润表	30,33	不一致	小企业利润表	income statement small firms	abstract	虚元素
4	小企业利润表	利润表	30,33	不一致	小企业利润表	income statement small firms	table	表元素
5	小企业利润表	利润表	30,33	不一致	小企业利润表	income statement small firms	line items	维度
6	小企业利润表说明	利润表说明		不一致	小企业利润表说明	income statement small firms explanatory	tring	
7	主营业务收入	营业收入	14,30,33	不一致	营业收入	operating revenue	x	
8	主营业务成本	营业成本	30,33	不一致	营业成本	operating cost	x	
9	主营业务税金及附加	营业税金及附加	30,33	不一致	营业税金及附加	business tax and surcharge	(x)	
10	主营业务利润	营业利润	30,33	不一致	营业利润	gross profit	x	
11	其他业务支出	其他业务成本		不一致	其他业务成本	other operating cost		
12	营业外收支净额	无		有无此元素	营业外收支净额	non operating income and expenditure	x	
13	小企业资产负债表	资产负债表	30,33	不一致	小企业资产负债表	balance sheet small firms	abstract	虚元素

(续表)

序号	小企业表元素	企业会计准则元素	准则号	差异程度	中文名称	英文名称	元素类型	备注
14	小企业资产负债表	资产负债表	30,33	不一致	小企业资产负债表	balance sheet small firms	table	表元素
15	小企业资产负债表	资产负债表	30,33	不一致	小企业资产负债表	balance sheet small firms	line items	维度
16	小企业资产负债表说明	资产负债表说明		不一致	小企业资产负债表说明	balance sheet small firms explanatory	tring	
17	短期投资	交易性金融资产	30	不一致	交易性金融资产	financial assets held for trading	x	
18	长期债券投资	无		有无此元素	长期债券投资	long-term debt investment	x	
19	固定资产原价	无	4	有无此元素	固定资产原价	fixed asset original cost	x	
20	固定资产累计折旧	无	4	有无此元素	固定资产累计折旧	fixed asset accumulated depreciation	(x)	
21	固定资产账面价值	无		有无此元素	固定资产	property plant and equipment	x	
22	递延收益	无	30,33,37	有无此元素	递延收益	amount of recognised in deferred income	x	
23	实收资本（或股本）	实收资本	30,33	不一致	实收资本	issued capital	x	
24	小企业现金流量表	现金流量表	30,33	不一致	小企业现金流量表	cash flow statement small firms	abstract	虚元素
25	小企业现金流量表	现金流量表	30,33	不一致	小企业现金流量表	cash flow statement small firms	table	表元素
26	小企业现金流量表	现金流量表	30,33	不一致	小企业现金流量表	cash flow statement small firms	line items	维度
27	小企业现金流量表说明	现金流量表说明		不一致	小企业现金流量表说明	cash flow statement small firms explanatory	tring	

2. 资产负债表元素的差异(表7-16)

表7-16 《小企业会计准则(征求意见稿)》与《企业会计准则》资产负债表元素的差异

序号	小企业表元素	企业会计准则元素	准则号	差异程度	中文名称	英文名称	元素类型	备注	Cas Taxonomy
1	小企业资产负债表	资产负债表	30,33	不一致	小企业资产负债表	balance sheet small firms	table	表元素	xlink:href="../cas_core_2010-09-30.xsd#cas_BalanceSheetSmallFirmsTable"
2	小企业资产负债表说明	资产负债表说明		不一致	小企业资产负债表说明	balance sheet small firms explanatory	tring		xlink:href="../cas_core_2010-09-30.xsd#cas_BalanceSheetSmallFirmsExplanatory"
3	短期投资	交易性金融资产	30	不一致	交易性金融资产	financial assets held for trading	x		xlink:href="../../cas_core_2010-09-30.xsd#cas_FinancialAssetsHeldForTrading"
4	长期债券投资	无		有无此元素	长期债券投资	long-term debt investment	x		xlink:href="../../cas_core_2010-09-30.xsd#cas_Long-term debt investment"
5	固定资产原价	无	4	有无此元素	固定资产原价	fixed asset original cost	x		xlink:href="http://xbrl.iasb.org/taxonomy/2010-04-30/ifrs-cor_2010-04-30.xsd#ifrs_FixedAssetOriginalCost"

(续表)

序号	小企业表元素	企业会计准则元素	准则号	差异程度	中文名称	英文名称	元素类型	备注	Cas Taxonomy
6	固定资产累计折旧	无	4	有无此元素	固定资产累计折旧	fixed asset accumulated depreciation	(x)		xlink:href=".../cas_core_2010-09-30.xsd#cas_FixedAssetAccumulatedDepreciation"
7	固定资产账面价值	无	4	有无此元素	固定资产	property plant and equipment	x	厂场设备	xlink:href="http://xbrl.iasb.org/taxonomy/2010-04-30/ifrs-cor_2010-04-30.xsd#ifrs_PropertyPlantAndEquipment"
8	递延收益	无	30,33,37	有无此元素	递延收益	amount of recognised in deferred income	x		xlink:href=".../../cas_core_2010-09-31.xsd#cas_AmountOfRecognisedInDeferredIncome"
9	实收资本（或股本）	实收资本	30,33	不一致	实收资本	issued capital	x		xlink:href="http://xbrl.iasb.org/taxonomy/2010-04-30/ifrs-cor_2010-04-30.xsd#ifrs_IssuedCapital"

3. 利润表元素的差异(表 7-17)

表 7-17 《小企业会计准则(征求意见稿)》与《企业会计准则》利润表元素的差异

序号	小企业表元素	企业会计准则元素	准则号	差异程度	中文名称	英文名称	元素类型	备注	Cas Taxonomy
1	小企业利润表	利润表	30,33	不一致	小企业利润表	income statement small firms	table	表元素	xlink:href="../cas_core_2010-09-30.xsd#cas_IncomeStatementSmallFirms"
2	小企业利润表说明	利润表说明		不一致	小企业利润表说明	income statement small firms explanatory	tring		xlink:href="../cas_core_2010-09-30.xsd#cas_IncomeStatementSmallFirmsExplanatory"
3	主营业务收入	营业收入	14,30,33	不一致	营业收入	operating revenue	x		xlink:href="../cas_core_2010-09-30.xsd#cas_OperatingRevenue"
4	主营业务成本	营业成本	30,33	不一致	营业成本	operating cost	x		xlink:href="../cas_core_2010-09-30.xsd#cas_OperatingCost"
5	主营业务税金及附加	营业税金及附加	30,33	不一致	营业税金及附加	business tax and surcharge	(x)		xlink:href="/../cas_core_2010-09-30.xsd#cas_BusinessTaxAndSurcharge"
6	主营业务利润	营业利润	30,33	不一致	营业利润	gross profit			xlink:href="../../cas_core_2010-09-30.xsd#cas_GrossProfit"

(续表)

序号	小企业表元素	企业会计准则元素	准则号	差异程度	中文名称	英文名称	元素类型	备注	Cas Taxonomy
7	其他业务支出	其他业务成本		不一致	其他业务成本	other operating cost			xlink:href="../../cas_core_2010-09-30.xsd#cas_OtherOperatingCost"
8	营业外收支净额	无		有无此元素	营业外收支净额	non operating income and expenditure	x		xlink:href="../../cas_core_2010-09-30.xsd#cas_NonOperatingIncomeAndExpenditure"

注：在元素类型中 abstract 代表抽象元素；table 代表维度化的表格；line items 代表维度化表格的列报事项；x 代表货币型；空白代表没有需要披露的数据项类型信息。

由表7-15至表7-17可知，两个准则不同的元素共有27个，其中资产负债表中9个，利润表中8个。表中列示了两个准则不同的元素及其中英文名称、元素类型、差异程度、在分类标准中的扩展链接，以及对一些特殊元素作出的说明等信息。

（三）《小企业会计准则》与《小企业会计准则（征求意见稿）》的差异

财政部于2011年11月18日发布了《小企业会计准则》，它与《小企业会计准则（征求意见稿）》的内容基本保持了一致，但在某些方面还是有一些细微差别，以下我们简单列示两者在会计科目设置、主要财务报表设置和要求上的差异。

1. 会计科目设置差异

《小企业会计准则》在资产类科目中增加了其他货币资金、材料采购、材料成本差异、商品进销差价、委托加工物资、周转材料、工程物资和累计摊销科目，删减了《小企业会计准则（征求意见稿）》中资产类的包装物和低值易耗品两个科目；在负债类中增加了应付票据和长期应付款两个科目；在所有者权益类科目中将《小企业会计准则（征求意见稿）》中的实收资产（或股本）变为实收资本科目；在成本类科目中增加了研发支出科目，将《小企业会计准则（征求意见稿）》中的生产成本（劳务成本）变为生产成本科目，同时删减了《小企业会计准则（征求意见稿）》中的工程结算科目；在损益类科目中分别将《小企业会计准则（征求意见稿）》中的其他业务支出和主营业务税金及附加变为其他业务成本和营业税金及附加科目。

2. 财务报表设置和要求差异

1) 资产负债表差异

《小企业会计准则》中增加了在建工程、工程物资、开发支出、应付票据、长期应付款科目的披露,并要求存货中详列原材料、在产品、库存商品和周转材料科目。

2) 利润表差异

《小企业会计准则》分别将《小企业会计准则(征求意见稿)》中的主营业务收入、主营业务成本和主营业务税金及附加变为营业收入、营业成本和营业税金及附加科目,同时在营业税金及附加中要求详列消费税,营业税,城市维护建设税,资源税,土地增值税,城镇土地使用税、房产税、车船税、印花税、教育费附加、矿产资源补偿费、排污费;在销售费用中要求详列商品维修费、广告费和业务宣传费;在财务费用中要求详列利息费用;在管理费用中要求详列开办费、业务招待费和研究费用,删减了《小企业会计准则(征求意见稿)》中的其他业务收入和其他业务支出的披露,并以营业外收入和营业外支出的披露来替代《小企业会计准则(征求意见稿)》中营业外收支净额的披露,并且在营业外收入中要求详列政府补助、在营业外支出中要求详列坏账损失、无法收回的长期债券投资损失、无法收回的长期股权投资损失、自然灾害等不可抗力因素造成的损失和税收滞纳金。

3) 现金流量表差异

《小企业会计准则》中列示的筹资活动产生的现金流量中分列了偿还借款本金支付的现金和偿还借款利息支付的现金,而《小企业会计准则(征求意见稿)》中只需列示偿还借款本息支付的现金即可。

4) 附注差异

《小企业会计准则》中详列了短期投资、应收账款、存货、固定资产、应付职工薪酬、应交税费以及利润分配表的披露格式,这对小企业来说更具有可操作性,而在《小企业会计准则(征求意见稿)》中则没有明确格式。

此外,《小企业会计准则》中明确了小企业的财务报表必须包括资产负债表、利润表、现金流量表和附注,而在《小企业会计准则(征求意见稿)》中只要求包括资产负债表、利润表和附注,对编制现金流量表没有硬性要求。

(四)《小企业会计准则》与《企业会计准则》元素的异同

在对《小企业会计准则(征求意见稿)》和《企业会计准则》进行对比研究后,结合《小企业会计准则(征求意见稿)》与《小企业会计准则》的差异,我们找出了《小企业会计准则》与《企业会计准则》元素的联系和差异,列示如下:

1. 元素的联系(表7-18)

表7-18 《小企业会计准则》与《企业会计准则》元素的联系

序号	小企业表元素	企业会计准则元素	准则号	中文名称	英文名称	元素类型	备注
1	营业收入	营业收入	14,30,33	营业收入	operating revenue	x	
2	营业成本	营业成本	30,33	营业成本	operating cost	x	
3	营业税金及附加	营业税金及附加	30,33	营业税金及附加	Business tax and surcharge	(x)	
4	其他业务成本	其他业务成本		其他业务成本	other operating cost		
5	其他业务收入	其他业务收入	30	其他业务收入	other operating income		保险企业用
6	投资收益	投资收益	30,33	投资收益	investment income	x	
7	销售费用	销售费用	30,33	销售费用	distribution costs	(x)	
8	管理费用	管理费用	30,33	管理费用	administrative expenses	(x)	
9	财务费用	财务费用	30,33	财务费用	finance costs	(x)	
10	营业利润	营业利润	30,33	营业利润	gross profit	x	
11	利润总额	利润总额	18,30,33	利润总额	profit loss before tax	x	
12	所得税费用	所得税费用	18,30	所得税费用	income tax expense	(x)	
13	净利润	净利润	30,31,33	净利润	profit loss	x	
14	资产	资产	30,33	资产	assets	abstract	
15	流动资产	流动资产	30,33	流动资产	current assets	abstract	
16	货币资金	货币资金	30,33	货币资金	bank balances and cash	x	
17	应收票据	应收票据	30,33,37	应收票据	notes receivable	x	
18	应收账款	应收账款	30,33	应收账款	accounts receivable	x	
19	预付账款	预付账款	37	预付账款	advances to suppliers	x	37的附注

(续表)

序号	小企业表元素	企业会计准则元素	准则号	中文名称	英文名称	元素类型	备注
20	应收股利	应收股利	30	应收股利	dividends receivable	x	
21	应收利息	应收利息	30, 33	应收利息	interest receivable	x	
22	其他应收款	其他应收款	30, 33, 37	其他应收款	other receivables	x	
23	存货	存货	1, 30, 33	存货	inventories	x	
24	其他流动资产	其他流动资产	30, 33	其他流动资产	other current assets	x	
25	流动资产合计	流动资产合计	30, 33	流动资产合计	total current assets	x	
26	非流动资产	非流动资产	30, 33	非流动资产	non-current assets	abstract	
27	长期股权投资	长期股权投资	30, 33	长期股权投资	long-term equity investments	x	
28	固定资产清理	固定资产清理	4, 30, 33	固定资产清理	fixed assets pending for disposal	x	
29	生产性生物资产	生产性生物资产	30, 33	生产性生物资产	non-current biological assets	x	
30	无形资产	无形资产	6, 30, 33	无形资产	intangible assets	x	
31	累计摊销	累计摊销	6	累计摊销	accumulated amortisation	x	
32	研发支出	研发支出	6, 30, 33	研发支出	research and development expenditure	x	
33	长期待摊费用	长期待摊费用	6, 30, 33	长期待摊费用	long-term deferred expenses	x	
34	其他非流动资产	其他非流动资产	30, 33	其他非流动资产	other non-current assets	x	
35	非流动资产合计	非流动资产合计	30, 33	非流动资产合计	total non-current assets	x	

(续表)

序号	小企业表元素	企业会计准则元素	准则号	中文名称	英文名称	元素类型	备注
36	资产总计	资产总计	30，33，35	资产总计	total assets	x	
37	流动负债	流动负债	30，33	流动负债	current liabilities	abstract	
38	短期借款	短期借款	30，33	短期借款	short-term borrowings	x	
39	应付票据	应付票据	30，33，37	应付票据	notes payable	x	
40	应付账款	应付账款	30，33，37	应付账款	accounts payable	x	
41	预收账款	预收账款	37	预收账款	advances from customers	x	
42	应付职工薪酬	应付职工薪酬	9，30，33	应付职工薪酬	employee benefits payable	x	
43	应交税费	应交税费	30，33	应交税费	current tax liabilities	x	
44	应付利息	应付利息	30，33，37	应付利息	interest payable	x	
45	应付利润	应付利润		应付利润	dividends payable	x	
46	其他应付款	其他应付款	30，33，37	其他应付款	other payables	x	
47	其他流动负债	其他流动负债	30，33	其他流动负债	other current liabilities	x	
48	流动负债合计	流动负债合计	30，33	流动负债合计	total current liabilities	x	
49	非流动负债	非流动负债	30，33	非流动负债	non-current liabilities	abstract	
50	长期借款	长期借款	30，33	长期借款	long-term borrowings	x	
51	长期应付款	长期应付款	30，33，37	长期应付款	long-term payable	x	
52	其他非流动负债	其他非流动负债	30，33	其他非流动负债	other non-current liabilities	x	
53	非流动负债合计	非流动负债合计	30，33	非流动负债合计	total non-current liabilities	x	

（续表）

序号	小企业表元素	企业会计准则元素	准则号	中文名称	英文名称	元素类型	备注
54	负债合计	负债合计	30，33，36	负债合计	total liabilities	x	
55	所有者权益（或股东权益）	所有者权益（或股东权益）	30，33	所有者权益（或股东权益）	equity	abstract	
56	实收资本	实收资本	30，33	实收资本	issued capital	x	
57	资本公积	资本公积	30，33	资本公积	capital surplus	x	
58	盈余公积	盈余公积	30，33	盈余公积	surplus reserve	x	
59	未分配利润	未分配利润	30，33	未分配利润	retained earnings	x	
60	所有者权益（或股东权益）合计	所有者权益（或股东权益）合计	30，33	所有者权益（或股东权益）合计	total equity	x	
61	负债和所有者权益（或股东权益）总计	负债和所有者权益（或股东权益）总计	30，33	负债和所有者权益（或股东权益）总计	total equity and liabilities	x	

注：在元素类型中 abstract 代表抽象元素；table 代表维度化的表格；line items 代表维度化表格的列报事项；x 代表货币型；空白代表没有需要披露的数据项类型信息。

2. 元素的差异（表 7-19）

表 7-19　《小企业会计准则》与《企业会计准则》元素的差异

序号	小企业表元素	企业会计准则元素	准则号	差异程度	中文名称	英文名称	元素类型	备注
1	编制单位	公司名称	30	不一致	公司名称	name of reporting entity or other means of identification	text	
2	报表编号	无		有无此元素	报表编号	statements id	text	
3	小企业利润表	利润表	30，33	不一致	小企业利润表	income statement small firms	abstract	虚元素
4	小企业利润表	利润表	30，33	不一致	小企业利润表	income statement small firms	table	表元素

(续表)

序号	小企业表元素	企业会计准则元素	准则号	差异程度	中文名称	英文名称	元素类型	备注
5	小企业利润表	利润表	30，33	不一致	小企业利润表	income statement small firms	line items	维度
6	小企业利润表说明	利润表说明		不一致	小企业利润表说明	income statement small firms explanatory	tring	
7	小企业资产负债表	资产负债表	30，33	不一致	小企业资产负债表	balance sheet small firms	abstract	虚元素
8	小企业资产负债表	资产负债表	30，33	不一致	小企业资产负债表	balance sheet small firms	table	表元素
9	小企业资产负债表	资产负债表	30，33	不一致	小企业资产负债表	balance sheet small firms	line items	维度
10	小企业资产负债表说明	资产负债表说明		不一致	小企业资产负债表说明	balance sheet small firms explanatory	tring	
11	短期投资	交易性金融资产	30	不一致	交易性金融资产	financial assets held for trading	x	
12	长期债券投资	无		有无此元素	长期债券投资	long-term debt investment	x	
13	固定资产原价	无	4	有无此元素	固定资产原价	fixed asset original cost	x	
14	固定资产累计折旧	无	4	有无此元素	固定资产累计折旧	fixed asset accumulated depreciation	(x)	
15	固定资产账面价值	无		有无此元素	固定资产	property plant and equipment	x	
16	递延收益	无	30，33，37	有无此元素	递延收益	amount of recognised in deferred income	x	
17	小企业现金流量表	现金流量表	30，33	不一致	小企业现金流量表	cash flow statement small firms	abstract	虚元素

(续表)

序号	小企业表元素	企业会计准则元素	准则号	差异程度	中文名称	英文名称	元素类型	备注
18	小企业现金流量表	现金流量表	30，33	不一致	小企业现金流量表	cash flow statement small firms	table	表元素
19	小企业现金流量表	现金流量表	30，33	不一致	小企业现金流量表	cash flow statement small firms	line items	维度
20	小企业现金流量表说明	现金流量表说明		不一致	小企业现金流量表说明	cash flow statement small firms explanatory	tring	

注：在元素类型中 abstract 代表抽象元素；table 代表维度化的表格；line items 代表维度化表格的列报事项；x 代表货币型；空白代表没有需要披露的数据项类型信息。

从上述研究结果可以看出，《小企业会计准则》较之《小企业会计准则（征求意见稿）》与《企业会计准则》的差异更小，这将使那些现在采用《小企业会计准则》的小企业发展成为大中型企业后，由《小企业会计准则》转变为《企业会计准则》变得更加容易。

三、《小企业会计准则 XBRL 分类标准（测试版）》的编制和测试

有了两准则元素的联系和差异，我们就能着手进行《小企业会计准则 XBRL 分类标准（测试版）》的编制和测试工作了。本章我们将先研究《中小企业国际财务报告准则 XBRL 分类标准》和《企业会计准则通用分类标准》的编制依据，并在此基础上整理出编制思路，制定出编制前提，同时对《企业会计准则通用分类标准》的文件框架进行研究，并对《小企业会计准则 XBRL 分类标准（测试版）》的文件结构进行说明并列示《小企业会计准则 XBRL 分类标准（测试版）》里小企业准则特有元素的中英文标签。本章也是该项目第二阶段中几个重要的步骤，主要采用的是档案研究的方法收集《中小企业国际财务报告准则 XBRL 分类标准》《企业会计准则通用分类标准》以及与它们相关的中英文文献，并进行仔细研读和深入分析。

（一）《中小企业国际财务报告准则 XBRL 分类标准》和《企业会计准则通用分类标准》的编制依据

1. 《中小企业国际财务报告准则 XBRL 分类标准》的编制依据

国际会计准则委员会基金会（IASCF）编制的《中小企业国际财务报告准则

XBRL分类标准》采用了与《国际财务报告准则 XBRL 分类标准》相同的技术架构。

2.《企业会计准则通用分类标准》的编制依据

通用分类标准采用了与国际财务报告准则分类标准2010版趋同的架构,即物理结构保持基本一致,逻辑设计采用了基本相同的方法。通用分类标准装载了国际财务报告准则分类标准核心模式文件,对于在国际财务报告准则分类标准中已定义、与我国企业会计准则含义一致的会计概念,通用分类标准采用直接引用的方式,而对于在国际财务报告准则分类标准中未定义或是与我国企业会计准则含义不一致的会计概念,依照其物理结构和逻辑设计并结合我国的实际情况进行相应的增减、修改。所以对于使用者而言,应当首先熟悉通用分类标准的物理结构;在进行扩展时,应掌握通用分类标准的逻辑设计并与之保持一致。

(二)《小企业会计准则 XBRL 分类标准(测试版)》的编制思路和编制前提

1. 编制思路

在考虑编制《小企业会计准则 XBRL 分类标准(测试版)》的过程中,编制思路发生了大幅度转变,由原先的编制单独的分类标准变为现在的编制与《企业会计准则通用分类标准》相融合的分类标准,详细阐述如下。

1) 原思路

编制单独的《小企业会计准则 XBRL 分类标准(测试版)》,大致的思路是:原先设想的《小企业会计准则 XBRL 分类标准》是单独的,是独立于《企业会计准则通用分类标准》以外的,仅仅是对它的引用(图 7-17)。

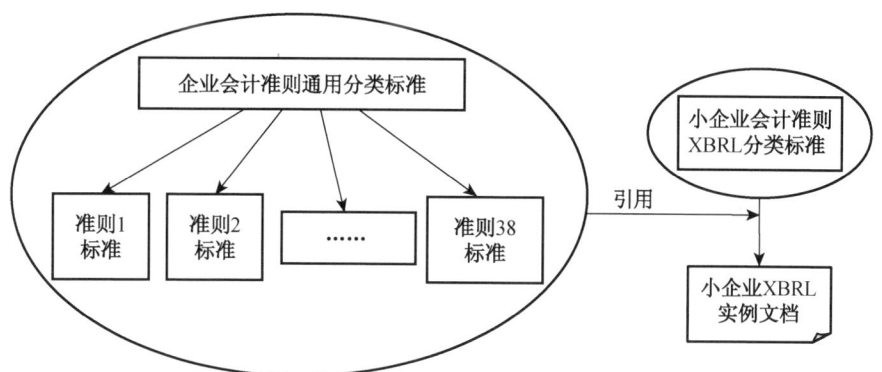

图 7-17 编制《小企业会计准则 XBRL 分类标准(测试版)》的原思路

2) 转变后思路

根据逐项准则认定原则,编制与《企业会计准则通用分类标准》相融合的《小企业会计准则 XBRL 分类标准(测试版)》。大致的思路是:将《小企业会计准则 XBRL 分类标准》作为《企业会计准则通用分类标准》的扩展部分,是按准则导向编制的(图 7-18)。

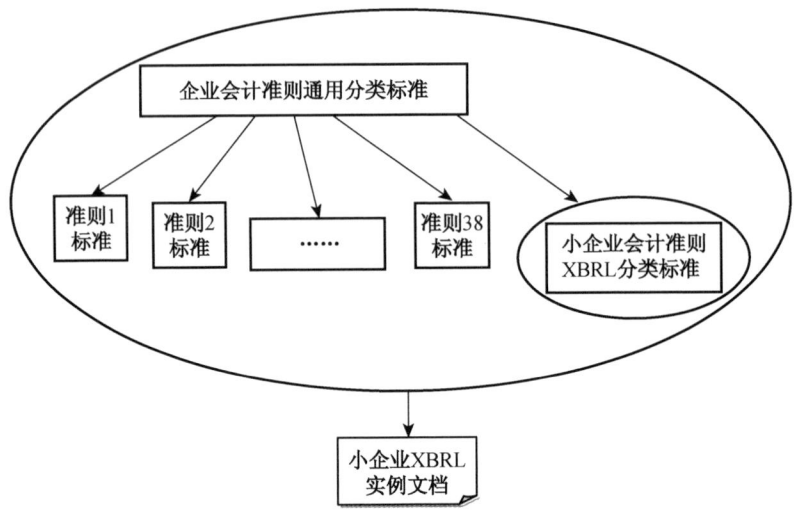

图 7-18　编制《小企业会计准则 XBRL 分类标准(测试版)》的现思路

3) 两者的主要区别

(1) 将原先的间接引用改为直接引用,即原先设想的小企业 XBRL 实例文档是根据《小企业会计准则 XBRL 分类标准》来生成的,而《小企业会计准则 XBRL 分类标准》引用了《企业会计准则通用分类标准》。现在设想的小企业 XBRL 实例文档的生成,则是根据《企业会计准则通用分类标准》和《小企业会计准则 XBRL 分类标准》。

(2) 原来的元素标签的前缀打算用 csms-××××××-×× 这样的形式,即加一个新的命名空间。现在改为用 cas-××××××-×××× 这样的标签前缀形式,使用与《企业会计准则通用分类标准》一致的命名空间。

现思路是对《中小企业国际财务报告准则 XBRL 分类标准》制定思路的借鉴,而且按照新思路,更能体现出"扩展"的功能,符合财政部的设想,比如今后要通过 XBRL 技术进行统一的纳税申报表呈报,我们就可以归纳出纳税申报表所需用的元素,能引用《企业会计准则通用分类标准》的元素便直接引用,不能直接引用的元素便自定义一个标签,采用与《企业会计准则通用分类标准》一致的命名空间,编制一个与《企业会计准则通用分类标准》相融合的《纳税申报 XBRL 分类标准》,可以作为 40 号标准,然后根据《企业会计准则通用分类标准》和《纳税申报 XBRL 分类标准》来生成 XBRL 实例文档。经过综合考虑,现思路比原思路更具有可行性。

2. 编制前提

根据新思路,编制前提如下:

(1) 财政部将把《小企业会计准则》作为 39 号(或 39 号之后)的准则,属于《企业会计准则》的一部分。

(2) 财政部将把《小企业会计准则 XBRL 分类标准》作为《企业会计准则通用分类标准》的一部分,比如准则 39 号(或 39 号之后)的标准。

(三)《企业会计准则通用分类标准》的文件框架研究

《企业会计准则通用分类标准》的框架如下:

yyyymmdd:以分类标准日期来命名的分类标准的最底层文件夹,是通用分类标准文件的根文件夹,包括 ifrs_yyyymmdd、cas_yyyymmdd 和 extension 三个子文件夹。

ifrs_yyyymmdd:被 XBRL 通用分类标准引入的国际财务报告准则分类标准文件的文件夹;ifrs-cor_yyyy-mm-dd.xsd:国际财务报告准则分类标准文件中的核心模式文件,通用分类标准引用的国际财务报告准则分类标准元素存放在该文件中。

cas_yyyymmdd:XBRL 通用分类标准文件中规定的企业会计准则要求的文件夹,包括 cas、labels、formula 三个子文件夹和 cas_core_yyyy-mm-dd.xsd、cas_entry_point_yyyy-mm-dd.xsd 两个文件。

cas:存放企业会计准则和通用维度的文件夹,由 cas_{"number"}_yyyy-mm-dd(存放每项具体会计准则的列报、计算、定义和参考链接库文件,"number"代表具体准则编号)和 dimensions_cas(存放与通用维度相关的定义链接库和列报链接库文件)两个子文件夹组成。其中,cas_{"number"}_yyyy-mm-dd 包括{pre|cal|def}_cas_{"number"}_yyyy-mm-dd_role-{"unique role number"}.xml(每项具体会计准则的列报、计算和定义链接库文件,"unique role number"代表具体扩展链接角色的编号)、rol_cas_{"number"}_yyyy-mm-dd.xsd(存放每项具体会计准则扩展链接角色的模式文件)、gla_cas_{"number"}_yyyy-mm-dd-{en|cn}.xsd(存放每项具体会计准则扩展链接角色中英文名称的模式文件)和 ref_cas_{"number"}_yyyy-mm-dd.xml(存放每项具体会计准则的参考链接库文件)六个文件,dimensions_cas 则包括 dim_cas_yyyy-mm-dd_role-{"unique role number"}.xml(描述通用维度的定义链接库文件)、pre_ifrs_yyyy-mm-dd_role-{"unique role number"}.xml(与通用维度相关的列报链接库

文件)、rol_cas_dim_yyyy-mm-dd.xsd(通用维度模式文件)和 gla_cas_dim_yyyy-mm-dd-{en|cn}.xsd(存放与通用维度相关的扩展链接角色中英文名称的模式文件)四个文件。

labels:标签链接库文件夹,其中 lab_cas-cn_yyyy-mm-dd.xml 是中文标签链接库文件,lab_cas-en_yyyy-mm-dd.xml 是英文标签链接库文件。

formula:存放 XBRL 通用分类标准中的公式链接库的文件夹,包括公式链接库的模式文件 for_cas_yyyy-mm-dd.xsd 和公式链接库文件 for_cas_yyyy-mm-dd-formula.xml。

cas_core_yyyy-mm-dd.xsd:XBRL 通用分类标准文件中的核心模式文件,它用于定义财务报告的相关概念,目前存放在该文件中有 2 845 个元素;

cas_entry_point_yyyy-mm-dd.xsd:标准入口模式文件,是计算机访问整个通用分类标准的起点。

extension:用于存放监管机构或报告企业的扩展分类标准的文件夹。

《企业会计准则通用分类标准》文件框架如图 7-19 所示。

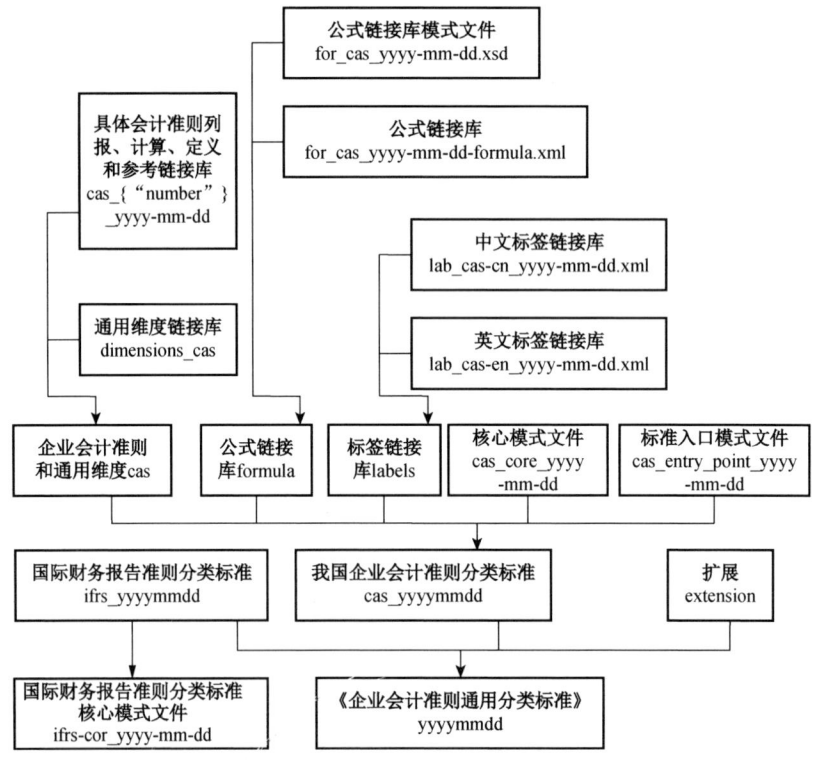

图 7-19 《企业会计准则通用分类标准》文件框架

(四)《小企业会计准则分类标准(测试版)》的文件结构说明和小企业准则特有元素的中英文标签

1.《小企业会计准则分类标准(测试版)》的文件结构说明

根据以上分析,我们编制了《小企业会计准则 XBRL 分类标准(测试版)》并进行了测试。《小企业会计准则 XBRL 分类标准(测试版)》由 cas、formula、labels、cas_core_2010-09-30.xsd 和 cas_entry_point_2010-09-30.xsd 五个部分组成,如图 7-20 所示。

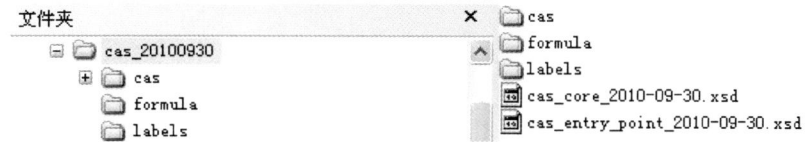

图 7-20 《小企业会计准则 XBRL 分类标准(测试版)》文件框架

cas 包括从 cas_1_2010-09-30 到 cas_39_2010-09-30 共 34 个子文件夹,用于存放每项具体会计准则的列报、计算、定义和参考链接库文件,再加上用于存放与通用维度相关的定义链接库和列报链接库文件的子文件夹 dimensions_cas,共 35 个文件夹。

其中,cas_39_2010-09-30 是针对小企业会计准则编制的 39 号准则标准,包括 9 个 XML 文件和 1 个 XSD 文件。

9 个 XML 文件分别是两个计算链接库文件(cal_cas_39_2010-09-30_role-239005.xml,描述资产负债表中数值数据类型元素间的计算关系;cal_cas_39_2010-09-30_role-339005.xml,描述利润表中数值数据类型元素间的计算关系)、两个定义链接库文件(def_cas_39_2010-09-30_role-239005.xml,描述资产负债表中元素间的层次结构关系;def_cas_39_2010-09-30_role-339005.xml,描述利润表中元素间的层次结构关系)、两个标签语言文件(gla_cas_39_2010-09-30-cn,中文;gla_cas_39_2010-09-30-en,英文)、两个列报链接库文件(pre_cas_39_2010-09-30_role-239005.xml,列报资产负债表中元素间,主要是会计科目间的关系;pre_cas_39_2010-09-30_role-339005.xml,列报利润表中元素间,主要是会计科目间的关系)和 1 个参考链接库文件,ref_cas_39_2010-09-30.xml,用于定义概念与概念相关的权威文献间的关系。

1 个 XSD 文件是 rol_cas_39_2010-09-30.xsd,用于存放每项具体会计准则扩展链接角色的模式文件。

《小企业会计准则 XBRL 分类标准(测试版)》中各准则文件夹及 cas_39_

2010-09-30 的相关内容如图 7-21 所示。

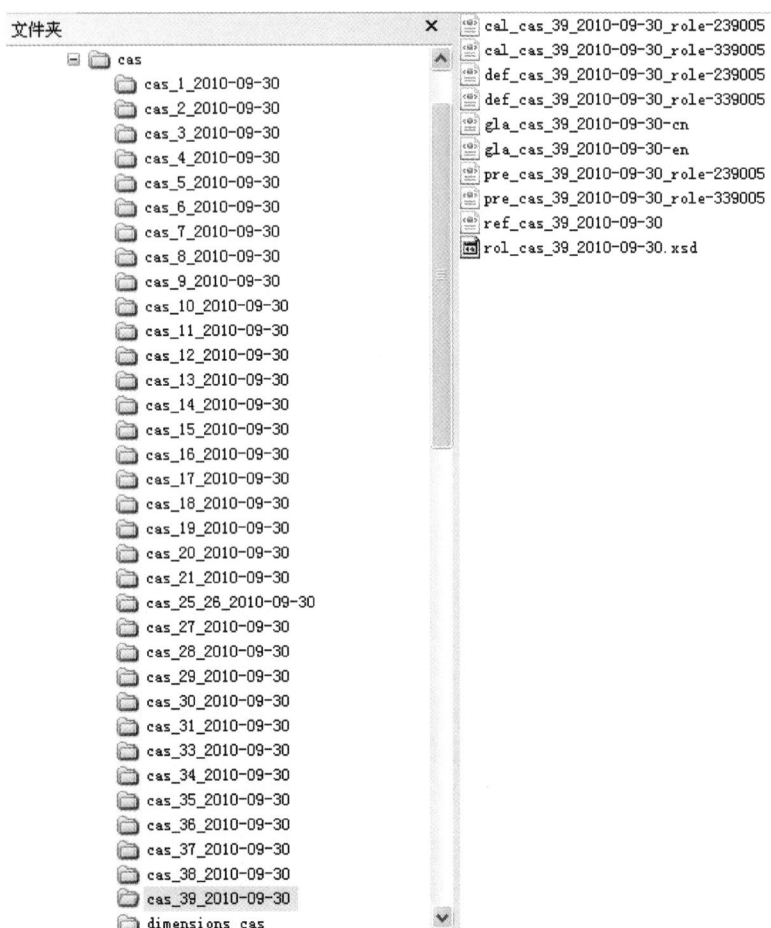

图 7-21 《小企业会计准则 XBRL 分类标准(测试版)》各准则文件夹及 cas_39_2010-09-30 的相关内容

formula 包括公式链接库的模式文件 for_cas_2010-09-30.xsd 和公式链接库文件 for_cas_2010-09-30-formula.xml，如图 7-22 所示。

图 7-22 《小企业会计准则 XBRL 分类标准(测试版)》formula 的构成

labels 包括中文标签链接库文件 lab_cas-cn_2010-09-30.xml 和英文标签链接库文件 lab_cas-en_2010-09-30.xml，如图 7-23 所示。

图 7-23 《小企业会计准则 XBRL 分类标准（测试版）》labels 的构成

cas_core_2010-09-30.xsd 是用于定义财务报告相关概念的核心模式文件。cas_entry_point_2010-09-30.xsd 是标准入口模式文件，是计算机访问整个通用分类标准的起点。

2.《小企业会计准则 XBRL 分类标准（测试版）》里小企业准则特有元素的中英文标签

基于《小企业会计准则（征求意见稿）》与《企业会计准则》的对比研究得到的《小企业会计准则 XBRL 分类标准（测试版）》里小企业准则特有元素的中英文标签如表 7-20 所示。

表 7-20 《小企业会计准则 XBRL 分类标准（测试版）》里小企业准则特有元素的中英文标签[基于《小企业会计准则（征求意见稿）》]

小企业表元素	中文标签	英文标签
编制单位	公司名称	name of reporting entity or other means of identification
报表编号	报表编号	statements id
小企业利润表	小企业利润表	income statement small firms
小企业利润表说明	小企业利润表说明	income statement small firms explanatory
主营业务收入	营业收入	operating revenue
主营业务成本	营业成本	operating cost
主营业务税金及附加	营业税金及附加	business tax and surcharge
主营业务利润	营业利润	gross profit
其他业务支出	其他业务成本	other operating cost
营业外收支净额	营业外收支净额	non operating income and expenditure
小企业资产负债表	小企业资产负债表	balance sheet small firms

(续表)

小企业表元素	中文标签	英文标签
小企业资产负债表说明	小企业资产负债表说明	balance sheet small firms explanatory
短期投资	交易性金融资产	financial assets held for trading
长期债券投资	长期债券投资	long-term debt investment
固定资产原价	固定资产原价	fixed asset original cost
固定资产累计折旧	固定资产累计折旧	fixed asset accumulated depreciation
固定资产账面价值	固定资产	property plant and equipment
递延收益	递延收益	amount of recognised in deferred income
实收资本(或股本)	实收资本	issued capital
小企业现金流量表	小企业现金流量表	cash flow statement small firms
小企业现金流量表说明	小企业现金流量表说明	cash flow statement small firms explanatory

由于《小企业会计准则》与《小企业会计准则(征求意见稿)》仍存在一些差异,基于《小企业会计准则》与《企业会计准则》的对比研究得到的《小企业会计准则 XBRL 分类标准(测试版)》里小企业准则特有元素的中英文标签如表 7-21 所示。

表 7-21 《小企业会计准则 XBRL 分类标准(测试版)》小企业准则特有元素的中英文标签(基于《小企业会计准则》)

小企业表元素	中文标签	英文标签
编制单位	公司名称	name of reporting entity or other means of identification
报表编号	报表编号	statements id
小企业利润表	小企业利润表	income statement small firms
小企业利润表说明	小企业利润表说明	income statement small firms explanatory
小企业资产负债表	小企业资产负债表	balance sheet small firms
小企业资产负债表说明	小企业资产负债表说明	balance sheet small firms explanatory
短期投资	交易性金融资产	financial assets held for trading
长期债券投资	长期债券投资	long-term debt investment
固定资产原价	固定资产原价	fixed asset original cost

(续表)

小企业表元素	中文标签	英文标签
固定资产累计折旧	固定资产累计折旧	fixed asset accumulated depreciation
固定资产账面价值	固定资产	property plant and equipment
递延收益	递延收益	amount of recognised in deferred income
小企业现金流量表	小企业现金流量表	cash flow statement small firms
小企业现金流量表说明	小企业现金流量表说明	cash flow statement small firms explanatory

四、主要研究结论

在信息技术飞速发展的今天，XBRL分类标准作为在实务中取得过许多成功实践的标准，具备了满足会计领域变革需求的特质。利用该标准，企业可实现自动化的数据搜集整理和数据汇集，实现更好的运营和发展，投资者、注册会计师、政府部门等利益相关者也可获取更为可靠、及时和准确的信息用于投资和管理。

XBRL分类标准的研究目前在我国的进展非常迅速，从2009年4月的提出建立XBRL标准的工作目标，到就《中国XBRL分类标准架构规范》等三个规范标准征求意见，再到2010年10月发布与《国际接轨的可扩展商业报告语言（XBRL）系列国家标准》和《企业会计准则通用分类标准》，足见我国对XBRL分类标准的重视，相信今后将继续保持飞速发展的势头。当前，针对《企业会计准则》开发的《企业会计准则通用分类标准》已经发布，《小企业会计准则》也已出台，《小企业会计准则XBRL分类标准》的开发很可能不久将提上议事日程。

财政部在发布《企业会计准则通用分类标准》时指出，相关政府部门、监管机构和企业，可以以通用分类标准为基础来扩展制定监管分类标准和企业财务报告扩展分类标准。只需要遵循兼容性、可扩展性的总体原则，并保证扩展分类标准与通用分类标准采用相同的架构、遵循《可扩展商业报告语言技术规范》即可。

本书所研究的《小企业会计准则XBRL分类标准（测试版）》其实就是一个扩展的分类标准，它的编制为今后的扩展者以通用分类标准为基础扩展制定分类标准做了一个较为直观的示范。

五、对用友畅捷通公司进行后续软件开发的建议

本项目是针对财政部可能进一步推动XBRL标准发展的需要，而储备的基

础理论前提下的技术路径,它有两个前提:一是出台小企业会计准则并替代小企业会计制度,这个在 2011 年 11 月 18 日财政部发布《小企业会计准则》时已实现;二是 XBRL 标准有新扩展,财政部需要在小企业应用此标准来收集财务报表,这也是会计信息化发展的目标,但目前还处于规划阶段。

本项目的主要工作是编制了将小企业会计准则与 XBRL 技术相结合的《小企业会计准则 XBRL 分类标准(测试版)》,并通过了通用的 XML 解析器测试。这里需要说明的一点是,利用该标准草案生成的实例文档是无法用财政部控制的入口来检验的,因为 39 号标准是我们给的一个假设标准,而前 38 项标准才是已经公布的标准。39 号标准是根据小企业会计准则的要求增加和修改一些元素得到的,但这些并没有进入财政部控制的 Schema 中,我们没有修改权,所以不能用财政部控制的入口来检验。

在本项目的开展过程中,我们经历了《小企业会计准则 XBRL 分类标准(测试版)》编制思路的重大调整,由原先的编制单独的分类标准变为现在的编制与《企业会计准则通用分类标准》相融合的分类标准(详见前文所述),明确了路径选择,最终编制出了标准草案,生成了实例文档,并进行了相应的测试。可以说,通过该项目,我们明确了《小企业会计准则 XBRL 分类标准》的开发路径和方法。这也是本项目最大的意义所在。

《小企业会计准则 XBRL 分类标准(测试版)》只是标准草案而不是标准,一般来说,出台标准的负责单位是财政部。小企业准则已经出台,相信不久财政部会开展《小企业会计准则 XBRL 分类标准》的编制工作,由于本项目的研究成果可以为其提供帮助,届时用友畅捷通公司可以申请主持或参与该标准的制定或应用测试工作。

用友畅捷通公司作为企业,必然要考虑经济利益的实现。目前,由于没有映射,专用的 XBRL 解析器不能用,市场上也没有比较适用的解析器产品,公司可以将重点放在 XBRL 解析器的制作上,即做一个类似于富士通、新利多等这样的解析器软件产品,解析器是可以有盈利的,不仅可以单独出售而且可以供本公司使用,相信市场前景将相当广阔。

第二节　XBRL 分类标准政策实施 市场反应的实证研究

一、理论分析与研究假说

在我国资本市场上,投资者作为信息需求方所拥有的信息远没有信息供给方企业的管理层充分,因此,投资者与企业管理者之间存在严重的信息不对称。而财务报告的使用相对减缓了这种信息不对称,当投资者信息获取和处理能力有限时,在大量的会计信息中,投资者比较倾向于从财务报表中获得相关信息(Hirst 等,2004)。那么,报表信息的披露方式及披露质量直接影响到了投资者获取和处理信息的效率及效果。XBRL 作为一种新型财务报告语言,其具有的扩展标记、检索数据等功能,允许使用者跨平台对数据进行传递、分析,降低了信息输入的次数,提高了投资者获取和处理信息的效率(Strand 等,2011;Pinsker,2003;沈颖玲,2005),而且 XBRL 财务报告很难将一些敏感信息隐藏在附注中,从而也提高了信息的准确性和透明度(Frank 等,2004;Cuneo,2009)。因此,一方面,XBRL 本身的价值优势提高了会计信息质量(Bovee 等,2002);另一方面,信息透明度的提高在一定程度上还可以降低企业的盈余管理行为,从而进一步提高企业的会计信息质量(Hirst 和 Hopkins,1998;Hunton 等,2006)。

投资者除了关注企业财务报告,证券分析师的判断也是投资者决策的重要依据,分析师的股票评级和推荐是分析师报告中最受投资者关注的信息(郑方镳和吴超鹏,2006),分析师的买入、卖出推荐分别会带来相应股票显著为正、显著为负的超额报酬率(Stickel,1995)。XBRL 是关于商业报告供应链的语言,对商业报告供应链的持续优化可以改变分析师的分析过程,提高相关研究和产品的价值(Jones 和 Wills,2003)。分析师通过减少等待从其他渠道获取额外数据的任务或时间,从而拥有更多时间作出更具价值的判断,提高其盈利预测的准确性(Liu 等,2014),进而作出更高质量的股票评级和推荐。

在 XBRL 的应用与推广中,XBRL 分类标准是最关键、最重要、最核心的内容(杨周南等,2010),分类标准制定的优劣直接影响到 XBRL 的应用效果(应唯等,2013)。我国对于 XBRL 分类标准的制定给予了很多关注,自 2010 年开始,财政部发布了一系列关于 XBRL 分类标准的政策,如在 2010 年 10 月 19 日发布了《企业会计准则通用分类标准》,旨在进一步规范企业的信息披露,并完善和推广 XBRL。但 XBRL 通用分类标准应用于所有企业,而各企业又有其自身的行业和业务特征,因而需自行扩展分类标准,这就会导致会计信息的完整性和可比性降低(Bovee 等,2002,2005;Cohen,2005)。较之于自行扩展分类标准,行业扩展分类标准在分类标准的效率、体现分类标准的不足和可比性方面具有明显的优势(李争争等,2013),且提高了会计信息的完整性、准确性、可靠性以及可比性(Jonathan,2004;黄长胤和张天西,2011)。此外,会计信息可比性的提高,降低了信息的收集成本,为分析师提供更高质量以及更为全面的会计信息,有助于其更加透彻地理解会计信息、提高分析能力,从而促进了资本市场的发展(De

等,2011)。由于石油和天然气行业、银行业是投资者比较关注的周期性大行业,而其业务特征又与一般工商业存在较大差异,因此,我国财政部在 2011 年 12 月 16 日、2012 年 12 月 24 日分别又发布了《石油和天然气行业扩展分类标准》和《银行业扩展分类标准》,进一步规范行业标准,反映行业特点。随着这两个新政策的出台,这两个行业的信息披露将更加规范,会计信息的完整性、准确性、可靠性以及可比性都有所提高,并且改善了分析师的信息环境,使得分析师作出更准确的股票评级和推荐,从而辅助投资者进行决策。

但是,XBRL 是一种基于互联网和 XML 技术生成和传输商业报告的计算机语言,具有较强的专业性,普通的信息使用者可能不能在第一时间了解和掌握其精髓和要领,因此 XBRL 的实施效果并不是立竿见影的(Rai 等,1997)。而且,一项新技术的成熟往往需要在后续的使用过程中去发现问题并逐步完善。

因此,在《企业会计准则通用分类标准》《石油和天然气行业扩展分类标准》以及《银行业扩展分类标准》政策的实施初期对投资者来说并非一种完全利好的信号,市场不一定能及时作出强烈反应。但是,随着 XBRL 分类标准的扩散、普及与不断完善,投资者对其的了解和掌握程度渐渐提高,因而在 XBRL 分类标准政策的后续实施中市场反应会有所增强。

本书提出如下假设:

假设 1:在《企业会计准则通用分类标准》《石油和天然气行业扩展分类标准》以及《银行业扩展分类标准》政策的实施初期,市场反应微弱或者甚至没有反应。

假设 2:在《企业会计准则通用分类标准》《石油和天然气行业扩展分类标准》以及《银行业扩展分类标准》政策的后续实施中,市场反应有所增强。

二、研究设计与实证分析

(一) 研究设计

1. 样本选择

2010 年 12 月,我国财政部发布了《关于实施企业会计准则通用分类标准的通知》(财会〔2010〕23 号)要求以在美国上市为主的 13 家国有大型企业及 12 家具有证券期货相关业务资格的会计师事务所(表 7-22)审计的我国境内 A 股主板上市公司于 2011 年 1 月 1 日开始实施企业会计准则通用分类标准。2011 年 12 月,我国财政部发布的《石油和天然气行业扩展分类标准指南》中指出该行业扩展分类标准适用于国民经济行业分类(GB/T 4754—2011)中的 B07 石油和天然气开采业、C251 精炼石油产品制造、C26 化学原料及化学制品制造业以及

C28化学纤维制造业。2012年12月,我国财政部、原银监会发布的《银行业扩展分类标准指南》中也指出其适用于执行企业会计准则,并且实施通用分类标准的商业银行和政策性银行。因此,本文选取表7-22中列示的13家国有大型企业及12家具有证券期货相关业务资格的会计师事务所审计的我国境内A股主板上市公司2009—2013年的相关数据作为研究样本,并剔除无法获取相关数据的公司(如国家开发银行、国家开发投资公司等)、窗口期内有其他重大事件披露的公司、窗口期内股价不全的公司、估计期内连续10天未进行股票交易的公司以及被ST或PT的公司,最终获得有效样本共3 876个。此外,本文还专门对石油和天然气行业、银行业的相关数据进行了分析,石油和天然气行业共计获取有效样本306个,银行业共计获取有效样本68个。

表7-22　　　实施企业会计准则通用分类标准的公司和会计师事务所

13家国有大型企业	12家具有证券期货相关业务资格的会计师事务所
中国石油天然气股份有限公司	立信会计师事务所有限公司
中国石油化工股份有限公司	天健会计师事务所有限公司
华能国际电力股份有限公司	立信大华会计师事务所有限公司
中国联通股份有限公司	信永中和会计师事务所有限责任公司
中国人寿保险股份有限公司	安永华明会计师事务所
中国铝业股份有限公司	国富浩华会计师事务所有限公司
中国东方航空股份有限公司	京都天华会计师事务所有限公司
中国南方航空股份有限公司	普华永道中天会计师事务所有限公司
广深铁路股份有限公司	德勤华永会计师事务所有限公司
兖州煤业股份有限公司	毕马威华振会计师事务所
中兴通讯股份有限公司	中瑞岳华会计师事务所有限公司
国家开发银行	大信会计师事务所有限公司
国家开发投资公司	

本书的主要财务数据来自CSMAR数据库和RESSET数据库,其他关于XBRL分类标准政策的相关信息由手工收集、整理而得。数据处理主要采用Microsoft Excel、SPSS 16.0和STATA 11.0,其中数据整理采用Microsoft Excel,数据分析采用SPSS 16.0和STATA 11.0。

2. 研究方法

本书借鉴 Ray Ball 和 Philip Brown(1968)提出的事件研究法来检验市场对 XBRL 分类标准政策实施的反应,主要思路如下。

1) 定义事件期

依据事件研究法,首先定义事件日、窗口期和估计期。本书主要研究市场对 XBRL 分类标准政策的反应,因此选取《企业会计准则通用分类标准》(下述简称 XBRL 通用分类标准)、《石油和天然气行业扩展分类标准》和《银行业扩展分类标准》政策的实施日(即年度财务报告的披露日)作为事件日。关于窗口期,由于长窗口期容易存在其他影响因素,因此本文选取短窗口[$-1, 1$],即政策实施前一个交易日到政策实施后一个交易日,并且可以控制相关信息提前泄露所带来的市场反应。估计期选取[$-91, -2$],即事件窗口前 90 个交易日,以此来估计正常报酬率。

2) 计算累计超额报酬率

本书主要使用市场模型法计算累计超额报酬率(CAR)。

(1) 计算估计期[$-91, -2$]内个股 i 在 t 日的报酬率 R_{it},以及市场在 t 日的报酬率 R_{mt}。

$$R_{it} = (P_{it} - P_{it-1}) \div P_{it-1}$$
$$R_{mt} = (P_{mt} - P_{mt-1}) \div P_{mt-1}$$

其中,P_{it} 表示个股 i 在 t 日的收盘价;P_{mt} 表示市场在 t 日的收盘价,本书以使用相关 XBRL 分类标准的 A 股上市公司为研究样本,因此采用沪深 300 的行业指数。

(2) 计算窗口期[$-1, 1$]内个股 i 在 t 日的预期正常报酬率 R'_{it}。

根据资本资产定价模型以及(1)中计算出的 R_{it}、R_{mt} 建立回归模型:$R_{it} = \alpha_i + \beta_i R_{mt} + \varepsilon_i$,进而得出系数 α_i、β_i 和残差 ε_i 的值。

接着,根据窗口期[$-1, 1$]内市场在 t 日的正常报酬率 R_{mt},得出个股 i 在 t 日的预期正常报酬率 $R'_{it} = \alpha_i + \beta_i R_{mt} + \varepsilon_i$。

(3) 计算窗口期[$-1, 1$]内个股 i 在 t 日的超额报酬率,AR_{it}。

根据窗口期[$-1, 1$]内个股 i 在 t 日的报酬率 R_{it} 和(2)中计算出的 R'_{it},得出个股 i 在 t 日的超额报酬率 $AR_{it} = R_{it} - R'_{it}$。

(4) 计算窗口期[$-1, 1$]内个股 i 的累计超额报酬率 CAR_{it}。

根据(3)中计算出的 AR_{it},得出窗口期内个股 i 的累计超额报酬率 $CAR_{it} = \sum_{t=-1}^{1} AR_{it} (t \in \mathbf{Z})$。

3) 建立模型

本书建立如下模型,以检验 XBRL 分类标准政策实施的市场反应:

$$CAR = \alpha + \beta_1 XBRL + \beta_2 UE + \beta_3 ABSUE + \beta_4 TOBINQ \\ + \beta_5 ER + \beta_6 ROA + \beta_7 SIZE + \sum YEAR \\ + \sum INDUSTRY + \varepsilon$$

第一,解释变量。

XBRL 为哑变量,实施 XBRL 分类标准的样本公司取值为 1,不实施的取值为 0,表示事件的发生与否。

第二,被解释变量。

CAR 为个股在事件窗口期的累计超额报酬率,衡量 XBRL 分类标准政策实施带来的市场反应。

第三,控制变量。

本书主要借鉴了 Ayers 等(2002)以往的研究,选取了以下控制变量。

(1) UE 为未预期盈余,即实际盈余与预期盈余之差,衡量其盈余信息。盈余信息是公司财务报告中的重要内容,是投资者关注的重点和决策的依据(Ray Ball 和 Philip Brown,1968)。本文采用随机游走模型估计预期盈余,即用上年度盈余作为本年度实际盈余的预期盈余,并将每股收益(EPS)作为每股盈余的代理变量,即 $UE_t = EPS_t - EPS_{t-1}$。

(2) ABSUE 为未预期盈余的绝对值。Freeman 和 Tse(1992)的研究发现未预期盈余与累计超额收益率之间可能出现非线性关系,因此将未预期盈余的绝对值引入回归模型中控制未预期盈余与累计超额收益率之间可能出现的非线性关系。

(3) TOBINQ 为公司的托宾 Q 值,即公司的市值与总资产的比值,可衡量公司未来的成长性。若公司的成长性较好,具有较大的发展空间,则会增加投资者信心,公司获得超额报酬的可能性也就越大。

(4) ER 为公司的产权比率,即负债总额与所有者权益总额的比值,用来控制风险对公司股价的影响。

(5) ROA 为公司的总资产净利润率,即净利润与总资产的比值,衡量企业的盈利能力。当企业的盈利能力较强时,则获得超额报酬的可能性越大,所以本文将其用来控制盈利能力对公司股价的影响。

(6) SIZE 为公司总资产的自然对数,衡量其资产规模。

(7) YEAR 为哑变量,控制时间带来的影响。

(8) INDUSTRY 为哑变量,控制行业带来的影响。

上述变量定义如表 7-23 所示。

表 7-23　　　　　　　　　　变量定义

变量	定　　义
CAR	根据市场模型法计算所得的累计超额收益率
XBRL	实施 XBRL 分类标准的样本公司取值为 1,不实施的取值为 0
UE	未预期盈余,实际盈余与预期盈余之差
ABSUE	未预期盈余的绝对值
TOBINQ	托宾 Q 值,市值与总资产的比值
ER	产权比率,负债总额与所有者权益总额的比值
ROA	总资产净利润率,净利润与总资产的比值
SIZE	资产规模,总资产的自然对数
YEAR	时间哑变量
INDUSTRY	行业哑变量

(二) 实证分析

本文选取本章第二节中的表 7-22 列示的 13 家国有大型企业及 12 家具有证券期货相关业务资格的会计师事务所审计的我国境内 A 股主板上市公司 2009—2013 年的相关数据作为研究样本,其中 2009 年作为未实施 XBRL 通用分类标准的样本,2010—2013 年作为实施 XBRL 通用分类标准后的样本。由于 2007 年美国次贷危机爆发,2008 年开始我国也受到了重大影响,该时期我国股市也经历了震荡,股价可能出现异常波动。本文只选取了 2009 年作为未实施 XBRL 通用分类标准的样本,计算 CAR 值时涉及的股价集中于 2009 年 9 月以后。

1. 全行业

1) 描述性统计

表 7-24 总结了总样本的行业分布情况,包括各行业的样本数量和样本比例。如表 7-24 所示,本书获取的总样本共计 3 876 个,其中以制造业为主,样本量达 2 151 个,占到总样本的 55.50%。其次是房地产业,但是样本量并不多,仅有 319 个,占总样本的 8.23%。样本量最少的是传播与文化产业,共计获取样本 27 个,占总样本的 0.70%。

表 7-24　　　　　　　　　总样本的行业分布

行业名称	样本数量	样本比例
农、林、牧、渔业	41	1.06%
采掘业	142	3.66%
制造业	2 151	55.50%
电力、煤气及水的生产和供应业	176	4.54%
建筑业	90	2.32%
交通运输、仓储业	168	4.33%
信息技术业	208	5.37%
批发和零售贸易	267	6.89%
金融、保险业	130	3.35%
房地产业	319	8.23%
社会服务业	121	3.12%
传播与文化产业	27	0.70%
综合类	36	0.93%
合计	3 876	100.00%

表 7-25 列示了各变量的描述性统计，包括各变量的样本数量、最大值、最小值、均值以及标准差。其中 XBRL 的均值为 0.756 708，主要是由于选取的未实施 XBRL 通用分类标准政策的样本仅为 2009 年的 943 个样本，实施 XBRL 通用分类标准政策的为 2010—2013 年的 2 933 个样本。

表 7-25　　　　　　　　　各变量描述性统计

变量名称	样本数量	最大值	最小值	均值	标准差
CAR	3 876	0.326 698	−0.589 616	−0.005 576	0.047 664
XBRL	3 876	1	0	0.756 708	0.429 125
UE	3 876	6.406 3	−4.89	0.013 658	0.416 964
ABSUE	3 876	6.406 3	0	0.235 336	0.344 453
TOBINQ	3 876	50.786 815	0.073 312	2.068 117	1.927 033
ER	3 876	131.478 675	−108.954 5	1.742 934	3.938 534
ROA	3 876	2.860 932	−0.810 126	0.051 032	0.076 347
SIZE	3 876	30.571 122	17.467 288	22.352 464	1.729 422

表 7-26 为 2009—2013 年 CAR 值的描述性统计，图 7-24 为其趋势图，包括各年的样本数量、最大值、最小值、均值以及标准差。由表 7-26 和图 7-24 可以看出，2009 年的 CAR 均值、标准差与 2010—2013 年各年的 CAR 均值、标准差较为接近，因此初步判断实施 XBRL 通用分类标准政策对于提高企业财务报告的会计信息含量的贡献并不是很大。本书还对实施 XBRL 通用分类标准政策前后的各变量均值进行了 T 检验，如表 7-27 所示。从表 7-27 中可以看出，样本的 CAR 均值在实施 XBRL 通用分类标准政策前后的差异并不显著，这也说明了表 7-26 中呈现的结果。此外，如表 7-27 所示，其他控制变量 UE、$ABSUE$、$TOBINQ$、$SIZE$ 都在 1% 的水平上显著，控制变量 ROA 在 5% 的水平上显著，控制变量 ER 在 10% 的水平上显著。

表 7-26 　　　　　　　2009—2013 年 CAR 值描述性统计

CAR	样本数量	最大值	最小值	均值	标准差
2009 年	943	0.233 058	−0.589 616	−0.007 605	0.051 694
2010 年	624	0.242 958	−0.187 975	−0.005 925	0.047 845
2011 年	716	0.289 623	−0.170 242	−0.004 032	0.044 657
2012 年	815	0.326 698	−0.167 590	−0.001 488	0.042 724
2013 年	778	0.264 288	−0.201 044	−0.008 540	0.049 740

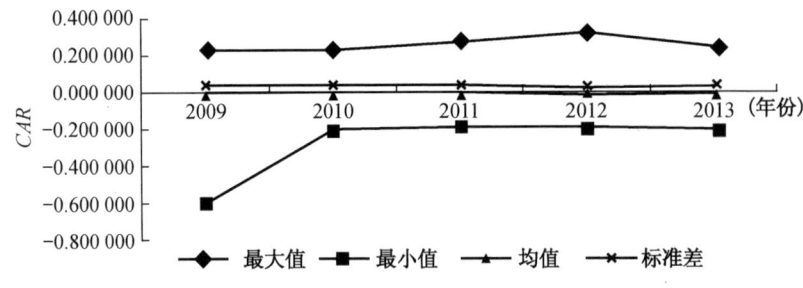

图 7-24 　2009—2013 年 CAR 值描述性统计趋势图

表 7-27 　　各变量在实施 XBRL 通用分类标准前后的均值表及 T 检验

变量名称	XBRL	样本数量	均值	标准差	T 检验 Difference	T 检验 Sig. (2-tailed)
CAR	0	943	−0.007 605	0.051 694	−0.002 681	0.133
	1	2 933	−0.004 924	0.046 285		

(续表)

变量名称	XBRL	样本数量	均值	标准差	T检验 Difference	Sig.(2-tailed)
UE	0	943	0.095 403	0.493 211	0.108 026***	0.000
	1	2 933	−0.012 623	0.385 722		
ABSUE	0	943	0.287 539	0.411 827	0.068 987***	0.000
	1	2 933	0.218 552	0.318 056		
TOBINQ	0	943	2.600 056	3.057 333	0.702 965***	0.000
	1	2 933	1.897 091	1.335 816		
ER	0	943	1.539 700	4.642 780	−0.268 576*	0.069
	1	2 933	1.808 276	3.682 141		
ROA	0	943	0.046 729	0.062 560	−0.005 686**	0.047
	1	2 933	0.052 415	0.080 239		
SIZE	0	943	21.951 567	1.638 129	−0.529 791***	0.000
	1	2 933	22.481 357	1.738 500		

注：*为在0.1水平上显著；**为在0.05水平上显著；***为在0.01水平上显著。

2）相关性分析

本文对自变量以及各控制变量进行了相关性分析，Spearman和Pearson相关系数如表7-28所示。由表7-28可以看出，各变量之间的相关系数较为显著，

表7-28　　　　　　　Spearman和Pearson相关系数

变量名称	CAR	XBRL	UE	ABSUE	TOBINQ	ER	ROA	SIZE
CAR	1	0.024	−0.025	−0.011	−0.005	0.047***	0.018	0.088***
XBRL	0.027*	1	−0.111***	−0.086***	−0.157***	0.029*	0.032**	0.131***
UE	−0.002	−0.109***	1	0.108***	0.089***	0.067***	0.068***	0.004
ABSUE	0.026*	−0.060***	0.054***	1	0.030*	0.087***	0.165***	0.108***
TOBINQ	−0.053***	−0.133***	0.038**	0.038**	1	−0.128***	0.054***	−0.420***
ER	0.048***	0.032**	0.053***	0.098***	−0.566***	1	−0.075***	0.366***
ROA	0.036**	0.022	−0.071***	0.082***	0.249***	−0.447***	1	−0.017
SIZE	0.086***	0.150***	0.039**	0.169***	−0.677***	0.524***	0.017	1

注：① 左下角部分为Spearman相关系数，右上角部分为Pearson相关系数。
② *为在0.1水平上显著；**为在0.05水平上显著；***为在0.01水平上显著，系数的显著性检验为双尾检验。

但各系数绝对值并不大,最大的是 $TOBINQ$ 与 $SIZE$ 之间的 Spearman 相关系数为 0.677,所以初步判断各变量之间不存在明显的多重共线性。

3) 回归分析

本书分别对 2009—2010 年、2009—2011 年、2009—2012 年、2009—2013 年的样本数据进行了回归,主要关注这四组样本中 CAR 值与 XBRL 之间回归系数的显著性变化,以此来考察企业在实施 XBRL 通用分类标准政策前后投资者的反应及其变化。

在进行回归分析之前,本书首先对各变量之间的多重共线性进行诊断,表 7-29 为多重共线性检验结果表。由表 7-29 可得,各变量的 VIF 值都小于 2,且主模型的 VIF 值也仅为 1.147,所以各变量之间不存在多重共线性,可以进一步进行多元回归分析,这也与表 7-28 中呈现的结果相吻合。

表 7-29 多重共线性检验

变量名称	VIF	Tolerance
$XBRL$	1.053	0.950
UE	1.037	0.964
$ABSUE$	1.068	0.936
$TOBINQ$	1.248	0.802
ER	1.172	0.853
ROA	1.045	0.957
$SIZE$	1.407	0.711
Mean VIF	1.147	—

表 7-30 为四组样本回归中各变量对应的回归系数以及 t 值,其中 XBRL 对应的回归系数和 t 值有所增大。但是在 2009—2010 年、2009—2011 年、2009—2012 年三组回归中,该系数并不显著,只有在 2009—2013 年的回归中,该系数在 5% 的水平上显著。说明在 XBRL 通用分类标准的使用初期,市场上并未及时作出反应,但在其后续实施过程中,资本市场上的反应渐渐增强,投资者对于 XBRL 通用分类标准政策的认可度有所提高,支持假设 1 和假设 2。

在四组回归分析中,控制变量未预期盈余 UE 的显著性有所减弱,在 2009—2010 年的样本中,其在 1% 的水平上显著;在 2009—2011 年、2009—2012 年的两组样本中,其在 5% 的水平上显著;而在 2009—2013 年的样本中,其只在 10% 的水平上显著。控制变量未预期盈余的绝对值 $ABSUE$ 与因变量 CAR 之间回归系数的显著性水平不高,在2009—2012年、2009—2013年两组样本中表现为在10%的水平上显著。控制变量$TOBINQ$与因变量CAR之间回归系数的显著性水平随着时间的推移渐渐提高,在2009—2013年的样本中,该回归系数0.047在1%的水平上显著,说明累计超额报酬率CAR与企业的托宾Q值显著正相关。控制变量产权比率ER与因变量CAR之间的回归系数在四组样本中都为正,在2009—2010年的样本中表现为在10%的水平上显著,在其余三组样本中都不显著,说明累计超额报酬率CAR与企业的产权比率ER之间的正相关关系不明显。关于控制变量总资产净利润率ROA,在2009—2012年、2009—2013年两组样本中,其与因变量CAR之间的回归系数在10%的水平上显著。控制变量企业规模$SIZE$与因变量CAR之间的回归系数在四组样本中都为正,且在2009—2010年的样本中表现为在5%的水平上显著,在其余三组样本中都表现为在1%的水平上显著,说明累计超额报酬率CAR与企业规模$SIZE$显著正相关,即企业规模越大,企业越容易获得超额收益。

表7-30　　　　　　　　　　回归分析(因变量CAR)

变量名称	2009—2010年	2009—2011年	2009—2012年	2009—2013年
$Constant$	-0.056^{**}	-0.051^{***}	-0.056^{***}	-0.073^{***}
	(-2.255)	(-3.179)	(-4.220)	(-6.138)
$XBRL$	-0.012	0.008	0.024	0.045^{**}
	(-0.413)	(0.343)	(1.291)	(2.129)
UE	0.082^{***}	0.048^{**}	0.038^{**}	0.031^{*}
	(2.830)	(2.099)	(2.070)	(1.751)
$ABSUE$	-0.036	-0.019	-0.033^{*}	-0.029^{*}
	(-1.253)	(-0.825)	(-1.761)	(-1.739)
$TOBINQ$	0.063^{*}	0.040^{*}	0.041^{**}	0.047^{***}
	(1.751)	(1.657)	(2.025)	(2.630)
ER	0.058^{*}	0.033	0.025	0.020
	(1.651)	(1.406)	(1.270)	(1.183)
ROA	-0.026	0.004	0.032^{*}	0.030^{*}
	(-0.883)	(0.177)	(1.760)	(1.745)
$SIZE$	0.075^{**}	0.070^{***}	0.076^{***}	0.104^{***}
	(2.009)	(2.748)	(3.614)	(5.471)

(续表)

变量名称	2009—2010 年	2009—2011 年	2009—2012 年	2009—2013 年
YEAR	控制	控制	控制	控制
INDUSTRY	控制	控制	控制	控制
R^2	0.085	0.076	0.076	0.081
样本数量	1 248	2 108	3 068	3 876

注:① 括号内为 t 值。
② *为在 0.1 水平上显著;* *为在 0.05 水平上显著;* * *为在 0.01 水平上显著。

2. 石油和天然气行业

2010 年 10 月,我国财政部、国标委发布了《企业会计准则通用分类标准》。2011 年 12 月,我国财政部发布了《石油和天然气行业扩展分类标准》,进一步规范石油和天然气行业企业的财务信息呈报。因此,本书还专门对 2009—2013 年石油和天然气行业的样本进行实证分析,以此来考察该行业实施 XBRL 通用分类标准政策和行业扩展分类标准政策后是否带来了市场反应,对于提高企业财务报告的会计信息含量是否有影响。本书根据我国财政部发布的《石油和天然气行业扩展分类标准指南》中指出的适用行业,具体按照国民经济行业分类(GB/T 4754—2011)中的 B07 石油和天然气开采业、C251 精炼石油产品制造、C26 化学原料及化学制品制造业以及 C28 化学纤维制造业,进一步在已经筛选出的 3 876 个全行业总样本中筛选出 306 个石油和天然气行业样本。

1) 描述性统计

表 7-31 列示了各变量的描述性统计,包括各变量的样本数量、最大值、最小值、均值以及标准差。其中 XBRL 的均值为 0.764 706,主要是由于选取的未实施 XBRL 通用分类标准政策的样本仅为 2009 年的 72 个样本,实施 XBRL 通用分类标准政策的为 2010—2013 年的 234 个样本。

表 7-31   各变量描述性统计

变量名称	样本数量	最大值	最小值	均值	标准差
CAR	306	0.167 830	−0.161 033	−0.008 936	0.043 130
XBRL	306	1	0	0.764 706	0.424 877
UE	306	1.975	−4.89	−0.017 538	0.528 725
ABSUE	306	4.89	0	0.298 121	0.436 681
TOBINQ	306	8.342 303	0.516 933	1.927 520	1.181 917

(续表)

变量名称	样本数量	最大值	最小值	均值	标准差
ER	306	10.003 538	0.007 13	1.231 898	1.201 317
ROA	306	0.261 044	−0.098 163	0.052 697	0.053 339
SIZE	306	28.482 028	19.456 202	22.161 558	1.508 437

表7-32为2009—2013年CAR值的描述性统计，图7-25为其趋势图，包括各年的样本数量、最大值、最小值、均值以及标准差。由表7-32和图7-25可以看出，2009—2013年各年的CAR均值、标准差差异不大，因此初步判断实施XBRL通用分类标准政策以及行业扩展分类标准政策对于提高石油和天然气行业企业财务报告的会计信息含量的贡献并不是很大。本书还对实施XBRL通用分类标准政策和行业扩展分类标准政策前后的各变量均值进行了T检验，如表7-33所示。从表7-33中可以看出，样本的CAR均值在实施XBRL通用分类标准政策和行业扩展分类标准政策前后的差异并不显著，这也说明了表7-32中呈现的结果。此外，如表7-33所示，其他控制变量ABSUE、TOBINQ在1%的水平上显著，控制变量SIZE在5%的水平上显著，控制变量UE、ER、ROA则不显著。

表7-32　　　　　　　2009—2013年CAR值描述性统计

CAR	样本数量	最大值	最小值	均值	标准差
2009年	72	0.111 118	−0.101 567	−0.005 198	0.037 768
2010年	48	0.099 589	−0.102 161	−0.000 056	0.044 682
2011年	58	0.103 832	−0.096 369	−0.010 053	0.042 435
2012年	66	0.167 830	−0.117 564	−0.005 291	0.044 603
2013年	62	0.080 441	−0.161 033	−0.022 988	0.044 779

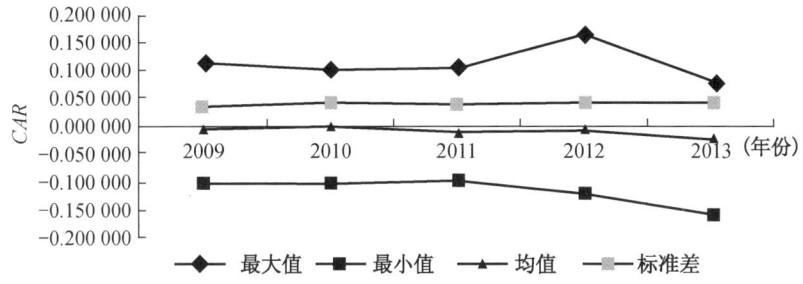

图7-25　2009—2013年CAR值描述性统计趋势图

表 7-33　各变量在实施 XBRL 通用分类标准政策和行业扩展分类标准政策前后的均值表及 T 检验

变量名称	XBRL	样本数量	均值	标准差	T检验 Difference	T检验 Sig. (2-tailed)
CAR	0	72	−0.005 198	0.037 768	0.004 889	0.401
CAR	1	234	−0.010 087	0.044 662		
UE	0	72	−0.053 015	0.778 855	−0.046 393	0.516
UE	1	234	−0.006 622	0.424 943		
ABSUE	0	72	0.414 499	0.659 725	0.152 186***	0.009
ABSUE	1	234	0.262 313	0.333 943		
TOBINQ	0	72	2.402 920	1.678 350	0.621 676***	0.000
TOBINQ	1	234	1.781 244	0.937 505		
ER	0	72	1.112 890	0.843 292	−0.155 626	0.337
ER	1	234	1.268 515	1.291 006		
ROA	0	72	0.057 811	0.058 647	0.006 688	0.353
ROA	1	234	0.051 123	0.051 629		
SIZE	0	72	21.828 076	1.437 910	−0.436 091**	0.032
SIZE	1	234	22.264 167	1.517 738		

注：* 为在 0.1 水平上显著；** 为在 0.05 水平上显著；*** 为在 0.01 水平上显著。

2) 相关性分析

本书对自变量以及各控制变量进行了相关性分析，Spearman 和 Pearson 相关系数如表 7-34 所示。由表 7-34 可知，各变量之间的相关系数较为显著，但各系数绝对值并不大，最大的是 TOBINQ 与 SIZE 之间的 Spearman 相关系数，为 0.626，因此初步判断各变量之间不存在明显的多重共线性。

表 7-34　Spearman 和 Pearson 相关系数

变量名称	CAR	XBRL	UE	ABSUE	TOBINQ	ER	ROA	SIZE
CAR	1	−0.048	−0.132**	0.072	0.051	−0.025	0.160***	0.045
XBRL	−0.046	1	0.037	−0.148***	−0.223***	0.055	−0.053	0.123**
UE	−0.140**	0.008	1	−0.340***	0.076	0.004	−0.141***	−0.026
ABSUE	0.079	−0.133**	−0.008	1	−0.008	0.186***	0.032	0.050

(续表)

变量名称	CAR	XBRL	UE	ABSUE	TOBINQ	ER	ROA	SIZE
TOBINQ	0.005	−0.117**	0.123**	−0.038	1	−0.277***	0.259***	−0.430***
ER	0.029	0.015	0.027	0.199***	−0.522***	1	−0.419***	0.182***
ROA	0.186***	−0.050	−0.096*	−0.027	0.251***	−0.417***	1	0.145***
SIZE	0.076	0.137**	−0.033	0.150***	−0.626***	0.449***	0.066	1

注:① 左下角部分为 Spearman 相关系数,右上角部分为 Pearson 相关系数。
② * 为在 0.1 水平上显著;** 为在 0.05 水平上显著;*** 为在 0.01 水平上显著,系数的显著性检验为双尾检验。

3)回归分析

在石油和天然气行业的研究中,本书依然分别对 2009—2010 年、2009—2011 年、2009—2012 年、2009—2013 年的样本数据进行了回归分析,主要关注这四组样本中 CAR 值与 XBRL 之间回归系数的显著性变化,以此来考察石油和天然气行业企业在实施 XBRL 通用分类标准政策和行业扩展分类标准政策前后投资者的反应及其变化。

在进行回归分析之前,本书首先对各变量之间的多重共线性进行诊断,表 7-35 为多重共线性检验结果表。由表 7-35 可得,各变量的 VIF 值都小于 2,且主模型的 VIF 值也仅为 1.318,所以各变量之间不存在多重共线性,可以进一步进行多元回归分析,这也与表 7-34 中呈现的结果相吻合。

表 7-35　　　　　　　　　　　多重共线性检验

变量名称	VIF	Tolerance
XBRL	1.080	0.926
UE	1.177	0.849
ABSUE	1.217	0.822
TOBINQ	1.492	0.670
ER	1.381	0.724
ROA	1.469	0.681
SIZE	1.411	0.709
Mean VIF	1.318	

表 7-36 为四组样本回归中各变量对应的回归系数以及 t 值,其中变量 XBRL 在 2009—2010 年的样本中对应的回归系数不显著,说明石油和天然气行

业企业2010年财务报告实施XBRL通用分类标准政策后市场并没有及时作出反应。同时,在2009—2011年、2009—2012年以及2009—2013年的样本中,变量XBRL对应的回归系数虽有所增大但依然不显著,说明行业扩展分类标准的实施使得市场反应有所增强但并没有在一定程度上显著提高企业财务报告的会计信息含量。因此,支持假设1和假设2。

表7-36　　　　　　　　回归分析(因变量CAR)

变量名称	2009—2010年	2009—2011年	2009—2012年	2009—2013年
Constant	−0.021 (−0.286)	−0.029 (−0.509)	−0.039 (−0.809)	−0.040 (−0.910)
XBRL	−0.031 (−0.328)	0.042 (0.524)	0.026 (0.390)	0.098 (1.232)
UE	0.071 (0.451)	0.170* (1.851)	0.120* (1.811)	0.107* (1.740)
ABSUE	0.253* (1.706)	0.062 (0.695)	0.045 (0.505)	0.018 (0.292)
TOBINQ	−0.009 (−0.062)	0.034 (0.331)	0.031 (0.391)	0.041 (0.591)
ER	0.027 (0.214)	−0.010 (−0.105)	0.024 (0.323)	0.038 (0.573)
ROA	−0.087 (−0.688)	0.023 (0.241)	0.096 (1.239)	0.143** (2.080)
SIZE	0.018 (0.141)	0.029 (0.314)	0.036 (0.474)	0.035 (0.519)
YEAR	控制	控制	控制	控制
R^2	0.094	0.074	0.061	0.089
样本数量	96	168	242	306

注:① 括号内为t值。
　　② *为在0.1水平上显著;**为在0.05水平上显著;***为在0.01水平上显著。

关于控制变量,在2009—2010年的样本中,只有未预期盈余ABSUE与因变量CAR之间的回归系数在10%的水平上显著。在2009—2011年、2009—2012年的样本中,只有未预期盈余UE与因变量CAR之间的回归系数在10%的水平上显著。在2009—2013年的样本中,未预期盈余UE与因变量CAR之间的回归系数在10%的水平上显著,总资产净利润率ROA对应的回归系数在5%的水平上显著。此外,其余控制变量与因变量CAR之间的回归系数在各组样本中都不显著,说明在石油和天然气行业中,诸如托宾Q值、产权比率、企业规模等变量与累计超额报酬率之间不存在显著的线性关系。

3. 银行业

2010年10月，我国财政部、国标委发布了《企业会计准则通用分类标准》。2012年12月，我国财政部、原银监会发布了《银行业扩展分类标准》，进一步规范银行业的财务信息呈报。因此，本文还专门对2009—2013年银行业的样本进行实证分析，以此来考察该行业实施XBRL通用分类标准政策和行业扩展分类标准政策后是否带来了市场反应，对于提高企业财务报告的会计信息含量是否有影响。但是，由于银行业样本较少，总计只有68个，所以仅对该行业的样本进行了描述性统计以观测总体趋势。

表7-37为2009—2013年CAR值的描述性统计，图7-26为其趋势图，包括各年的样本数量、最大值、最小值、均值以及标准差。由表7-37和图7-26可知，2009年与2010年的最大值、均值以及标准差都十分接近，因此初步判断2010年XBRL通用分类标准政策的实施效果并未在资本市场上及时得到反映。此外，2012年行业扩展分类标准政策实施后，其对应的CAR均值减小并由正转负，2013年又有所上升并由负转正，但是2009—2013年CAR均值变化趋势较为平缓，说明该政策的实施有一定市场反应但是不明显，投资者对该政策的认同度还有待提高。

表7-37　　　　　　2009—2013年CAR值描述性统计

CAR	样本数量	最大值	最小值	均值	标准差
2009年	14	0.065 333	−0.016 025	0.014 655	0.025 543
2010年	13	0.062 742	−0.059 980	0.010 268	0.029 450
2011年	14	0.028 945	−0.025 908	0.002 067	0.018 131
2012年	13	0.052 828	−0.095 270	−0.000 507	0.041 210
2013年	14	0.103 671	−0.025 201	0.010 534	0.031 435

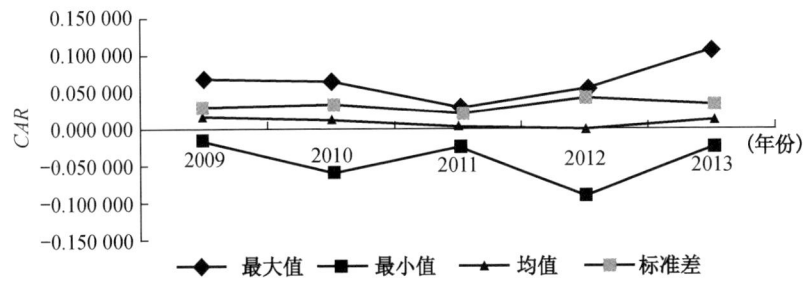

图7-26　2009—2013年CAR值描述性统计趋势图

4. 稳健性检验

为验证上述结论的可靠性,本书还进行了稳健性检验。一般稳健性检验有两种方法:一是采用相同方法对替换变量进行研究,二是采用不同方法对相同变量进行研究,以此来考察得出的结论是否与前述研究结论一致。本书采用第一种方法,依然运用事件研究法,但将事件窗口选定为[-1,0][0,1]以及[-2,2]进行稳健性检验,并分别对全行业、石油和天然气行业、银行业 2009—2013 年相关数据进行了分析。关于全行业、石油和天然气行业的稳健性检验,本书进行了描述性统计、相关性分析以及回归分析,由于与上文处理方法一致,因此下文仅列示了最后的回归分析表;而在银行业的稳健性检验中,由于样本数量较少而无法进行回归分析,所以本书仅作了描述性统计,下文也仅列示描述性统计结果。

1) 全行业

表 7-38、表 7-39 分别为事件期[-1,0]和[0,1]时的回归分析结果,从表中数据来看,结果与事件期为[-1,1]时的基本一致,支持假设 1 和假设 2。因变量 CAR 与自变量 $XBRL$ 之间的回归系数及对应的 t 值在按时间分组的检验中呈现逐渐增大的趋势,说明 XBRL 通用分类标准政策实施后的市场反应渐渐增强。但是,因变量 CAR 与自变量 $XBRL$ 之间的回归系数基本不显著,只有在 2009—2013 年的样本中,且事件期为[0,1]时,该系数在 5% 的水平上显著,这也说明基于 XBRL 通用分类标准的财务报告与传统信息披露格式的财务报告一同对外公告时没有更多的信息被提前泄露。

表 7-38   回归分析(因变量 CAR[-1,0])

变量名称	2009—2010 年	2009—2011 年	2009—2012 年	2009—2013 年
$Constant$	-0.051*** (-2.581)	-0.045*** (-3.407)	-0.049*** (-4.604)	-0.063*** (-5.185)
$XBRL$	-0.007 (-0.235)	0.011 (0.425)	0.023 (1.219)	0.024 (1.568)
UE	0.078*** (2.704)	0.046* (1.673)	0.056** (2.473)	0.054** (2.577)
$ABSUE$	-0.017 (-0.579)	-0.009 (-0.368)	-0.023* (-1.208)	-0.017 (-1.056)
$TOBINQ$	0.045 (1.324)	0.035 (1.458)	0.042** (2.082)	0.056*** (2.585)

(续表)

变量名称	2009—2010 年	2009—2011 年	2009—2012 年	2009—2013 年
ER	0.028 (0.835)	0.027 (1.173)	0.014 (0.717)	0.010 (0.575)
ROA	−0.012 (−0.413)	0.006 (0.245)	0.033* (1.759)	0.027* (1.682)
SIZE	0.086** (2.290)	0.075** (2.933)	0.084*** (3.968)	0.110*** (5.813)
YEAR	控制	控制	控制	控制
INDUSTRY	控制	控制	控制	控制
R^2	0.081	0.073	0.077	0.082
样本数量	1 248	2 108	3 068	3 876

注：① 括号内为 t 值。
② * 为在 0.1 水平上显著；** 为在 0.05 水平上显著；*** 为在 0.01 水平上显著。

表 7-39　　　　回归分析(因变量 $CAR[0,1]$)

变量名称	2009—2010 年	2009—2011 年	2009—2012 年	2009—2013 年
Constant	−0.041* (−1.928)	−0.042*** (−2.979)	−0.043*** (−3.834)	−0.054*** (−5.185)
XBRL	−0.037 (−1.313)	0.006 (0.249)	0.028 (1.222)	0.034** (2.055)
UE	0.052* (1.790)	0.039 (1.710)	0.041** (2.195)	0.035** (2.105)
ABSUE	−0.042 (−1.443)	−0.022 (−0.947)	−0.031 (−1.672)	−0.022 (−1.331)
TOBINQ	0.051 (1.502)	0.051** (2.089)	0.051** (2.536)	0.053*** (2.926)
ER	0.040 (1.197)	0.038 (1.603)	0.038** (1.966)	0.034** (1.962)
ROA	−0.027 (−0.912)	0.024 (1.029)	0.047** (2.516)	0.038** (2.303)
SIZE	0.064* (1.697)	0.062** (2.428)	0.065*** (3.061)	0.082*** (4.330)
YEAR	控制	控制	控制	控制

(续表)

变量名称	2009—2010 年	2009—2011 年	2009—2012 年	2009—2013 年
INDUSTRY	控制	控制	控制	控制
R^2	0.083	0.078	0.075	0.087
样本数量	1 248	2 108	3 068	3 876

注:① 括号内为 t 值。
② *为在 0.1 水平上显著;**为在 0.05 水平上显著;***为在 0.01 水平上显著。

表 7-40 描述了事件期为[-2,2]时的回归分析结果,与事件期为[-1,1]时的结果基本一致,因变量 CAR 与自变量 XBRL 之间的回归系数及对应的 t 值在按时间分组的检验中呈现出增大的趋势,且在 2009—2012 年以及 2009—2013 年的两组样本中该系数在 10% 的水平上显著,说明 XBRL 通用分类标准政策实施后的市场反应增强但不是很显著。因此,投资者对 XBRL 通用分类标准政策的认可度还有待提高。

表 7-40   回归分析(因变量 CAR[-2,2])

变量名称	2009—2010 年	2009—2011 年	2009—2012 年	2009—2013 年
Constant	-0.044 (-1.432)	-0.049** (-2.496)	-0.052*** (-3.274)	-0.072*** (-5.011)
XBRL	0.010 (0.361)	0.019 (0.755)	0.039* (1.714)	0.036* (1.720)
UE	0.079*** (2.736)	0.045** (1.974)	0.026 (1.375)	0.016 (1.000)
ABSUE	-0.049* (-1.697)	-0.029 (-1.214)	-0.045** (-2.409)	-0.039** (-2.353)
TOBINQ	-0.002 (-0.063)	0.015 (0.625)	0.030 (1.660)	0.044** (1.965)
ER	0.058* (1.723)	0.033 (1.421)	0.024 (1.242)	0.021 (1.205)
ROA	-0.022 (-0.738)	-0.012 (-0.505)	0.029 (1.651)	0.037 (1.740)
SIZE	0.051 (1.351)	0.058** (2.270)	0.062*** (2.941)	0.089*** (4.662)
YEAR	控制	控制	控制	控制

(续表)

变量名称	2009—2010 年	2009—2011 年	2009—2012 年	2009—2013 年
INDUSTRY	控制	控制	控制	控制
R^2	0.087	0.077	0.074	0.081
样本数量	1 248	2 108	3 068	3 876

注:① 括号内为 t 值。
② * 为在 0.1 水平上显著;** 为在 0.05 水平上显著;*** 为在 0.01 水平上显著。

2) 石油和天然气行业

表 7-41、表 7-42 分别为事件期[−1,0]和[0,1]时石油和天然气行业的回归分析结果,从表中数据来看,结果与事件期为[−1,1]时的基本一致。在四组回归分析中,因变量 CAR 与自变量 XBRL 之间的回归系数以及对应的 t 值呈现增大趋势,但是都不显著,支持假设 1 和假设 2。

表 7-41　　　　　回归分析(因变量 $CAR[-1, 0]$)

变量名称	2009—2010 年	2009—2011 年	2009—2012 年	2009—2013 年
Constant	0.012 (0.177)	−0.020 (−0.380)	−0.040 (−0.960)	−0.036 (−0.985)
XBRL	−0.035 (−0.385)	−0.020 (−0.251)	−0.033 (−0.457)	0.058 (0.833)
UE	−0.128 (−0.838)	0.161* (1.776)	0.144** (2.020)	0.165*** (2.713)
ABSUE	0.310** (2.163)	0.162* (1.846)	0.134* (1.882)	0.053 (0.857)
TOBINQ	−0.021 (−0.148)	0.034 (0.329)	0.066 (0.838)	0.058 (0.836)
ER	−0.023 (−0.192)	−0.048 (−0.532)	0.001 (0.012)	0.035 (0.537)
ROA	−0.110 (−0.901)	0.010 (0.108)	0.052 (0.683)	0.112* (1.662)
SIZE	−0.029 (−0.234)	0.025 (0.272)	0.049 (0.658)	0.042 (0.634)
YEAR	控制	控制	控制	控制
R^2	0.093	0.085	0.069	0.089
样本数量	96	168	242	306

注:① 括号内为 t 值。
② * 为在 0.1 水平上显著;** 为在 0.05 水平上显著;*** 为在 0.01 水平上显著。

表 7-42　　　　　　　　回归分析(因变量 $CAR[0,1]$)

变量名称	2009—2010 年	2009—2011 年	2009—2012 年	2009—2013 年
$Constant$	−0.011 (−0.045)	−0.007 (−0.138)	−0.010 (−0.221)	−0.026 (−0.614)
$XBRL$	0.012 (0.129)	0.028 (0.317)	0.036 (0.552)	0.064 (0.984)
UE	0.033 (0.201)	0.173* (1.877)	0.086 (1.181)	0.112* (1.803)
$ABSUE$	0.024 (0.157)	−0.128 (−1.423)	−0.034 (−0.472)	−0.074 (−1.188)
$TOBINQ$	−0.093 (−0.612)	−0.033 (−0.319)	−0.032 (−0.401)	0.004 (0.058)
ER	0.019 (0.148)	−0.027 (−0.289)	0.022 (0.289)	0.062 (0.928)
ROA	−0.036 (−0.276)	0.063 (0.673)	0.104 (1.323)	0.137** (1.978)
$SIZE$	0.016 (0.122)	0.003 (0.029)	−0.002 (−0.021)	0.017 (0.255)
$YEAR$	控制	控制	控制	控制
R^2	0.065	0.084	0.062	0.090
样本数量	96	168	242	306

注：① 括号内为 t 值。
② *为在 0.1 水平上显著；**为在 0.05 水平上显著；***为在 0.01 水平上显著。

表 7-43 为事件期 $[-2,2]$ 时石油和天然气行业的回归分析结果，在四组回归中，XBRL 对应的回归系数及对应的 t 值逐渐增大，但在前三组中回归系数不显著，最后一组在 10% 的水平上显著，说明 XBRL 通用分类标准和行业扩展分类标准在石油和天然气行业中的实施效果已经有所体现，但并不是很显著。

表 7-43　　　　　　　　回归分析(因变量 $CAR[-2,2]$)

变量名称	2009—2010 年	2009—2011 年	2009—2012 年	2009—2013 年
$Constant$	−0.031 (−0.330)	−0.031 (−0.421)	−0.015 (−0.245)	−0.010 (−0.183)
$XBRL$	0.078 (0.879)	0.086 (0.932)	0.109 (1.348)	0.200* (1.912)

(续表)

变量名称	2009—2010年	2009—2011年	2009—2012年	2009—2013年
UE	0.012 (0.073)	0.186* (1.967)	0.194* (1.975)	0.195* (1.979)
ABSUE	0.261* (1.755)	0.028 (0.309)	0.057 (0.784)	−0.008 (−0.135)
TOBINQ	−0.019 (−0.131)	0.049 (0.475)	−0.022 (−0.273)	−0.007 (−0.099)
ER	−0.013 (−0.106)	0.033 (0.356)	0.004 (0.053)	0.024 (0.353)
ROA	−0.016 (−0.125)	0.075 (0.805)	0.131* (1.688)	0.144** (2.087)
SIZE	0.011 (0.088)	0.001 (0.015)	−0.010 (−0.126)	−0.015 (−0.224)
YEAR	控制	控制	控制	控制
R^2	0.090	0.101	0.080	0.096
样本数量	96	168	242	306

注：① 括号内为 t 值。
② * 为在 0.1 水平上显著；** 为在 0.05 水平上显著；*** 为在 0.01 水平上显著。

3）银行业

在银行业的稳健性检验中，由于样本量较少，我们依然只是进行了描述性统计以观测总体趋势。在事件期为[−1,0]和[0,1]时，由表 7-44、表 7-45 以及图 7-27、图 7-28 可得，银行业企业在披露基于 XBRL 通用分类标准和行业扩展分类标准的财务报告前后其 CAR 均值差异不大，说明 XBRL 通用分类标准政策和银行业扩展分类标准政策实施的市场反应不明显，结论与事件期为[−1,1]时的一致。

表 7-44　　　　　2009—2013 年 CAR[−1, 0] 值描述性统计

CAR	样本数量	最大值	最小值	均值	标准差
2009 年	14	0.041 178	−0.006 994	0.007 927	0.014 374
2010 年	13	0.037 655	−0.046 375	0.004 826	0.022 079
2011 年	14	0.031 511	−0.028 650	0.002 602	0.017 512
2012 年	13	0.059 723	−0.078 742	0.003 386	0.039 158
2013 年	14	0.034 149	−0.026 352	0.005 864	0.016 433

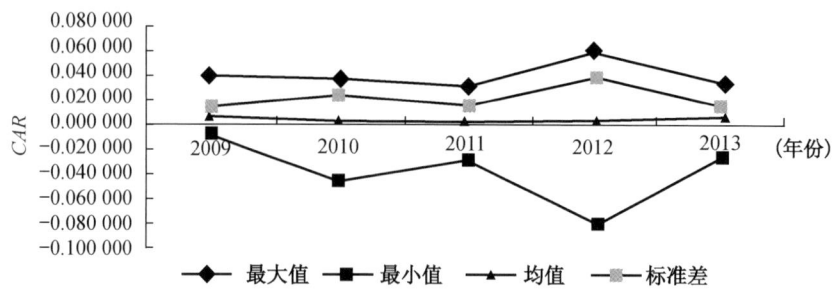

图 7-27　2009—2013 年 $CAR[-1, 0]$ 值描述性统计趋势图

表 7-45　　　　　　　　2009—2013 年 $CAR[0, 1]$ 值描述性统计

CAR	样本数量	最大值	最小值	均值	标准差
2009 年	14	0.069 252	−0.025 116	0.012 489	0.026 541
2010 年	13	0.054 811	−0.066 560	0.004 037	0.029 868
2011 年	14	0.034 359	−0.027 769	0.001 847	0.016 104
2012 年	13	0.035 586	−0.041 970	0.002 147	0.025 320
2013 年	14	0.077 858	−0.030 916	0.002 002	0.026 471

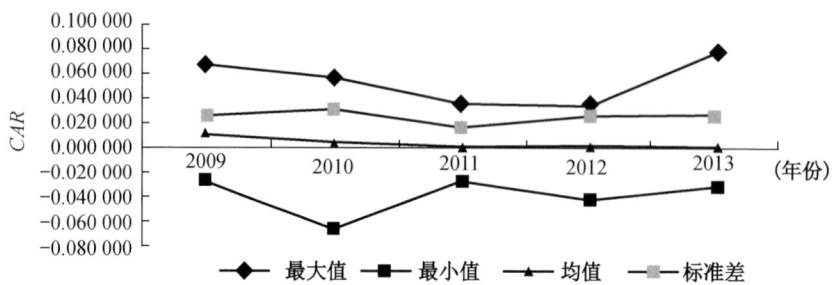

图 7-28　2009—2013 年 $CAR[0, 1]$ 值描述性统计趋势图

表 7-46 和图 7-29 是当事件期为[−2, 2]时银行业样本的 CAR 值描述性统计以及趋势图,由表 7-46 和图 7-29 可知,2009 年与 2010 年的最大值、最小值、均值以及标准差都比较接近,说明 2010 年 XBRL 通用分类标准政策的实施效果并未在资本市场上及时得到反应。此外,2012 年行业扩展分类标准政策实施后,其对应的 CAR 均值减小并由正转负,2013 年又有所上升并由负转正,但是 2009—2013 年 CAR 均值变化趋势较为平缓,说明该政策的实施有一定市场反应但是不明显,投资者对该政策的认同度还有待提高。该结论与事件期为[−1, 1]时的一致。

表 7-46　2009—2013 年 $CAR[-2,2]$ 值描述性统计

CAR	样本数量	最大值	最小值	均值	标准差
2009	14	0.080 256	−0.044 343	0.013 635	0.030 196
2010	13	0.065 884	−0.051 424	0.018 827	0.032 702
2011	14	0.034 946	−0.041 304	0.002 041	0.023 940
2012	13	0.050 916	−0.127 003	−0.005 579	0.051 196
2013	14	0.079 126	−0.030 533	0.015 853	0.025 663

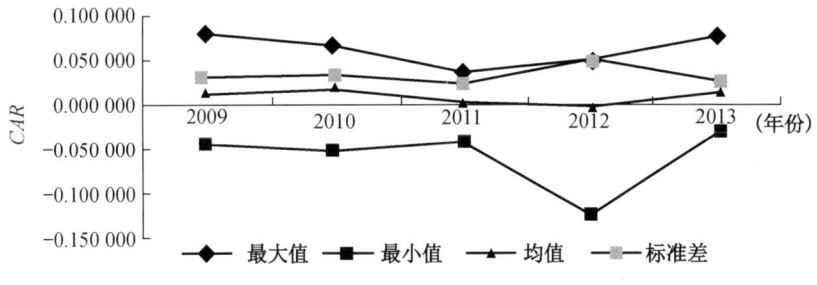

图 7-29　2009—2013 年 $CAR[-2,2]$ 值描述性统计趋势图

三、结论与建议

(一) 研究结论

首先,本书基于对国内 XBRL 大事记的回顾、XBRL 与市场反应等相关研究的梳理,并以信息不对称理论、信号理论、有效市场假说以及 IT 生产率悖论等作为理论基础,将 XBRL 分类标准政策实施的市场反应作为研究对象,提出了以下研究假设。

假设 1:在《企业会计准则通用分类标准》《石油和天然气行业扩展分类标准》以及《银行业扩展分类标准》政策的实施初期,市场反应微弱或者甚至没有反应。

假设 2:在《企业会计准则通用分类标准》《石油和天然气行业扩展分类标准》以及《银行业扩展分类标准》政策的后续实施中,市场反应有所增强。

其次,本书以《关于实施企业会计准则通用分类标准的通知》(财会〔2010〕23 号)中要求的 13 家国有大型企业及 12 家具有证券期货相关业务资格的会计师事务所审计的我国境内 A 股主板上市公司 2009—2013 年的相关数据作为研

究样本,运用事件研究法对全行业、石油和天然气行业、银行业分别进行了实证分析。

研究发现:

(1)针对全行业,在《企业会计准则通用分类标准》政策的实施初期,市场反应很微弱;而在其后续实施中,市场反应有所增强,但仍然不是很显著。因此,支持本文的假设1和假设2。此外,在稳健性检验中发现,基于XBRL通用分类标准的财务报告与传统信息披露格式的财务报告一同对外公告时没有更多的信息被提前泄露。

(2)针对石油和天然气行业,在《企业会计准则通用分类标准》以及《石油和天然气行业扩展分类标准》政策的实施初期,市场反应很微弱;而在其后续实施中,市场反应有所增强,但不显著。因此,也支持本书的假设1和假设2。

(3)针对银行业,在《企业会计准则通用分类标准》以及《银行业扩展分类标准》政策实施初期,市场反应很微弱,初步判断支持假设1。但是,由于银行业样本数量较少,本书只进行了描述性统计以观测样本的累计超额报酬率(CAR)的总体变化趋势,因此最终只能比较粗略地判断其市场反应。而且《银行业扩展分类标准》政策的实施时间不长,无法准确得出其市场反应的变化趋势。

(二)政策性建议

根据(一)中的研究结论可得,《企业会计准则通用分类标准》《石油和天然气行业扩展分类标准》以及《银行业扩展分类标准》政策的初期实施效果不佳,在后续实施中虽渐渐有所改善,但其对于提高企业财务报告的会计信息含量的贡献并不大,投资者对其的认可度仍然不高。下面将对可能造成这一现象的原因进行分析,并提出相应的政策性建议。

1. 就政策本身而言

在《企业会计准则通用分类标准》《石油和天然气行业扩展分类标准》以及《银行业扩展分类标准》政策的发布和实施初期,该政策还存在一些局限性,需要在后续实施过程中不断改进。例如,XBRL通用分类标准的出台虽然使得财务报告披露的信息更加标准化,但是通用分类标准是适用于各行业企业的,又有些行业有其特殊性,其涉及的元素有所不同,如果企业自行扩展,必然会造成行业信息的可比性下降。所以,财政部就石油和天然气行业、银行业这两个行业率先出台了行业扩展分类标准,以此来规范行业信息的披露水平。但是从本书的实证结果来看,石油和天然气行业扩展分类标准实施的市场反应也并不强烈,可能由于该分类标准元素还存在不足和冗余,导致无法真正提高财务报告的会计信息质量。因此,在分类标准的后续完善中必须全面考虑行业的特点、实施企业和监管机构的使用需求,进而有效地进行元素修订。

2015年3月,财政部发布了《2015版企业会计准则通用分类标准》,并在《关于发布2015版企业会计准则通用分类标准的通知》(财会〔2015〕6号)中说明了架构和内容方面的变化。在架构方面,石油和天然气行业扩展分类标准、银行业扩展分类标准被整合到通用分类标准中,作为其行业模块;在内容方面,主要根据我国企业会计准则的变化、国际财务报告准则分类标准的变化以及通用分类标准的实施情况更新了相应内容。本次修订收录了一些根据近年实施经验总结形成的"财务报告通用实务元素",主要是实施企业和监管机构使用和扩展频率较高的元素,同时各行业扩展部分中具有共性的披露内容都作为通用元素整合到通用部分中。本次修订是不断改进XBRL分类标准政策的重要之举,相关各方在今后的实施过程中也必将继续努力进一步完善XBRL分类标准的修订。

2. 就信息提供者而言

在《企业会计准则通用分类标准》《石油和天然气行业扩展分类标准》以及《银行业扩展分类标准》政策的实施过程中,信息提供者的正确使用对于政策的推广也具有关键作用。曾有学者采用调查问卷的形式对企业的实施人员进行调查,但是调查发现相关人员对于XBRL财务报告的编制要点和校验软件的掌握程度不够,而且对于XBRL技术能为企业带来的预期收益有所困惑(陈潇怡和欧阳电平,2014)。此外,XBRL分类标准具有可扩展的特点,企业不规范地自行扩展元素也会影响其使用效果。由于上述这些情况导致信息提供者提供的财务信息的规范性、准确性、可比性不是很高,所以也在一定程度上影响了XBRL分类标准的实施效果。因此,在实施过程中应加强对信息提供者的指导工作,比如新政策的解读、编制规则的指导、疑难问题的解惑等。

3. 就信息使用者而言

在《企业会计准则通用分类标准》《石油和天然气行业扩展分类标准》以及《银行业扩展分类标准》政策的实施过程中,由于其专业性较强,普通投资者对该披露形式的要点并不了解,在交易所网站上并不能下载所有使用XBRL分类标准企业的实例文档,即使下载部分,也不能对其进行深入的阅读和分析,所以投资者掌握信息的能力和途径都非常有限,并未及时体会到XBRL这种工具带来的便捷。因此,在XBRL的后续推广中,相关部门还需全面加强外部信息使用者对其的了解和掌握程度、加强宣传力度、建立培训机制等,例如,在交易所现场定期举行一些关于XBRL的主题讲座、各地设置一些XBRL体验中心以及在各大高校增加相关课程等。

4. 就外部因素而言

本书研究的累计超额报酬率（CAR）受到的外部影响因素较多，尤其是作为本书研究样本之一的石油和天然气行业，该行业的股价时常受国内政策导向和国际油价的影响，所以投资者在关注该行业时势必会更多地关注到国内外的具体情况和发展形势，而不会单纯地只关注其年度财务报告的披露形式。因此，这一因素也可能导致财务报告披露形式的转变在该行业表现出的市场反应并不强烈。

（三）研究的不足之处

本书存在的研究不足之处主要有以下两点：

(1) 本书在进行石油和天然气行业、银行业的实证研究时，由于是按照《关于实施企业会计准则通用分类标准的通知》（财会〔2010〕23号）中的要求选取样本，所以样本数量较少，可能导致实证结果的说服力不够。

(2) 在实证模型的建立过程中，本书在控制变量方面只考虑到了企业盈余信息、成长性、财务风险、盈利能力、规模、时间以及行业因素对于企业累计超额报酬率（CAR）的影响，而一些非财务因素可能也会影响到CAR，比如，宏观经济环境、产业政策等。

（四）未来研究展望

虽然前期相关XBRL分类标准政策的实施效果不甚理想，但是XBRL在数据处理、信息传递方面具有诸多优势，进一步加以完善和正确引导，必能为提高财务报告的会计信息含量贡献力量，也能渐渐地获得投资者的认可。因此，本书基于前述的研究不足以及XBRL分类标准政策的实施现状提出几点未来的研究展望。

(1) 随着《2015版企业会计准则通用分类标准》政策的实施，可以进一步扩大样本，研究后续的实施效果。此外，在模型中也可以进一步引入一些非财务因素，如宏观经济环境、产业政策等，找出合理的衡量方法，更全面地研究XBRL分类标准政策实施的市场反应。

(2) 关于XBRL分类标准的进一步完善，还是要立足于实施现状并及时总结经验，更加关注XBRL分类标准元素的不足和冗余，定期更新元素清单。此外，还应关注行业特点，不断完善行业扩展分类标准的制定。

(3) 扩大在XBRL专业人才培养方面的研究。我国要壮大真正了解和掌握XBRL的专业人才队伍，寻求一些切实有效的培养途径是提高资本市场上信息提供者和信息使用者专业素质的关键，也是进一步推广XBRL的关键。

第八章
XBRL 风险控制的实践与应用

第一节　东航信息化建设的发展进程

自中国东方航空公司(以下简称东航)建航伊始,东航使用的会计软件为金蝶软件。早年,民航局财务司提议开始建设中国民航统一的财务系统,用一套财务系统解决民航的财务问题。东航响应国家号召主动请缨,将同一财务软件的问题揽在身上,当时东航联系到美国最大的数据库软件公司 Oracle,而那时 Oracle 在中国市场的覆盖率为零。

项目伊始,Oracle 软件试点只有东航等少数航空公司。这个项目在最开始时推广特别艰难,中国财务人员很难适应外国财务软件的一些账务习惯,而且从硬件和理念方面也是无法与之匹配的。当时,计算机硬件软件条件不行,Oracle 软件运行起来特别慢,在软件实行中产生了很大的阻碍,甚至很多财务人员开始排斥这项新的软件革新的计划,认为这种 Oracle ERP 软件严重影响了正常工作的效率,而 Oracle 本身的优势又没有体现出来。在这种艰难的时刻,东航的领导还是坚持了这种改革制度,东航的财务人员也克服了很大的困难,在 1 年多时间里,同时使用金蝶和 Oracle ERP 系统两种软件,在繁重的工作量里,东航人秉承着这种行业龙头的精神,在坚持中迎来了软件革新的春天,Oracle 公司推出了新的版本 CI 套件,这个套件的应用提高了软件运行的速度,优化了与互联网连接的性能,同时增大了数据库的存储容量,东航也随着软件的升级,全面地更新了东航财务计算机硬件软件设备,正式开始驾驭 Oracle ERP 系统,此时的 Oracle ERP 系统的优势才全面地体现出来,为东航财务提供了很多的便利,同时,也在内控方面显现了独有的优势。与此同时,东航彻底放弃了金蝶软件系统,全方位使用 Oracle ERP 系统,并根据 Oracle ERP 系统的设计理念,对东航的财务人员进行了组织架构的调整,使得分工更明确具体(图8-1)。在整个财务软件的改革过程中,东航培养了大量的Oracle财务人员,改革了原有的财务会计处理流程,提升了内控的效果,增强了处理会计信息的能力,同时,东航在推动航空业其他公司的软件改革中起到了表率示范作用,为我国航空业软件改革的进行作出了很大的贡献。

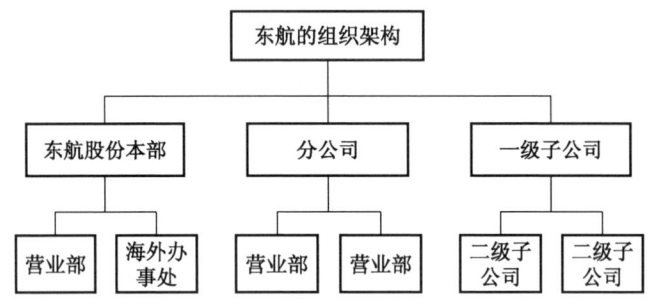

图8-1 东航的组织架构

近年,我国迎来了XBRL对财会信息化改革的又一个进程,东航再次积极响应,成为财政部首批实施《会计准则通用分类标准》15家试点企业之一,同时承担了国家"基于XBRL的标准财务报告平台建设及示范应用"课题——企业会计信息系统XBRL接口示范应用,东航在推进XBRL的过程中受益匪浅,也为国家的改革工作奉献自己的力量。

(一)东航实施XBRL的现状及实施的困难

航空公司的组织架构比较特殊,以东航为例,总公司下面有很多分公司、子公司,分公司和子公司下面又分设很多的营业部,另外公司还分设多个部门和中心,在海外还有很多的办事处。基于航空公司本身庞大的复杂的结构,如何使得数据的格式统一,以便于层层报送和传递是一大难题。这个难题来自不同对象的规模、信息化程度不同,有的对象本身有完备的数据处理和汇总的条件,而有的对象还处于低级的手工处理阶段。但是对于公司整体来说,最后必须实现整体的数据汇总和呈现,因而实现数据的统一。由于XBRL的平台带有大量的程序和庞大的数据群,这给企业信息系统的维护带来重重挑战。一旦企业信息系统无法存载负荷,整个系统都将出现故障或者面临崩溃。

东航是一家在三地上市的公司,其公司治理结构非常复杂,由于复杂的层级架构,在XBRL自动取数的过程中困难重重。虽然通过ERP系统,XBRL可以自动对接接口取数,但是东航的一部分营业部和子公司未运用ERP软件,在对这部分营业部和子公司取数的过程中,由于这些非结构化的财务数据可读性差,所以需要大量的人工输入。

（二）东航 XBRL 的具体实施方案和步骤

一般来讲，XBRL 财务报告的实现有三种模式。

第一种模式是企业的信息系统（如 ERP 系统）对外直接输出，不可直接转换利用的打印文档或 PDF 格式文件，中间的转化需要按照 XBRL 格式要求进行手工输入来形成 XBRL 文档。该模式下手工输入的同时增加了数据错误的风险。录入环节所造成的出错风险和较高的成本，将导致该种模式的实际应用价值较小。

第二种模式是由企业信息系统本身如 ERP 系统产生各种财务报表，并以电子文档的形式存在，如 Excel 表格或 Word 文档。在有关证券机构或银行机构需要 XBRL 报表时可以通过 XBRL 格式转换器进行转换，转换过程中会依照相应的分类标准和实例文档要求完成，最后形成 XBRL 文档。这种模式虽然从实际应用情况来看是目前主要的应用模式，但是对未来数据的发展，这只是一个过渡的阶段，未来的数据形式将会是 XBRL 走进企业，使所有有价值的数据（包括总账、分类账数据）均转化或生成为 XBRL 形式。

第三种模式是由企业自身的 ERP 系统加上集成的 XBRL 适配器，在进行信息处理过程中就直接按照 XBRL 规范来完成报表的处理，能够实时输出 XBRL 文档。

该类模式的应用需要企业原有 ERP 系统应用厂商开发内嵌的 XBRL 适配器的新版本 ERP 软件系统，在业务处理的各个环节将 XBRL 的元数据进行提取和转换，并按照 XBRL 的分类标准，如针对财务报表的要求进行标记，实时生成标准的 XBRL 文档。这种模式是 XBRL 财务报告应用的最佳模式，同时也是最难实现的一种模式，相比其他模式而言，能最大限度地发挥 XBRL 的优势，并迅速有效地提供实时、便于交流的各类财务信息。

在这次项目中东航所要挑战的正是这第三种模式，将 XBRL 完全嵌入企业的 ERP 系统中，实现数据全部标准化、智能化。

首先，东航确定了以下几项 XBRL 具体实施目标。

（1）扩展东航 CAS 分类标准。

（2）实现 Oracle ERP 系统数据与审计报告接口对接，自动提取部分数据。

（3）扩展分子公司分类标准（以 CAS 为基础），运用 XBRL 技术实现分子公司审计报告（分类文档）的制作。

（4）合并分子公司数据，生成对外披露的财务报表数据。

（5）实现管理层对财务数据的智能化分析，帮助管理层有效地决策。

XBRL在监管领域风险控制的应用

其次,东航 XBRL 项目组提出了针对 XBRL 研究所遇到的困难和阻碍有效的解决方案。提出了东航实施 XBRL 的具体方案,如图 8-2 所示。

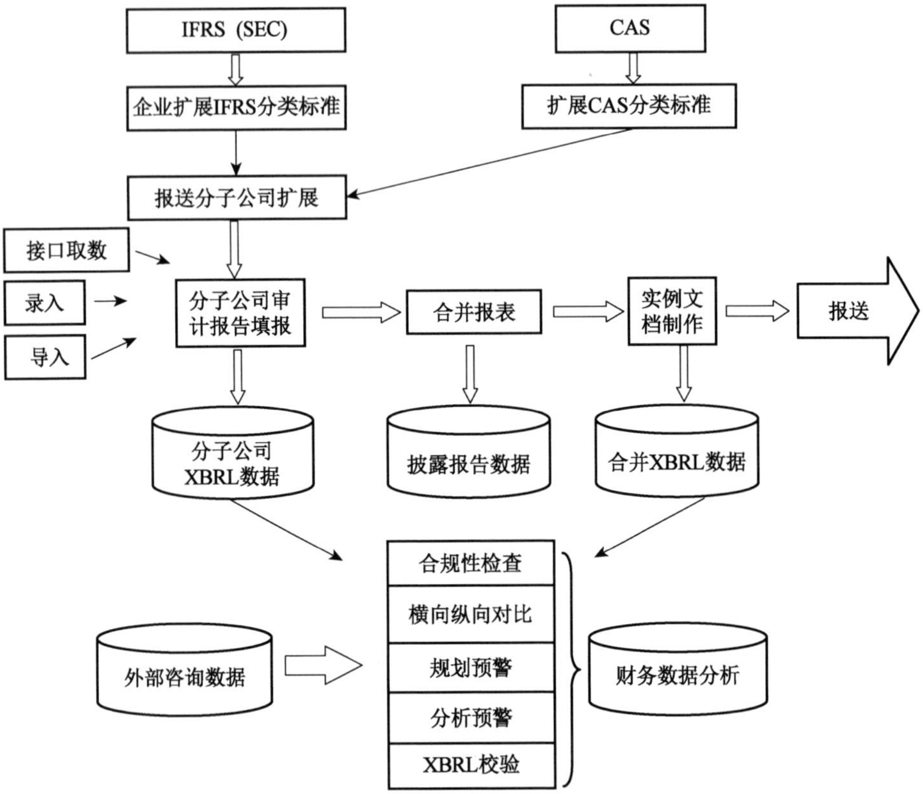

图 8-2　东航实施 XBRL 的方案

由于公司结构的复杂,数据在录入前有三种存档方式,分别是 ERP 系统、手工录入和 Excel。在 ERP 中的数据可以自动地录入分子公司审计报告填报模块,而一些没有安装 ERP 的下属营业部和子公司则依赖于手工录入数据和 Excel 中的数据。填报模块完成后,进行 XBRL 的数据解析,进入合并报表模块,通过 XBRL 标准和扩展标准,程序自动识别可以相互汇总的数据,例如,系统可以自动识别带"利润"标准的数据进行母子公司的利润合并。母子公司通过财务数据的内部抵销和调整,形成企业合并报表。这一块是企业财务信息实例文档模块。而企业的非财务信息文档模块,即一些需要披露的部分,也是基于 XBRL 扩展的标准生成。例如,扩展标准为披露 5 家应付账款最多的供应商,那么程序将自动识别应付账款最多的 5 家供应商,形成文档模块。财务信息和非财务信息基于 XBRL 的数据转换进行整合，实例文档制作模块整合后就形成了实例文档，最后即可上报。

而在这一整个过程中，企业可以随时利用分子公司的 XBRL 数据、合并的 XBRL 数据以及援引外部咨询数据，进行合规性检查、横向纵向对比、规划预警、分析预警和 XBRL 校验。

该方案解决了诸多 XBRL 在应用方面的问题。

（1）根据 IFRS 和 CAS 分类标准分别扩展企业的分类标准。东航根据本公司的具体使用要求完成了分类标准的扩展工作，除了总公司的扩展，各个分子公司也完成了相应的分类标准的扩展工作。如表 8-1 和图 8-3 所示。

表 8-1　　　　　XBRL 国家通用分类标准扩展情况的统计

项　　目	数量
直接引用元素	587
企业扩展元素	869
其中：结构性扩展元素（虚元素/域成员元素）	370
其他扩展元素	499
元素总数	1 456

注：元素为企业使用的分类标准中的元素数量，不是实例文档中的数据项

元素总数＝直接引用元素＋企业扩展元素

企业扩展元素＝结构性扩展元素＋其他扩展元素

图 8-3　东航分类标准扩展元素中英文标签统计（部分截图）

（2）实现了数据接口的统一。由于东航复杂的结构及各个分子公司、部门、中心等的信息化程度不同，所以需要根据 XBRL 的数据接口来规范各个对象录入的数据。东航根据 XBRL 对数据的要求，制作了专门的模板，各个对象只需要按照要求进行数据的录入就可以了，这里包括 ERP 系统数据录入、Excel 数据录入、手工数据录入（根据不同对象的信息化而定）。这样可以大大地简化后期

提取数据进行合并的工作量。

(3) 根据分子公司的数据,运用 XBRL 产生分子公司各自的 XBRL 实例文档,为各个分子公司之间横向对比提供了很好的平台;同时对分子公司报送的数据进行 XBRL 整理汇总形成合并报表,在其中对于每一个数据的整理变动系统都会自动地记录。

(4) 将上面形成的合并报表进行 XBRL 数据转换就形成了 XBRL 的实例文档,这就是最后向外披露的基于 XBRL 的报表,信息使用者可以利用这样的报表方便地对数据进行多样化的分析;同时,最重要的是利用合并的 XBRL 数据和各个分子公司的 XBRL 数据,公司的管理决策层可以方便地对各个部门的数据进行比对,而且公司还可以将自己的经营情况和其他企业进行纵向的对比,这样会大大地提高管理决策效率。

(三) XBRL 应用对东航企业的益处

首先,XBRL 在东航的推广,可以促进企业信息化水平的提高。由于 XBRL 是一项基于计算机技术和企业资源管理系统相结合的技术,XBRL 的应用可以省去企业很多人工录入的过程,通过程序实现数字智能化。

其次,XBRL 的应用保证了股东、债权人、国家监管机构等利益相关者对上市公司的监管,同时也满足了企业内部的内控制度,保证了上级对下级公司或上级人员对下级人员的监管。在当代公司治理的过程中,我们通过各类的舞弊案件可以看到管理层凌驾于控制之上让企业所蒙受的巨大损失,而 XBRL 处理系统正是这样一款智能的软件,可以自动记录下数字改动的过程,在很大程度上能够有效地限制数据的随意篡改。另外需要重点说明的是,XBRL 本身就带有自动校验功能,可以有效防范由于子公司数量庞大而造成的数字遗漏或者错误。

最后,对于整个行业来说,行业的数据系统是一样的,行业的指标一致,行业趋同的统一性,XBRL 可以满足同行业间的各种数据指标的相互对比,包括各个航空公司的实力、运输情况、产能效应等的对比。这对管理决策的支持带来的好处是无法用数字衡量的。XBRL 可以通过数据的汇总、整理、分析和对比,对企业进行彻底分析,帮助企业更好地认清形势,立足现在,发展未来。

第二节　XBRL GL 在华歌尔公司的应用

总部位于日本东京的华歌尔公司(以下简称华歌尔)是一家服装生产商和经销商,进入 21 世纪后该公司碰到了一个非常有代表性的问题,就是为满足决策者的决策需求,需要大幅改进财务数据的质量,而他们缺少时间和资源来进行大规模的改造。华歌尔并不是个例,由于日本经济面临严重衰退,同时为了应对新出现的海外厂商竞争,日本服装业通过对内外部供应链的改造获取更高水平的运作效率。面对激烈的经济压力,华歌尔开始改造信息系统以寻找解决方法。最终,他们选择运用一种全新的技术——XBRL GL,并成为全世界第一个成功运用此项技术的公司。

(一) 华歌尔公司基本情况

华歌尔生产及销售的服装产品包括内衣、睡衣、外衣、运动衫和其他纺织产品,还有一些其他的业务。截至 2003 年 3 月 31 日,华歌尔销售额约为每年 1 640 亿日元,员工总数超过 1 万人,其中日本本土约有 4 700 人。公司的大部分业务在日本和其他一些国家,包括亚洲、美洲、欧洲等地开展,以高档商店和专卖店作为终端销售场所。华歌尔服装在中国、东南亚国家、法国、英国和美国销售,包括如下品牌:华歌尔、Donna Karan 纽约(DKNY)、La Vie Aisee 等。

由于历史原因,日本服装业形成了一个独特的市场结构:与华歌尔类似的供应商在行业中承担库存风险,向零售商输出高毛利产品。供应链中的大部分公司没有使用很多信息技术,因为许多公司规模小,其销售和制造过程复杂、难以标准化。尽管华歌尔应用了大量的信息技术,但是其信息系统没有能够很好地融合在一起。此外,日本会计界的最新改变迫使公司合并其会计报表和季报。华歌尔公司在世界各地拥有 36 家子公司,但没有一套信息系统去统一进行会计管理。

面对这些挑战,华歌尔公司于 2001 年 10 月推出一项名为"华歌尔会计再造工程"(WARP)的计划,旨在实现:实时现金管理、支持决策的管理会计体系、减少间接成本,以及建立符合世界标准的综合会计系统。

(二) 现有系统的缺陷

华歌尔分析现有信息系统时,发现结果不容乐观:信息系统是随着公司成长逐步建立,根据需要不断增添了各种功能的子系统,最终产生了一个由 32 个独立子系统交织而成的历史系统,其中许多子系统的建设已经超过了 10 年。为了提升经营决策信息的质量,华歌尔需要一个能够将其分散的系统无缝地结合在一起的解决方案,同时,这些变化将实现业务效率的提高并专注于公司本身的核心竞争力。问题是,在很短的时间以及有限的项目预算下,如何完成这个看似复杂的任务系统和集成平台。华歌尔的技术合作伙伴日立公司(以下简称日立)和可免费获得的 XBRL GL 技术提供了答案:用于日记账的分类标准。

应用 XBRL GL 和日记账分类标准的目的是方便公司使用的软件之间,以及与其他的利益相关方(如贷款者、投资者、审计师、律师和监管者)之间的信息交换。XBRL GL 格式连接不同系统交换数据。XBRL GL 不仅处理金额,如资产负债表中的现金,而且记录商业环境中的细节。例如,谁在何时进行了记录、记录中记录了什么样的事件、该事件中涉及的参与者都有谁;供应商和消费者及雇员分别是谁、产生了什么凭证(发票、支票、收据等)。如图 8-4 所示,华歌尔公司的历史系统既包括业务系统(采购、销售和工资),也包括财务系统。业务系统和财务系统是独立建设的,原有的系统架构缺乏机对机联通的概念。业务系统后台包含主机、小型机、运行 Unix 或 Windows 的 PC 服务器。采购、销售和工资子系统建于不同时期的不同技术平台,因此,在目前的商业氛围环境下,缺乏提取数据的灵活性。

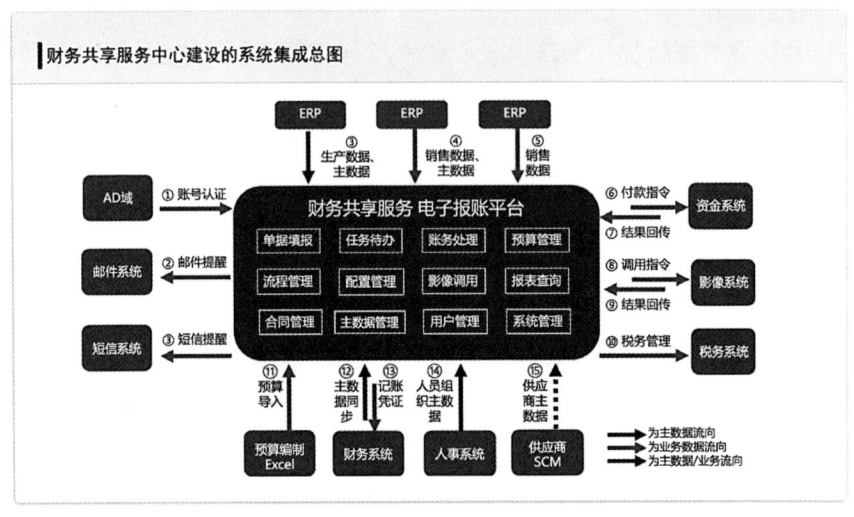

图 8-4　财务共享服务中心建设的系统集成总图

另外,财务系统是一个独立运行的系统,所需信息从其他业务系统中导入。原有财务系统最大的问题即从其他业务系统来的数据流只能够部分自动化,大部分数据都必须手工输入,IT 人员需要从业务系统生成的凭证中提取数据,然后手工将信息输入财务系统。华歌尔的技术顾问日立正在协助华歌尔进行项目设计和实施,认为这种不连续性造成了如下困难:多种用途的数据往往需要额外的工作将数据输入第二个或第三个系统,从而导致劳动成本激增、数据质量降低和时效性不足;当财务系统发生问题时,很难找出确切的原因,从而增大了维护的难度;几个不同的业务规则可能产生系统无法容忍的错误;从不同系统中提取的项目,即使看起来像是同一内容,却依据不同的逻辑计算。例如,销售系统中的销售订单编号很可能与顾客退货系统中的销售编号不同。

（三）战略选择

华歌尔面临的挑战是在有限的时间和资源情况下建立一套系统，而且系统需要足够的灵活性以适应快速变化的业务需求。华歌尔有两种选择：一种是采用单一的体系替换现有系统；另一种是只更换财务系统，并利用 XML 实现系统互联。尽管采用单一系统替换现有系统能提升整体系统的一致性，但也会产生过于依赖某一家供应商的技术标准的风险。此外，现有系统中的业务规则是如此的复杂，几乎不可能在很短时间内将其全部迁移至一个新系统。

采用第二种方案则有几个好处：华歌尔能保持现有业务系统完好，很少或根本不会影响目前的功能，而且将财务系统和其他业务系统分开，单纯安装新的财务系统也更加容易。更重要的是，松散耦合的架构将使华歌尔能够按需改变系统，采用第一种方案则很难实现这一点，因为各个子系统是用紧耦合和硬编码结合在一起的。华歌尔最终选择了第二种方案，日立推荐华歌尔使用 Oracle 电子商务套件作为其新的财务系统，并采用 XBRL GL 作为连接业务和财务系统的 XML 技术。

（四）选择 XBRL GL 的原因

每一项新技术都会在市场和技术方面存在不确定性，但之前有着众多的 XML 技术实施成功的案例，XML 的应用正在世界各地加速。一方面，XML 可以方便地与不同技术平台兼容，因此在华歌尔应用 XML 技术风险不大。唯一技术上固有的不确定性就是 XML 是可以自我定义的，这意味着任何人都可以为同一套数据创造自己的定义。目前，OASIS（结构化信息标准促进组织）有着 100 多个各行业的 XML 垂直或水平标准。而 XBRL 是唯一用于财务和商业报告的 XML 标准，各大型软件公司如微软、甲骨文、思科、SAP 公司均宣布在其核心产品中支持 XBRL。另一方面，相对于传统上的局域网而言，基于标签的 XML 文件可能产生很大的流量，因为每个信息都被解析并转换成一个基本对象模型，以便作进一步的处理，这可能会降低系统处理能力。

综合以上因素，最终华歌尔与日立达成一致，认为最好的方案是建立一个以 XML 和 XBRL 技术为核心的数据转换平台，这将使现有的业务系统与新的甲骨文电子商务套件很好地连接在一起。

（五）XBRL GL 自动记账系统

由于华歌尔现有业务系统的建设没有考虑过整合性，各种平台，如主机、小型机、UNIX 系统和 PC 服务器都被用来生成需要输入财务系统中的数据。而将数据转换成 XBRL GL 独立于平台的解决方案，可以让华歌尔将精力集中在数据上，而不是集中在生成这些数据的系统和平台上，它们利用一种全新的软件解决方案——日立 XBRL GL 自动记账系统来转换数据。如图 8-5 所示，XBRL GL 自动记账系统有两层结构：XBRL GL 转换引擎和插件。转换引擎从业务系统抽取数据，生成 XBRL GL 文档，从而可以直接输入新的甲骨文财务系统。该转换使用一个"附加"程序，利用华歌尔现有的业务规则进行数据转换。

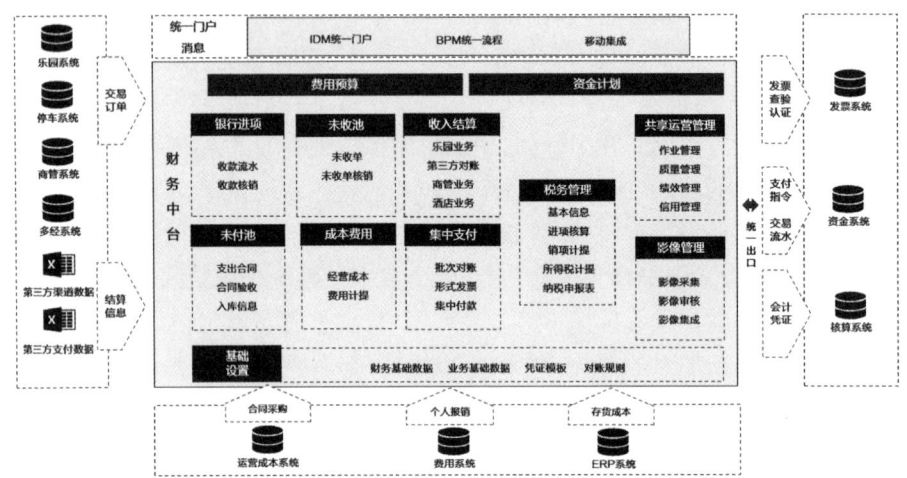

图 8-5　基于 AI 技术的记账

这种双层结构使开发商和客户公司可以快速引入 XBRL 技术体系，并降低成本——他们只需要描述自己特有的商业规则，并将其加入"附加"程序中。该系统容易建立，当业务规则发生改变时还易于修改，相对于传统的硬编码系统来说，这是很重要的优势。

该项目非常成功。华歌尔利用 XBRL GL 从多个现有业务系统中抽取数据并进行标记，并将这些经过标记的数据传入甲骨文财务系统加以利用。该系统利用现成软件工具（日立 XiRUTE）来实施，这又证明了 XML 软件工具的成熟度。相对于其他方式，如建立单一的 ERP 系统来说，该方式明显地减少了实施所需的时间。华歌尔依靠该系统来转换采购、销售、库存、材料和工作流程。

例如，在旅行费用报销流程中，图 8-6 显示旅行费用凭证从业务系统中产生，并进入甲骨文财务系统。华歌尔使用 Windows 平台上的工作流程系统（日立 Groupmax）管理旅行费用。一旦某项费用报销经审批后系统便进行简单的记账，还可以计算税费，平账，并且进行数据校验，实现了全流程自动化。

（六）结论

华歌尔的新财务系统早已启用，之后持续不断地整合流程。它为 36 家分公司合并财务报告，将月底结算周期缩短了 2 天，并通过实时现金管理提高了管理

第八章
XBRL风险控制的实践与应用

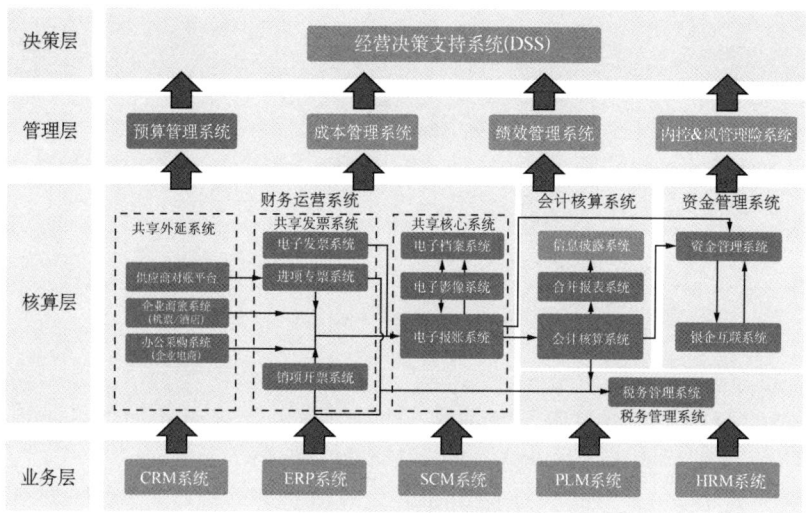

图 8-6　旅行费用发票报销

报告的质量。从前现金管理是由系统每天进行一次报告。

对于主要决策者来讲，该系统大大地提高了财务数据的质量。XML 具有在不同系统之间转化和传输数据的能力，而不用管数据的来源、去向或平台。华歌尔的新财务系统现在不仅可以提供最新的财务信息以供管理层决策，而且提供了一个实时平台，以便从不同系统，如采购、销售、材料、存货等采集财务信息。管理者能获得跨平台的财务数据，从而有更多的时间分析结果。具体的优点包括：信息系统具有了灵活性；因为有了系统对系统的数据流，数据质量有了明显的提高；符合开放标准 XBRL，使它能与其他 XML 数据源兼容；用户可以使用标准的查询抽取数据，报告者也无需特别训练即可获取所需数据。

XBRL GL 系统是基于 XML 技术的，这让华歌尔能够进行其他系统的升级，如 ERP 系统。举例来说，华歌尔可以很快地对采购系统进行升级，因为该系统的输出采用 XBRL GL 编码技术后，将会自动与现行系统兼容。

使用 XBRL GL 使得华歌尔内部监督控制部门管理水平在很大程度上得到了加强，例如，内审部门对原始凭证进行审核和监督、对会计账簿和财务报表的监督以及对财产物资的监督效率大大提高。XBRL 的信息化体系从根本上减少了违法违规的动机与机会，以及因工作失误造成的错误。

主要参考文献

[1] De Franco G, Kothari S P, Verdi R S. The benefits of financial statement comparability [J]. Journal of Accounting Research, 2011, 49(4):895-931.

[2] Alison Jones, Mike Willis. The challenge of XBRL: business reporting for the investor [J]. MCB UP Limited, 2003(3):29-37.

[3] Bovee M, Ettredge M L, Srivastava R P, et al. Does the year 2000 XBRL taxonomy accommodate current business financial-reporting practice? [J]. Journal of Information Systems, 2002, 16(2):165-182.

[4] Cohen E E. Compromise or customize: XBRL's paradoxical power[J]. Canadian Accounting Perspectives, 2004, 3(2):187-206.

[5] Garbellotto G, Cohen E E. XBRL global ledger framework - SRCD module - public working draft overview[J]. XBRL International, 2007.

[6] Gianluca Garbellotto. Integrating detail with end reporting[J]. Strategic Finance, 2007.

[7] Hirst D E, Hopkins P E, Wahlen J M. Fair values, income measurement, and bank analysts' risk and valuation judgments[J]. The Accounting Review, 2004, 79(2):453-472.

[8] Hirst D E, Hopkins P E. Comprehensive income reporting and analysts' valuation judgments[J]. Journal of Accounting Research, 1998, 36 (Supplement):47-75.

[9] Hunton J. The supply and demand fot continuous reporting. In trust and data assurances in capital markets: the role of technology solutions[J]. Research Monograph Sponsored by Pricewater house Coopers, 2003, 38(1):34-105.

[10] Hunton J E, Libby R, Mazza C L. Financial reporting transparency and earnings management[J]. The Accounting Review, 2006, 81(1):135-157.

[11] Rai A, Patnayakuni R, Patnayakuni N. Technology investment and business performance [J]. Communications of the Acm, 1997, 40(7):89-97.

[12] Renald F Premuroso. Do early and voluntary filers of financial information in XBRL format signal superior corporate governance and operating performance[J]. International

Journal of Accounting Information Systems,2008(09):1-20.

[13] Richards J,Tibbits H. UNDERSTANDING XBRL[EB/OL].[2020-01-28].http://www.xbrl.org.au/training/NSWWorkshop.pdf.

[14] Roger Debreceny. The production and use of semantically rich accounting reports on the internet:XML and XBRL[J]. International Journal of Accounting Information Systems,2001:47-74.

[15] Schneider I. XBRL standard bearer of financial reporting [J]. BankSystems & Technology,2002,39(3).

[16] Strand C A,McGuire B L,Watson L A,et al. The XBRL potential[J]. Strategic Finance,2001,82(12):58.

[17] William Gee,Edmund Lee. XBRL:the future of financial reporting[J]. Hong Kong Securities,2007.

[18] 陈伟. XBRL可扩展商务报告语言分类标准应用研究——以国有企业财务报告为例[D]. 成都:西南财经大学,2007(4).

[19] 杜杰. 风险管理智慧-企业风险管理实务[M]. 北京:机械工业出版社,2008(1):6-57.

[20] 何丽,于瑞华. XBRL:数据经济时代的商务信息革命[J]. 经济技术,2004(19):57.

[21] 侯立新. 中小企业财务报告准则呼之欲出[J]. 财会学习,2008(2):12-14.

[22] 胡方圆,胡仁昱. 基于XBRL的各省市科学技术委员会预算透明度报告的模型研究[C]. 中国会计学会第十三届会计信息化年会报告论文集,2014:64-81.

[23] 胡仁昱,胡方圆. 基于XBRL的税收呈报信息化建设设想[J]. 会计之友,2016(3):71-74.

[24] 胡仁昱. 会计信息的系统收集方法[J]. 计算机辅助财会管理,2000(2):49-51.

[25] 胡仁昱,刘一洋. 网络财务报告格式(XBRL)的应用范围[J]. 中国管理信息化,2006(11):33.

[26] 胡仁昱,魏文翠. 从FDIC看基于XBRL存款保险制度[J]. 中国会计报,2009(7).

[27] 胡仁昱,朱建国. 网络财务报告(XBRL)研究[J]. 新会计,2010(6):58-62.

[28] 黄长胤,张天西. XBRL技术分类标准扩展:研究综述[J]. 2011,31(22):176-179.

[29] 蒋玲玲. XBRL技术采纳和扩散研究[D]. 长沙:湖南大学,2008(10).

[30] 李丹. 小企业会计规范的中英比较[J]. 财政监督,2005(8):54-55.

[31] 李桂莲. 信息技术在我国商业银行风险管理中的运用研究[J]. 财会通讯,2006(4):106-109.

[32] 李杨. XBRL财务报告模式研究[D]. 北京:首都经济贸易大学,2008(5).

[33] 李争争,张天西. XBRL财务报告分类标准的创建质量评价[J]. 西安交通大学学报(社会科学版),2013,33(02):29-33.

[34] 林蔚. 浅谈我国高质量XBRL分类标准的制定[J]. 经济论坛,2010(1):153-154.

[35] 刘东华. 加强小企业会计制度建设问题研究[J]. 河南农业大学,2006(3).

[36] 刘永泽,胡仁昱,伊鸣. XBRL 的应用分析与发展前景[J]. 财务与会计,2007(21): 51-52.

[37] 刘玉廷. 规范小企业会计行为的重要举措[J]. 财务与会计(综合版),2004(6):4-6.

[38] 陆建桥,朱琳. 国际财务报告准则 XBRL 分类标准制定的工作机制、最新进展以及中国与 XBRL 国际组织的交流合作[J]. 会计研究,2008(12):87-88.

[39] 牛艳芳. XBRL:审计师的新工具[J]. 财会通讯,2005(11):63.

[40] 沈颖玲,汪祥耀. 我国会计准则与国际会计准则接轨的总体构思[J]. 2005(11):72-74.

[41] 沈颖玲. 我国 XBRL 分类标准制定模式的探讨[J]. 会计之友,2009(9):53-56.

[42] 汤颖莹. 我国企业会计准则与所得税法的差异及协调性探析[D]. 南昌:江西财经大学,2009(12).

[43] 唐文,胡仁昱,朱建国. 我国小企业会计准则 XBRL 分类标准的研究[C]. 中国会计学会第十届全国会计信息化年会论文集,2011:218-223.

[44] 王海凤. 我国企业会计准则路径选择、国际趋同及等效研究[D]. 兰州:兰州大学,2009(5).

[45] 王贺,胡仁昱,劳知雷. XBRL 在内部控制报告中的应用[J]. 中国会计学会第十届全国会计信息化年会论文集,2011:59-62.

[46] 王珂珂,庄国眷. XBRL 技术发展现状及我国实施中存在的问题[J]. 中国管理信息化,2006(9):46-49.

[47] 王学,刘宇,娄欣轩. XBRL GL 初探[J]. 会计之友,2007(21):58-59.

[48] 吴祖光. XBRL 财务报告审计需关注的问题[J]. 财会通讯,2005(1):68.

[49] 伍秉华. 用 XBRL 构建国有企业监管信息系统[J]. 中国乡镇企业会计,2007(9):75.

[50] 《新会计》编辑部. 关于可扩展商业报告语言(XBRL)[J]. 新会计,2010(6):72.

[51] 徐俭. 企业会计准则实施后的相关性质量分析[D]. 北京:北京工商大学,2008(6).

[52] 应唯. 加快中国 XBRL 分类标准建设共同推进我国会计信息化进程[J]. 财务与会计(综合版),2009(1):57-59.

[53] 张宸. IFRS for SMEs VS 新企业会计准则——基于存货的比较及启示[J]. 会计之友,2010(2):119-121.

[54] 张宸. 中小企业国际财务报告准则的制定历程及启示[J]. Commercial Accounting,2010(2):20-22.

[55] 张宸. 中小企业国际财务报告准则历程与启示[J]. 财会通讯(综合),2010(4):136-137.

[56] 张清. 中小企业会计准则浅析——《中小企业国际财务报告准则》与《小企业会计制度》比较[J]. 管理观察,2010(2):185-186.

[57] 赵英吉. 我国 XBRL 财务报告分类标准制定路线探析[J]. 会计之友,2010(5):39-41.

[58] 郑方镳,吴超鹏. 证券分析师报告市场反应研究综述[J]. 外国经济与管理,2006(12):40-47.